AUTOREN:

Cornelia Adam
Thidavadee Camsong
Rose Marie Büchele
Erika Casparek-Türkkan
Marieluise Christl-Licosa
Dagmar von Cramm
Doris Dewitz
Ingrid Früchtel
Johanna Handschmann
Reinhardt Hess
Gudrun Hetzel-Kiefner
Angelika Ilies
Marianne Kaltenbach
Veronika Müller
Gabriella Plüss
Gudrun Ruschitzka
Bernd Schiansky
Cornelia Schinharl
Kim Lan Thai
Renate Zeltner

222 x PASTA UND PIZZA

bietet eine Sammlung toller Rezeptvarianten in einem dicken Kochbuch.
Los geht's gleich im ersten Kapitel mit Pasta zum Selbermachen samt köstlicher Saucen.
Wer sich weniger Arbeit machen möchte, blättert besser in »Nudelgerichte – mal klein mal schnell« und schon steht das Gericht auf dem Tisch.
»Lieblingsgericht Nudeln« bietet Pasta als Hauptgang mit delikater Begleitung wie Fisch, Fleisch oder Gemüse.
»Knusprige Pasta - aus dem Ofen« ist der absolute Renner, wenn Gäste kommen. Diese Gerichte lassen sich nämlich prima vorbereiten und brutzeln völlig selbständig vor sich hin.
Wer sich nun vorerst mal an Pasta satt gegessen hat, sollte eines der köstlichen Gerichte aus dem Kapitel »Pizza und Co.« ausprobieren.
Die vielen klassischen und modernen Rezepte machen die Wahl zum echten Vergnügen.
Neben dem ausführlichen Inhaltsverzeichnis am Ende des Buches gibt es ein Stichwortregister, so daß Sie Ihr Lieblingsgericht auch ganz schnell finden.

Viel Spaß bei Pasta und Pizza!

PASTA UND SAUCEN
ALLES SELBSTGEMACHT
SEITE 4

NUDELGERICHTE
MAL KLEIN, MAL SCHNELL
SEITE 52

LIEBLINGSGERICHT NUDELN
IN VIELFÄLTIGER BEGLEITUNG
SEITE 98

KNUSPRIGE PASTA
AUS DEM OFEN
SEITE 182

PIZZA UND CO.
IN ALLEN VARIATIONEN
SEITE 218

INHALT
SEITE 282

REGISTER
SEITE 285

37x
Pasta & Saucen
alles selbstgemacht

Probieren Sie es doch einfach aus - Nudeln selbst herzustellen ist keine Kunst. Bunte Pasta, Maultaschen oder Ravioli, das alles kann aus der eigenen Küche kommen. Und auch mit einem selbstgemachten Petersilien-Sugo, oder mit einer köstlichen Lachssauce werden Sie jeden überzeugen.

Nudelteig-Grundrezept

Dieses Grundrezept ist international. Ich bekam es von meiner Südtiroler Großmutter. Sie war eine sehr kluge und tüchtige Frau, grundsätzlich brachte sie für Familie und Gesinde nur »Hausnudeln« auf den Tisch. »Sie schmecken einfach besser«, meinte sie und hatte wie immer einen passenden Sinnspruch bereit: »A Nudlbrett und a Ausred san zwoa guate Hausgerät!« Zu deutsch: Ein Backbrett und eine gute Ausrede sind wichtig für den häuslichen Frieden. Sie erklärte mir auch: »Nudeln selbst zu machen ist ganz leicht. Man muß sich dazu nur Zeit lassen und die Luft in der Küche darf nicht zu trocken sein. Sonst bricht der Teig. Deshalb brühe ich mir vor der Arbeit eine große Kanne Kaffee auf und alles andre geht dann wie von selbst!«

Zutaten für 4 Personen:
400 g Mehl
4 Eier
1 Prise Salz
Nach Bedarf: etwas Mehl oder
Wasser

Gelingt leicht

Pro Portion etwa:
2000 kJ/480 kcal
25 g Eiweiß · 14 g Fett
68 g Kohlenhydrate

- Zubereitungszeit: etwa
  2 1/2 Stunden (davon
  1 Stunde Trockenzeit)

1. Das Mehl so auf die Arbeitsfläche schütten, daß ein kleiner Hügel entsteht. In diesen Hügel eine große Mulde eindrücken.

2. Die Eier an einem Schüsselrand aufschlagen und in die Mulde hineingleiten lassen. Das Salz dazugeben. Mit einer Gabel von innen nach außen die Eier mit dem Mehl vermischen, bis eine krümelige Masse entsteht.

3. Diese Masse schnell zu einem Teig zusammenkneten. Mit den Handballen 10–15 Minuten kräftig weiterkneten, bis der Teig glatt und glänzend ist.

4. Sollte der Teig sich nicht binden, noch etwas Wasser hinzufügen. Sollte er jedoch kleben oder zu weich sein, etwas Mehl einarbeiten. Wenn man den Teig in der Mitte durchschneidet, muß er an der Schnittfläche kleine Löcher aufweisen. Dann ist er fertig.

5. Den Teig locker in ein Tuch einschlagen. Eine Schüssel über den eingewickelten Teig stülpen und den Teigballen anschließend etwa 15 Minuten ruhen lassen.

6. Die Arbeitsfläche leicht mit Mehl bestreuen. Den Teig in 3–4 Portionen jeweils von der Mitte zum Rand hin mit dem Nudelholz etwa messerrückendick ausrollen. Den übrigen Teig, der gerade nicht ausgerollt wird, in ein Tuch einschlagen.

7. Die Teigplatten 5–10 Minuten antrocknen lassen. Den Teig dann leicht mit Mehl bestäuben, zusammenrollen und mit einem Messer in der gewünschten Breite zuschneiden. Oder mit der Nudelmaschine den Teig in entsprechender Breite durch die ausgewählten Walzen drehen.

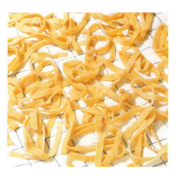

8. Die Nudeln mit beiden Händen vorsichtig aufnehmen, schütteln und locker auf ein bemehltes Tuch fallen lassen. Auf dem Tuch mindestens 1 Stunde trocknen lassen. Hinweis: Selbstgemachte Nudeln haben eine viel kürzere Garzeit als gekaufte Nudeln (Bißprobe).

Varianten:

Lasagne und Cannelloni

Für Lasagne schneiden Sie den Teig in 8 x 12 cm große Rechtecke. Für Cannelloni schneiden Sie ihn in 12 x 12 cm große Quadrate. Die Rechtecke und Quadrate etwa 1 Stunde trocknen lassen, dann in reichlich Salzwasser kurz vorkochen. Die Rechtecke abwechselnd mit der Füllung übereinander schichten. Die Quadrate mit der Füllung belegen, aufrollen und beide Spezialitäten im Backofen mit »sugo« überbacken.

Pasta verde (grüne Nudeln)

400 g Spinat putzen, waschen und in kochendem Wasser kurz blanchieren. Kalt abschrecken und so auspressen, daß er möglichst trocken wird. Dann passieren oder mit dem Pürierstab pürieren. Den Spinat mit 400 g Mehl, 2 Eiern und etwas Salz zum Teig verarbeiten. Eventuell noch etwas Mehl unterkneten. Beim Ausrollen die Arbeitsfläche immer wieder mit Mehl bestäuben.

Pasta rossa (rote Nudeln)

Den Teig aus 400 g Mehl, 3 Eiern, 70–80 g Tomatenmark (je nach Intensität der Farbe) und 1 Prise Salz zubereiten.

Pasta gialla (gelb-orange Nudeln)

Den Nudelteig nach dem Grundrezept zubereiten. Zusätzlich 2 g (2 Döschen) Safranpulver unterkneten.

Pasta

Hausgemachte Nudeln

Zutaten für 2 Personen:
200 g Mehl · 1/2 Teel. Salz
3 Eigelb · 1 EBl. Milch
1 EBl. neutrales Öl

Gelingt leicht

Pro Portion etwa:
2100 kJ/500 kcal
14 g EiweiB · 17 g Fett
71 g Kohlenhydrate

- Zubereitungszeit: etwa 30 Minuten (+ 30 Minuten Ruhezeit)

1. Aus den Zutaten einen glatten und geschmeidigen Teig kneten. Eine Schüssel mit heiBem Wasser ausspülen, den Teig darunter etwa 30 Minuten ruhen lassen.

2. Den Teig portionsweise mit einem Nudelholz dünn ausrollen und nach Belieben in schmale Streifen schneiden.

3. Salzwasser zum Kochen bringen, die frischen Nudeln sind in 3–5 Minuten gar.

Tip!

Für ambitionierte Nudelköche und -liebhaber lohnt sich die Anschaffung einer Nudelmaschine.

Pesto

Pinienkerne-Basilikum-Öl-Paste

Zutaten für 2 Personen:
1 EBl. Pinienkerne
1 kleines Bund Basilikum
2 Knoblauchzehen
4 EBl. Olivenöl, kaltgepreBt
50 g Parmesan, frisch gerieben

Spezialität aus Italien

Pro Portion etwa:
1500 kJ/360 kcal
11 g EiweiB · 35 g Fett
2 g Kohlenhydrate

- Zubereitungszeit: etwa 20 Minuten

1. Die Pinienkerne, die abgezupften Basilikumblätter und den geschälten, geviertelten Knoblauch im Mixer pürieren.

2. Nach und nach das Öl und den Parmesan dazugeben, bis das Pesto sämig ist. PaBt zu frisch gekochten Nudeln, aber auch zu Gemüsesuppen. Extra Parmesan dazu reichen.

Tip!

Eine schnelle Sauce aus dem Vorrat: 2 Knoblauchzehen schälen und halbieren, 2–3 EBlöffel Olivenöl leicht erhitzen, den Knoblauch und 1 rote Pfefferschote leicht darin andünsten. Mit frisch gekochten Nudeln mischen, nach Belieben salzen, feingehackte Petersilie dazugeben.

Salsa di pomodoro alla casalinga

Tomatensauce Hausfrauenart

Zutaten für 2 Personen:
1 Zwiebel · 1 Knoblauchzehe
400 g Tomaten (ersatzweise Tomaten aus der Dose)
1 EBl. Olivenöl, kaltgepreBt
1 Lorbeerblatt · 1 Zweig Rosmarin
Salz · schwarzer Pfeffer

Gelingt leicht

Pro Portion etwa:
400 kJ/90 kcal
2 g EiweiB · 6 g Fett
7 g Kohlenhydrate

- Zubereitungszeit: etwa 20 Minuten

1. Die Zwiebel und den Knoblauch hacken. Die Tomaten würfeln.

2. Das Olivenöl erhitzen, die Zwiebel und den Knoblauch bei mittlerer Hitze braten.

3. Die Tomaten, das Lorbeerblatt und den Rosmarinzweig dazugeben, salzen, pfeffern, etwa 10 Minuten zugedeckt köcheln lassen.

4. Lorbeerblatt und Rosmarin entfernen, die Sauce zu Teigwaren servieren.

Im Bild vorne: Spaghetti mit Knoblauch-Öl-Pfeffer-Sauce (s. Tip)
Im Bild Mitte: Pesto
Im Bild hinten: Tomatensauce

Vollkornnudeln – Grundrezept

Zutaten für etwa
400 g frische Nudeln:
250 g Weizen oder Dinkel,
fein gemahlen
Salz
1 Ei
1 Eigelb
1 EßI. Sonnenblumenöl
etwa 5 EßI. lauwarmes Wasser
Für die Arbeitsfläche: etwas Mehl

Braucht etwas Zeit

Insgesamt etwa:
4500 kJ/1100 kcal
36 g Eiweiß · 23 g Fett
180 g Kohlenhydrate
6 g Ballaststoffe

- Zubereitungszeit: etwa
  2 1/2 Stunden (davon:
  1 1/2 Stunden Ruhezeit)

1. Das Mehl mit 1 kräftigen Prise Salz in einer Schüssel mischen. Das Ei, das Eigelb und das Öl dazugeben.

2. Alles mit den Händen oder den Knethaken des Handrührgerätes zu einem glatten, geschmeidigen Teig verkneten. Der Teig soll weich sein, aber nicht an den Händen kleben. Bei Bedarf etwas lauwarmes Wasser oder Mehl unterarbeiten.

3. Den Teig zu einer Kugel formen, in Pergamentpapier wickeln und bei Zimmertemperatur etwa 30 Minuten ruhen lassen.

4. Den Nudelteig dann noch einmal durchkneten und in Portionen teilen.

5. Den Teig auf der leicht bemehlten Arbeitsfläche mit dem Nudelholz zu dünnen Platten ausrollen.

6. Oder Sie verwenden die Nudelmaschine: Geben Sie den Teig durch die weiteste Walzenöffnung, bis er glatt ist. Formen Sie ihn anschließend, etwa 4 Stufen enger, zu Platten. Die ausgerollten Platten jeweils auf Küchentüchern ausbreiten.

7. Wenn alle Platten ausgerollt sind, den Teig mit einem Messer oder in der Nudelmaschine zu Spaghetti oder Bandnudeln schneiden. Dabei mit den Platten beginnen, die schon angetrocknet sind.

8. Die geschnittenen Nudeln wieder auf den Küchentüchern ausbreiten und mindestens 1 Stunde trocknen lassen. Wenn Sie die Nudeln aufbewahren möchten, müssen Sie sie vollkommen trocknen lassen. Dabei immer wieder wenden.

Varianten:
Für **Weizennudeln** ohne Ei brauchen Sie 250 g fein gemahlenen Weizen oder Dinkel. Das Mehl mit Salz, 2 Eßlöffeln Öl und etwa 1/8 l lauwarmem Wasser wie beschrieben verarbeiten. Nudeln ohne Ei sollten Sie besser zu Bandnudeln formen, Spaghetti reißen leicht.

Für **Roggennudeln** brauchen Sie 250 g fein gemahlenen Roggen, Salz, 2 große Eier, 1 Eßlöffel Öl und etwa 2 Eßlöffel Wasser.

Für **Buchweizennudeln** benötigen Sie je 125 g fein gemahlenen Buchweizen und Weizen oder Dinkel, Salz, 1 großes Ei, 1 Eßlöffel Öl und etwa 6 Eßlöffel lauwarmes Wasser. Auch diese Nudeln sollten Sie besser zu Bandnudeln schneiden, Spaghetti mit Buchweizen reißen leicht.

Spinatnudeln

Zutaten für etwa
450 g frische Nudeln:
200 g Spinat
Salz
300 g Weizen oder Dinkel,
fein gemahlen
1 Eßl. Sonnenblumenöl
2 kleine Eier
Für die Arbeitsfläche: etwas Mehl

Preiswert

Insgesamt etwa:
5300 kJ/1300 kcal
47 g Eiweiß · 22 g Fett
220 g Kohlenhydrate
10 g Ballaststoffe

- Zubereitungszeit: etwa
  2 3/4 Stunden (davon:
  2 Stunden Ruhezeit)

1. Den Spinat von allen welken Blättern und den groben Stielen befreien, dann in stehendem kaltem Wasser mehrmals gründlich waschen.

2. Den Spinat in sprudelnd kochendem Salzwasser etwa 1 Minute blanchieren, dann kalt abschrecken. Den Spinat gründlich ausdrücken und im Mixer fein pürieren.

3. Für den Teig etwa 250 g Mehl mit 1 kräftigen Prise Salz in einer Schüssel mischen. Den Spinat, das Öl sowie die Eier dazugeben und alles zu einem glatten, geschmeidigen Teig verkneten. Der Teig soll weich sein, aber nicht an den Händen kleben. Bei Bedarf etwas Mehl unterarbeiten.

4. Den Teig zu einer Kugel formen, in Pergamentpapier wickeln und bei Zimmertemperatur etwa 1 Stunde ruhen lassen.

5. Den Nudelteig noch einmal durchkneten und in Portionen teilen. Den Teig auf der leicht bemehlten Arbeitsfläche oder in der Nudelmaschine zu dünnen Platten ausrollen. Die Teigplatten dabei immer wieder in dem restlichen Mehl wenden, da der Teig durch den Spinat etwas feucht ist.

6. Den Teig dann mit dem Messer oder der Nudelmaschine zu Bandnudeln formen. Die Nudeln auf Küchentüchern ausbreiten und mindestens 1 Stunde trocknen lassen.

Hirsenudeln mit Kräutern

Zutaten für etwa 400 g frische
Nudeln:
je 1 Bund Petersilie und Basilikum
1/2 Bund frischer Thymian
125 g Hirse, fein gemahlen
125 g Weizen oder Dinkel, fein
gemahlen
Salz
2 kleine Eier
1 Eßl. Sonnenblumenöl
Für die Arbeitsfläche: etwas Mehl

Braucht etwas Zeit

Insgesamt etwa:
4600 kJ/1100 kcal
40 g Eiweiß · 21 g Fett
190 g Kohlenhydrate
8 g Ballaststoffe

- Zubereitungszeit: etwa
  3 Stunden (davon:
  2 Stunden Ruhezeit)

1. Die Kräuter waschen, trockenschwenken, von den Stielen befreien und fein hacken.

2. Für den Nudelteig die beiden Mehlsorten mit 1 kräftigen Prise Salz in einer Schüssel mischen. Die Eier, das Öl, die Kräuter und das Wasser dazugeben und alles zu einem glatten, geschmeidigen Teig verkneten. Der Teig soll weich sein, aber nicht an den Händen kleben. Bei Bedarf etwas lauwarmes Wasser oder Weizenmehl unterarbeiten.

3. Den Teig zu einer Kugel formen, in Pergamentpapier wickeln und bei Zimmertemperatur etwa 1 Stunde ruhen lassen.

4. Den Nudelteig noch einmal durchkneten, in Portionen teilen und auf der leicht bemehlten Arbeitsfläche oder in der Nudelmaschine zu dünnen Platten ausrollen.

5. Den Teig zu Bandnudeln schneiden und auf Küchentüchern mindestens 1 Stunde trocknen lassen.

Im Bild vorne:
Hirsenudeln mit Kräutern
Im Bild hinten: Spinatnudeln

Tomatennudeln mit Wirsing

Selbstgemachte Nudeln brauchen etwas Zeit. Wichtig bei der Teigzubereitung: Das Vollkornmehl muß gesiebt werden. Mein Rezept basiert auf Vollkornnudeln mit Eiern; wenn Sie keine Eier essen, nehmen Sie statt dessen bitte etwa 100 ccm kaltes Wasser. Bei Vollkornmehl läßt sich die Menge der Eigelbe beziehungsweise die Wassermenge nicht exakt angeben; deshalb sollten Sie den Teig mit der Hand kneten, damit Sie merken, wann er die richtige Konsistenz hat.

Zutaten für 4 Personen:
200 g Weizenvollkornmehl
Salz · 2 Eier
5 Eßl. Olivenöl
2–4 Eigelbe
Mehl für die Arbeitsfläche
1 Wirsingkohl · 1 große Zwiebel
1 Knoblauchzehe
400 g Tomaten
100 g Crème fraîche
schwarzer Pfeffer, frisch gemahlen
1 Bund Schnittlauch
2 Zweige frischer Thymian

Gelingt leicht
Braucht etwas Zeit

Pro Portion etwa:
2400 kJ/570 kcal
25 g Eiweiß · 30 g Fett
51 g Kohlenhydrate
12 g Ballaststoffe

- Zubereitungszeit: etwa 2 3/4 Stunden

1. Für die Nudeln das Mehl, Salz, die Eier und 1 Eßlöffel Öl vermischen. Nach und nach soviel Eigelbe – das letzte eventuell verquirlt – darunterkneten, bis der Teig glatt und formbar ist. Er darf nicht bröckeln und sollte bei Berührung elastisch nachgeben, ohne am Finger haften zu bleiben.

2. Den Teig zu einer Kugel formen und in Pergamentpapier wickeln. Bei Zimmertemperatur etwa 30 Minuten ruhen lassen.

3. Die Teigkugel in 4 Stücke teilen. Jedes Stück einige Male auf der bemehlten Arbeitsfläche mit den Händen durchkneten oder durch eine Nudelmaschine mit Handkurbel drehen. Die Stücke dann zu millimeterdünnen Platten ausrollen. Die Platten auf Küchentüchern etwa 10 Minuten trocknen lassen. Jede Platte zu Nudeln schneiden. Diese wiederum auf Küchentüchern etwa 1 Stunde trocknen lassen, damit sie beim Garen kernig bleiben.

4. Inzwischen den Wirsingkohl von den welken äußeren Blättern befreien, achteln, waschen und trockenschwenken. Die Kohlachtel in dünne Streifen schneiden, dabei nach Wunsch auch den Strunk und die dicken Blattrippen kleinschneiden und mitverwenden. Die Zwiebel und den Knoblauch schälen und hacken. Die Tomaten häuten und würfeln, dabei die Stielansätze entfernen.

5. In einer großen Pfanne 3 Eßlöffel Öl erhitzen. Die Zwiebel und den Knoblauch darin glasig braten. Den Wirsing hinzufügen und bei mittlerer Hitze unter Rühren anbraten. Den Deckel auf die Pfanne legen. Den Wirsing bei schwacher Hitze garen, bis die Nudeln trocken sind.

6. Das restliche Öl in einem Topf erhitzen. Die Tomaten und die Crème fraîche hinzufügen und zugedeckt bei schwacher Hitze ziehen lassen; die Tomaten sollen nur heiß werden.

7. Die Nudeln in reichlich Salzwasser bißfest garen; das dauert bei selbstgemachten Nudeln nach dem Aufkochen nur etwa 1 Minute.

8. Den Wirsing und die Tomaten mit Salz und Pfeffer würzen. Den Schnittlauch waschen, trockentupfen und fein zerkleinern. Den Thymian waschen, trockentupfen und die Blättchen abstreifen.

9. Zum Servieren den Wirsing auf vorgewärmten Tellern verteilen und mit dem Schnittlauch bestreuen. Die Nudeln abgießen, abtropfen lassen und mit den Tomaten mischen. Neben dem Wirsing anrichten und mit dem Thymian bestreuen.

Ein Gericht, das zwar etwas zeitaufwendig, dafür jedoch einfach in der Zubereitung ist: Die rot-grüne Tomaten-Wirsing-Kombination macht Appetit.

Spätzle

Diese Eierteigwaren sind so etwas wie das Nationalgericht der Schwaben. Der zähflüssige Teig wird auf ein spezielles, leicht abgeschrägtes Brett gestrichen und von dort mit einem Messer oder einer Teigkarte in unglaublicher Geschwindigkeit in kochendes Salzwasser geschabt. Gottlob gibt es aber auch einen speziellen Spätzlehobel für weniger Geübte.

Zutaten für 4 Personen:
500 g Mehl
4–5 Eier
Salz
Mineralwasser
2 Eßl. Butter

Braucht etwas Zeit

Pro Portion etwa:
2400 kJ/570 kcal
22 g Eiweiß · 13 g Fett
93 g Kohlenhydrate

- Zubereitungszeit: etwa 40 Minuten

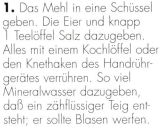

1. Das Mehl in eine Schüssel geben. Die Eier und knapp 1 Teelöffel Salz dazugeben. Alles mit einem Kochlöffel oder den Knethaken des Handrührgerätes verrühren. So viel Mineralwasser dazugeben, daß ein zähflüssiger Teig entsteht; er sollte Blasen werfen.

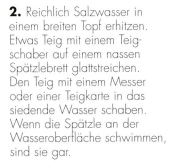

2. Reichlich Salzwasser in einem breiten Topf erhitzen. Etwas Teig mit einem Teigschaber auf einem nassen Spätzlebrett glattstreichen. Den Teig mit einem Messer oder einer Teigkarte in das siedende Wasser schaben. Wenn die Spätzle an der Wasseroberfläche schwimmen, sind sie gar.

3. Eine Schüssel mit kaltem Wasser bereitstellen. Die Spätzle mit einem Schaumlöffel herausheben und in das kalte Wasser geben. So fortfahren, bis der Teig verbraucht ist.

4. Die Spätzle in ein Sieb abgießen und abtropfen lassen. Zum Erwärmen die Butter in einer großen Pfanne erhitzen und die Spätzle darin bei schwacher Hitze unter Schwenken erwärmen. In einer vorgewärmten Schüssel servieren.

Spinatspätzle mit Mandeln

Versuchen Sie diesen schwäbischen Schatz einmal als Beilage zu Schweinemedaillons in Rahmsauce oder solo mit einer leichten Käsecreme.

Zutaten für 4 Personen:
200 g frischer Blattspinat
Salz
500 g Mehl
100 ml Mineralwasser
4 Eier
Muskatnuß, frisch gerieben
1 mittelgroße Zwiebel
100 g Butter
80 g Mandeln (Blättchen oder Stifte)

Raffiniert • Vegetarisch

Pro Portion etwa:
3500 kJ/830 kcal
25 g Eiweiß · 39 g Fett
96 g Kohlenhydrate

- Zubereitungszeit: etwa 1 Stunde

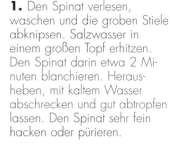

1. Den Spinat verlesen, waschen und die groben Stiele abknipsen. Salzwasser in einem großen Topf erhitzen. Den Spinat darin etwa 2 Minuten blanchieren. Herausheben, mit kaltem Wasser abschrecken und gut abtropfen lassen. Den Spinat sehr fein hacken oder pürieren.

2. Das Mehl, das Mineralwasser, die Eier und den Spinat mit den Knethaken des Handrührgerätes zu einem zähflüssigen Teig verrühren. So lange rühren, bis der Teig Blasen wirft. Mit Muskatnuß würzen.

3. Reichlich Salzwasser in einem großen Topf aufkochen. Daneben eine Schüssel mit kaltem Wasser stellen. Den Spinatteig portionsweise mit dem Spätzlehobel in das kochende Wasser schaben. Sobald die Spätzle oben schwimmen, diese mit einem Schaumlöffel in das kalte Wasser geben.

4. Die Spätzle in ein Sieb geben und abtropfen lassen. Die Zwiebel schälen und fein hacken. Die Butter in einer großen Pfanne erhitzen. Die Zwiebelwürfel darin bei schwacher Hitze glasig dünsten. Die Spätzle und die Mandeln dazugeben und unter Schwenken erhitzen. Sofort servieren.

Tomatensauce

Zutaten für 4 Personen:
1 Möhre
1 Stangensellerie
1 Zwiebel
2 Knoblauchzehen
1 Eßl. Olivenöl
1 kg Fleischtomaten
1 Lorbeerblatt
1 Teel. Oregano
Salz
schwarzer Pfeffer, frisch gemahlen

Braucht etwas Zeit

Pro Portion etwa:
330 kJ/80 kcal
4 g Eiweiß · 3 g Fett
10 g Kohlenhydrate

- Zubereitungszeit: etwa 1 1/4 Stunden

1. Die Möhre schälen, waschen und auf der Gemüsereibe grob raspeln. Den Sellerie waschen, abtropfen lassen und in feine Scheiben schneiden. Die Zwiebel und den Knoblauch schälen und fein hacken.

2. Das Olivenöl in einem Topf erhitzen. Das Gemüse darin unter Rühren in etwa 15 Minuten weich dünsten.

3. Die Tomaten überbrühen, häuten, entkernen, grob hacken und hinzufügen. Das Lorbeerblatt und den Oregano dazugeben, salzen und pfeffern. Die Sauce zugedeckt bei schwacher Hitze etwa 45 Minuten köcheln lassen.

4. Zum Schluß das Lorbeerblatt herausnehmen und die Tomatensauce mit Salz und Pfeffer abschmecken.

Sauce bolognese

Zutaten für 4 Personen:
25 g getrocknete Steinpilze
1 große Zwiebel
100 g durchwachsener Speck in Scheiben
2 kleine Lauchstangen
250 g gemischtes Hackfleisch
500 g Fleischtomaten
1/4 l trockener Rotwein
1 Zweig Thymian, frisch gehackt
1 Teel. Oregano
(frisch oder getrocknet)
Salz
schwarzer Pfeffer, frisch gemahlen

Braucht etwas Zeit
Spezialität aus Italien

Pro Portion etwa:
1800 kJ/430 kcal
18 g Eiweiß · 29 g Fett
10 g Kohlenhydrate

- Zubereitungszeit: etwa 1 1/2 Stunden (davon 30 Minuten Quellzeit)

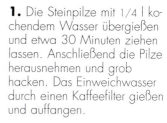

1. Die Steinpilze mit 1/4 l kochendem Wasser übergießen und etwa 30 Minuten ziehen lassen. Anschließend die Pilze herausnehmen und grob hacken. Das Einweichwasser durch einen Kaffeefilter gießen und auffangen.

2. Die Zwiebel schälen und fein hacken. Den Speck so klein wie möglich würfeln. Die Zwiebel und den Speck in einem breiten Topf etwa 5 Minuten dünsten. Den Lauch putzen, waschen, in feine Ringe schneiden und in den Topf geben.

3. Das Hackfleisch hinzufügen und bei mittlerer Hitze krümelig braten.

4. Inzwischen die Tomaten überbrühen, häuten, entkernen, hacken und mit dem Rotwein zum Hackfleisch geben. Die Steinpilze samt Einweichwasser dazufügen. Mit dem Thymian, dem Oregano, Salz und Pfeffer kräftig würzen und zugedeckt etwa 45 Minuten köcheln. Die Sauce vor dem Servieren nochmals abschmecken.

Olivensauce

Sie schmeckt auch gut zu Fleisch, warm oder kalt serviert.

Zutaten für 4 Personen:
2 Knoblauchzehen
2 große Fleischtomaten (etwa 400 g)
150 g grüne entsteinte Oliven
1 EßI. Olivenöl · 2 Teel. Mehl
1/8 l trockener Weißwein
(oder Fleischbrühe)
1/8 l Fleischbrühe (oder Fond)
1 Bund glatte Petersilie · Salz
schwarzer Pfeffer, frisch gemahlen
1 Messerspitze Cayennepfeffer

Gelingt leicht

Pro Portion etwa:
430 kJ/100 kcal
2 g Eiweiß · 5 g Fett
6 g Kohlenhydrate

- Zubereitungszeit: etwa
  25 Minuten

1. Den Knoblauch schälen und hacken. Die Tomaten überbrühen, häuten, entkernen und klein würfeln. Die Oliven fein hacken.

2. Das Öl in einer Pfanne erhitzen und den Knoblauch darüber stäuben und anschwitzen. Mit dem Wein und der Brühe ablöschen. Die Oliven und die Tomaten dazufügen und alles etwa 8 Minuten köcheln.

3. Die Petersilie waschen und trockenschütteln. Die Blätter abzupfen, fein hacken und unter die Sauce mischen. Mit Salz, Pfeffer und dem Cayennepfeffer abschmecken.

Erbsensauce mit Salami

Wenn Sie die Sauce mit einer entsprechenden Menge Brühe aufgießen, schmeckt sie auch als Suppe.

Zutaten für 4 Personen:
1 Zwiebel · 1 EßI. Butter
knapp 1/4 l Fleischbrühe
(oder Fond)
500 g tiefgekühlte Erbsen
150 g Crème fraîche · Salz
weißer Pfeffer, frisch gemahlen
Muskatnuß, frisch gerieben
150 g Salami am Stück

Für Ungeübte

Pro Portion etwa:
1900 kJ/430 kcal
15 g Eiweiß · 38 g Fett
16 g Kohlenhydrate

- Zubereitungszeit: etwa
  30 Minuten

1. Die Zwiebel schälen und fein hacken. Die Butter erhitzen und die Zwiebel darin weich dünsten. Die Fleischbrühe zugießen und aufkochen. Die Erbsen einstreuen und alles etwa 15 Minuten köcheln.

2. Die Erbsen im Mixer oder mit dem Pürierstab pürieren. Die Crème fraîche unterrühren. Mit Salz, Pfeffer und Muskat abschmecken.

3. Die Salami in winzige Würfel schneiden und in der Sauce bei schwacher Hitze erwärmen.

Parmesan-Salbei-Sauce

Zutaten für 4 Personen:
2 EßI. Butter
1 Handvoll frische Salbeiblätter
1/4 l Gemüsebrühe
150 g Mascarpone
80 g Parmesan, frisch gerieben

Schnell

Pro Portion etwa:
1100 kJ/260 kcal
11 g Eiweiß · 23 g Fett
0 g Kohlenhydrate

- Zubereitungszeit: etwa
  10 Minuten

1. Die Butter in einem Topf erhitzen. Die Salbeiblätter abspülen, trockenschütteln und in der Butter anbraten.

2. Die Brühe zugießen. Den Mascarpone und den Parmesan einrühren und bei schwacher Hitze rühren, bis sich der Käse aufgelöst hat.

Variante:

Zusätzlich noch 200 g kleingewürfelten gekochten Schinken in die Sauce geben.

Im Bild vorne:
Erbsensauce mit Salami
Im Bild Mitte: Olivensauce
Im Bild hinten:
Parmesan-Salbei-Sauce

Schinkensauce mit Lauch

Zutaten für 4 Personen:
2 dünne Lauchstangen (etwa 150 g)
1 Eßl. Butter
200 g gekochter Schinken
100 g Frischkäse
1/4 l Fleischbrühe · Salz
weißer Pfeffer, frisch gemahlen
1 Teel. Oregano
(frisch oder getrocknet)
1 Teel. Aceto Balsamico
(Balsamessig)

Gelingt leicht

Pro Portion etwa:
780 kJ/190 kcal
13 g Eiweiß · 14 g Fett
3 g Kohlenhydrate

- Zubereitungszeit: etwa 30 Minuten

1. Den Lauch putzen, waschen und in feine Ringe schneiden. Ein Drittel der grünen Ringe beiseite legen. In einer Kasserolle die Butter erhitzen und den restlichen Lauch darin andünsten.

2. Den Schinken vom Fettrand befreien, klein würfeln und hinzufügen.

3. Den Frischkäse und die Brühe unterrühren und köcheln, bis sich der Käse aufgelöst hat.

4. Die Sauce pürieren, wieder erhitzen und mit Salz, Pfeffer, dem Oregano und dem Aceto Balsamico kräftig würzen. Den restlichen Lauch unter die Sauce heben.

Austernpilz-Gorgonzola-Sauce

Zutaten für 4 Personen:
300 g Austernpilze
1 Eßl. Butter
Salz
weißer Pfeffer, frisch gemahlen
250 g Sahne
100 ccm Fleischbrühe
250 g Gorgonzola

Raffiniert
Etwas teurer

Pro Portion etwa:
2000 kJ/480 kcal
15 g Eiweiß · 43 g Fett
3 g Kohlenhydrate

- Zubereitungszeit: etwa 20 Minuten

1. Die Austernpilze waschen, putzen und in schmale Streifen schneiden. Die Butter in einer Kasserolle erhitzen und die Pilze darin anbraten. Mit Salz und Pfeffer würzen.

2. Die Sahne und die Fleischbrühe zu den Pilzen gießen und alles bei mittlerer Hitze köcheln lassen.

3. Den Gorgonzola in Stücke schneiden und mit einer Gabel ganz fein zerdrücken. In die Sauce rühren und bei schwacher Hitze köcheln lassen, bis die Sauce sämig ist. Dabei immer wieder durchrühren.

4. Die Sauce, falls nötig, nochmals mit Salz und Pfeffer abschmecken.

Bratwurstsauce

Zutaten für 4 Personen:
400 g frische Schweinsbratwürste
(oder Schweinemett)
1 Eßl. Öl · 1 Zwiebel
3 Eßl. Tomatenmark
200 ccm trockener Rotwein
1 Teel. Anissamen
1 Teel. Korianderkörner · Salz
schwarzer Pfeffer, frisch gemahlen
1 Bund Schnittlauch in Röllchen

Raffiniert

Pro Portion etwa:
1700 kJ/400 kcal
13 g Eiweiß · 34 g Fett
2 g Kohlenhydrate

- Zubereitungszeit: etwa 35 Minuten

1. Die Würste aus der Haut drücken und zerpflücken. Das Öl erhitzen und das Brät darin anbraten. Die Zwiebeln fein hacken und einige Minuten bei mittlerer Hitze mitdünsten. Das Tomatenmark unterrühren, kurz mitschmoren.

2. Mit dem Wein ablöschen. Die Anissamen und den Koriander fein zerstoßen, unterrühren und die Sauce etwa 10 Minuten köcheln. Mit Salz und Pfeffer abschmecken. Den Schnittlauch unterheben.

Im Bild vorne:
Schinkensauce mit Lauch
Im Bild Mitte:
Austernpilz-Gorgonzola-Sauce
Im Bild hinten: Bratwurstsauce

Kaltgerührter Petersilien-Sugo

Zutaten ausreichend für 2 Portionen:
1 Bund Petersilie
2 Eßl. Sonnenblumenkerne
2 Eßl. Kapern
4 Eßl. Olivenöl
schwarzer Pfeffer, frisch gemahlen

**Besonders schnell
Preiswert**

Diese Menge enthält etwa:
1800 kJ/430 kcal
7 g Eiweiß · 44 g Fett
2 g Kohlenhydrate

- Zubereitungszeit: etwa
  10 Minuten

1. Die Petersilie waschen und hacken, auch die Sonnenblumenkerne und die Kapern hacken.

2. Die Petersilie, die Sonnenblumenkerne und die Kapern mit dem Olivenöl vermischen, mit Pfeffer würzen. Wegen des hohen Salzgehalts der Kapern ist Salzen meist nicht nötig, doch probieren Sie selbst!
Dazu kochen Sie 100 g Nudeln Ihrer Wahl. Etwas geriebener Parmesan dazu kann, muß aber nicht sein.

Variante:
Etwas aufwendiger in der Herstellung, wegen des feinen Geschmacks aber lohnend, ist der Klassiker unter den kaltgerührten Nudelsughi, das Genueser Pesto: Hierfür mischen Sie gehacktes Basilikum mit etwas geriebenem Parmesan und geriebenem Pecorino (ein harter Schafkäse), würzen mit reichlich Knoblauch und rühren das Ganze mit gutem Olivenöl durch.

Bandnudeln mit Pilzragout

Zutaten für 1 Portion:
150 g Pilze (Champignons, Egerlinge oder auch Steinpilze, Pfifferlinge oder Mischpilze)
1 kleine Zwiebel
1 Knoblauchzehe
1 Eßl. Butter
Salz
weißer Pfeffer, frisch gemahlen
1 Teel. Mehl
100 ccm Gemüsebrühe oder Kalbsfond
100 g Bandnudeln (weiß oder Vollkorn)
1 Handvoll Petersilie
2 Eßl. Wein
3 Eßl. süße Sahne

**Gelingt leicht
Braucht etwas Zeit**

Diese Menge enthält etwa:
3000 kJ/710 kcal
21 g Eiweiß · 29 g Fett
86 g Kohlenhydrate

- Zubereitungszeit: etwa
  30 Minuten

1. Die Pilze trocken säubern: Mit einer sauberen Bürste oder etwas Küchenkrepp lose Schmutzteilchen entfernen, wenn nötig, mit einer glatten Messerklinge etwas schaben. Bei stark verschmutzten Pilzen den Hut häuten. Dann die Pilze in Scheiben schneiden, große Pilze vorher halbieren.

2. Die Zwiebel und den Knoblauch schälen und fein hacken. Die Butter bei mittlerer Hitze in der Pfanne zerlassen und die Zwiebel und den Knoblauch darin in 3–5 Minuten glasig dünsten. Gleichzeitig einen Topf mit 1 1/2 l leicht gesalzenem Wasser aufsetzen.

3. Die Pilze in den Zwiebeln etwa 2 Minuten unter Rühren mitdünsten. Mit dem Mehl bestäuben und mit der Brühe oder dem Fond aufgießen.

4. Jetzt dürfte das Salzwasser kochen. Die Bandnudeln hineinschütten und garen (Kochzeit je nach Packungsanweisung).

5. Gleichzeitig köcheln die Pilze in der Gemüsebrühe etwa 10 Minuten sanft vor sich hin, in dieser Zeit hacken Sie die Petersilie klein.

6. Die Nudeln abgießen. Das Pilzragout mit dem Wein und der Sahne abrunden, wenn nötig, noch mit etwas Salz und Pfeffer nachwürzen. Das Ragout neben den Nudeln auf einem vorgewärmten Teller anrichten. Mit der Petersilie bestreuen.

*Bild oben:
Kaltgerührter Petersilien-Sugo
Bild unten:
Bandnudeln mit Pilzragout*

Peperonata

Das gemischte Schmorgemüse schmeckt prima zu Band- oder Spiralnudeln.

Zutaten für 4 Personen:
250 g Zwiebeln
3 Eßl. Olivenöl
4 Knoblauchzehen
je 200 g rote, grüne und gelbe Paprikaschoten
750 g Fleischtomaten
1 Lorbeerblatt
1 Zweig Rosmarin (oder 1 Teel. getrocknete Nadeln)
Salz
schwarzer Pfeffer, frisch gemahlen

**Spezialität aus Italien
Braucht etwas Zeit**

Pro Portion etwa:
570 kJ/140 kcal
5 g Eiweiß · 7g Fett
14 g Kohlenhydrate

- Zubereitungszeit: etwa 1 Stunde

1. Die Zwiebeln schälen und in feine Ringe schneiden oder hobeln.

2. Das Olivenöl in einem breiten Topf erhitzen, die Zwiebelringe darin glasig werden lassen.

3. Den Knoblauch schälen und durch die Presse dazudrücken.

4. Die Paprikaschoten waschen, von den Kerngehäusen und den dicken Rippen befreien, in 1 cm breite Streifen schneiden und dazugeben.

5. Die Tomaten überbrühen, häuten, achteln, entkernen und untermischen. Das Lorbeerblatt und den Rosmarin hinzufügen. Das Gemüse salzen, pfeffern und bei sehr milder Hitze zugedeckt etwa 30 Minuten schmoren, ab und zu umrühren.

6. Zum Schluß das Lorbeerblatt und den Rosmarinzweig herausfischen. Das Gemüse nochmals mit Salz und Pfeffer abschmecken.

Gemischtes Pilzgemüse

Dieses Rezept ist eine feine Beigabe zu Spaghetti. Ich verwende hier Zuchtpilze. Mit Waldpilzen schmeckt das Gericht natürlich noch besser.

Zutaten für 4 Personen:
200 g Austernpilze
200 g Egerlinge
200 g Champignons
1 große Zwiebel
2 Eßl. Butter
3 Knoblauchzehen
Salz
schwarzer Pfeffer, frisch gemahlen
150 g Crème fraîche
1 Bund glatte Petersilie

**Etwas teurer
Gelingt leicht**

Pro Portion etwa:
980 kJ/230 kcal
5 g Eiweiß · 22 g Fett
4 g Kohlenhydrate

- Zubereitungszeit: etwa 35 Minuten

1. Die Pilze putzen und mit Küchenkrepp abreiben. Die Austernpilze in schmale Streifen, die restlichen Pilze blättrig schneiden.

2. Die Zwiebel schälen und fein hacken. Die Butter in einer großen Pfanne heiß werden lassen und die Zwiebel darin weich dünsten.

3. Die Pilze ebenfalls in die Pfanne geben und kurz kräftig braten. Die Hitze reduzieren.

4. Den Knoblauch schälen und durch die Presse dazudrücken. Die Pilze mit Salz und Pfeffer würzen, die Crème fraîche untermischen und alles etwa 10 Minuten köcheln.

5. Die Petersilie abbrausen, trockenschütteln, mittelfein hacken und kurz vor dem Servieren untermischen.

Bild vorne: Peperonata
Bild hinten: Gemischtes Pilzgemüse

Muschelsauce

Zutaten für 4 Personen:
800 g frische Venusmuscheln
(oder 2 Gläser à 180 g)
2 Schalotten · 2 EßI. Olivenöl
2 Knoblauchzehen
1 mittelgroße Möhre
2 Stangensellerie · Salz
weißer Pfeffer, frisch gemahlen
Saft von 1 Zitrone · 1/4 l Fischfond
1 Bund Petersilie, frisch gehackt

Raffiniert

Pro Portion etwa:
450 kJ/110 kcal
10 g Eiweiß · 6 g Fett
4 g Kohlenhydrate

- Zubereitungszeit:
  30–40 Minuten

1. Frische Muscheln unter fließendem Wasser abbürsten, offene wegwerfen. Die Muscheln in einem großen Topf mit etwas Wasser etwa 5 Minuten garen. Die Muscheln aus der Schale lösen (geschlossene wegwerfen). Muscheln aus dem Glas abtropfen lassen.

2. Die Schalotten schälen und hacken. Das Öl in einer großen Pfanne erhitzen und die Schalotten weich dünsten. Den Knoblauch dazupressen.

3. Die Möhre schälen und raspeln. Mit den Schalotten bei mittlerer Hitze etwa 3 Minuten dünsten. Den Sellerie waschen, in sehr feine Scheiben schneiden und dazugeben. Salzen, pfeffern, den Zitronensaft und den Fond dazugießen, alles etwa 5 Minuten garen.

4. Die Sauce abschmecken, die Muscheln unterheben und kurz erwärmen. Mit der Petersilie bestreuen.

Kerbelsauce mit Krabben

Zutaten für 4 Personen:
4 Schalotten
1 EßI. Butter
375 g Sahne
1 Handvoll Kerbel
100 g ausgelöste, gegarte Krabben
Salz
weißer Pfeffer, frisch gemahlen
Zitronensaft
Worcestersauce

Exklusiv

Pro Portion etwa:
1500 kJ/360 kcal
8 g Eiweiß · 33 g Fett
6 g Kohlenhydrate

- Zubereitungszeit: etwa
  25 Minuten

1. Die Schalotten schälen und fein hacken. Die Butter in einem Topf erhitzen und die Schalotten darin weich dünsten. Die Sahne zugießen und alles etwa 15 Minuten köcheln.

2. Inzwischen den Kerbel verlesen, dabei die Stengel abknipsen. Die Blättchen waschen und abtropfen lassen.

3. Die Krabben in der Sauce kurz erwärmen. Mit Salz, Pfeffer, Zitronensaft und Worcestersauce abschmecken. Den Kerbel darüber streuen.

Lachssauce

Zutaten für 4 Personen:
2 Schalotten
1 EßI. Butter
375 g Sahne
Salz
weißer Pfeffer, frisch gemahlen
Zitronensaft
400 g frisches Lachsfilet
1 Handvoll Kerbelblättchen

Exklusiv

Pro Portion etwa:
2200 kJ/520 kcal
22 g Eiweiß · 46 g Fett
5 g Kohlenhydrate

- Zubereitungszeit: etwa
  25 Minuten

1. Die Schalotten schälen und fein hacken. Die Butter erhitzen und die Schalotten darin weich dünsten.

2. Mit der Sahne aufgießen und im offenen Topf bei schwacher Hitze um etwa ein Drittel einkochen. Mit Salz, Pfeffer und Zitronensaft abschmecken.

3. Den Lachs häuten und klein würfeln. Mit Zitronensaft beträufeln und salzen. Den Kerbel waschen und gut abtropfen lassen. Mit dem Lachs in die Sauce geben.

Im Bild vorne:
Kerbelsauce mit Krabben
Im Bild Mitte: Muschelsauce
Im Bild hinten: Lachssauce

Ravioli und Tortellini selbermachen

Zutaten für 4 Personen:
Für die Füllung:
1 Zwiebel
1 Knoblauchzehe
3 EBl. Olivenöl
350 g Kalbs- oder Lammhackfleisch
Salz
weißer Pfeffer, frisch gemahlen
1/2 Teel. frischer feingehackter Rosmarin
1–2 Teel. frischer feingehackter Thymian
(ersatzweise 1 Prise getrockneter Rosmarin und 1/2 Teel. getrockneter Thymian)
1/8 l Fleischbrühe
Für den Teig:
400 g Mehl
4 Eier
1 Prise Salz

Gelingt leicht

Pro Portion etwa:
3200 kJ/76 kcal
41 g Eiweiß · 35 g Fett
69 g Kohlenhydrate

- Zubereitungszeit für die Ravioli: etwa 2 1/2 Stunden (davon 1 Stunde Ruhezeit)
- Zubereitungszeit für die Tortellini: etwa 3 Stunden (davon 1 Stunde Ruhezeit)

1. Die Zwiebel und den Knoblauch fein hacken und im Öl anbraten. Das Fleisch mitbraten und mit allen Gewürzen abschmecken. Die Brühe dazugießen und alles zugedeckt etwa 20 Minuten köcheln lassen. Dann offen bei starker Hitze die Flüssigkeit verdampfen lassen. Die Füllung abkühlen lassen.

2. Aus den gesamten Teigzutaten nach dem Nudelteig-Grundrezept auf Seite 6/7 einen Nudelteig zubereiten. Eine Schüssel über den Teig stülpen und den Teig etwa 15 Minuten ruhen lassen.

3. Für Ravioli den Teig in 2 Portionen teilen und zu 2 messerrückendicken Teigplatten auswalzen.

4. Die Füllung im Abstand von etwa 4 cm in kleinen Häufchen auf die eine Teigplatte setzen. Die andere Teigplatte ganz leicht mit etwas Wasser bestreichen und mit dieser Seite nach unten vorsichtig auf die Ravioli legen.

5. Die Zwischenräume zwischen den Häufchen mit dem Finger fest andrücken. Dann die Ravioli mit einem Teigrädchen in kleine Quadrate ausrädeln oder mit einer runden Ausstechform Formen ausstechen.

6. Für die Tortellini die gesamte Teigmenge etwa 1–2 mm dick auswalzen und daraus Kreise oder Quadrate von 5–6 cm Durchmesser beziehungsweise Kantenlänge ausstechen oder schneiden. Die Füllung in kleinen Häufchen jeweils in die Mitte setzen.

7. Die Ränder der Teigkreise oder -quadrate halbmondförmig mit Wasser bestreichen. Die Kreise zu Halbmonden, die Quadrate zu Dreiecken mit etwas verschobenen Ecken zusammenklappen und die Ränder festdrücken. Dann um die Kuppe des Zeigefingers zu Ringen biegen und die Enden fest zusammendrücken.

8. Die Ravioli oder Tortellini in etwa 10 Minuten in sprudelndem Salzwasser garen. Sie können die gefüllten Nudeln auch am Vortag zubereiten und im Kühlschrank aufbewahren. Dann müssen Sie aber mit der doppelten Kochzeit rechnen.

Varianten für Füllungen:

Mit **Hühnerbrust und rohem Schinken**

Je 100 g Schweinefleisch und Hühnerbrust in kleine Würfel schneiden und in einem Eßlöffel Butter kräftig anbraten. Dann mit 100 g rohem Schinken und 50 g Mortadella durch den Fleischwolf drehen oder im Blitzhacker fein zerkleinern. 100 g frisch geriebenen Parmesan und 1 Ei unterziehen. Die Masse pikant mit Salz, Pfeffer und Muskatnuß würzen.

Mit **Rindfleisch und Knochenmark**

2 große Markknochen (für etwa 80 g Knochenmark) für etwa 30 Minuten in kaltes Wasser legen, dann das Mark herausdrücken. 300 g gebratenes Rindfleisch, 100 g Mortadella und das Knochenmark fein hacken. Alle diese Zutaten mit 100 g frisch geriebenem Parmesan, 1 Ei und 1 Eigelb vermischen. Salzen und pfeffern.

Mit **Spinat und Ricotta**

350 g Spinat putzen, verlesen, waschen und tropfnaß und zugedeckt bei schwacher Hitze dämpfen, bis die Blätter zusammenfallen. Gründlich in einem Sieb abtropfen und auskühlen lassen. Dann fein hacken. 200 g Ricotta in winzige Würfel hacken. Mit dem Spinat, 50 g frisch geriebenem Parmesan und 1 Ei gründlich verrühren. Die Masse mit frisch gemahlenem Pfeffer und frisch geriebener Muskatnuß würzen.

Klare Suppe mit Quark-Käse-Ravioli

Diese feine Suppe schmeckt gut als zweiter Gang eines festlichen (Vollwert-)Menüs. Als Hauptgericht reicht die Menge nur für 4 Personen.

Zutaten für 6 Personen:
200 g Weizenvollkornmehl
Salz
2 kleine Eier
1 Eigelb
1 EßI. Olivenöl, kaltgepreßt
150 g Magerquark
1 EßI. Sahne
75 g Parmesan, frisch gerieben
1/2 Bund frischer Thymian
weißer Pfeffer, frisch gemahlen
Cayennepfeffer
Für die Arbeitsfläche: etwas Mehl
1 Bund Frühlingszwiebeln
300 g vollreife Tomaten
2 junge Zucchini
1 1/4 l Gemüsebrühe (möglichst frisch gekocht)

Für Gäste

Pro Portion etwa:
1000 kJ/240 kcal
16 g Eiweiß · 9g Fett
24 g Kohlenhydrate
3 g Ballaststoffe

- Zubereitungszeit: etwa 2 1/2 Stunden (davon: 1 Stunde Ruhezeit)

1. Für den Nudelteig das Mehl mit 1 kräftigen Prise Salz in einer Schüssel mischen. Die Eier, das Eigelb und das Öl dazugeben und alles mit den Händen oder den Knethaken des Handrührgerätes zu einem glatten, geschmeidigen Teig verkneten. Der Teig soll weich sein, aber nicht an den Händen kleben. Bei Bedarf etwas lauwarmes Wasser oder Mehl unterarbeiten.

2. Den Teig zu einer Kugel formen, in Pergamentpapier wickeln und bei Zimmertemperatur etwa 1 Stunde ruhen lassen.

3. Für die Füllung den Quark mit der Sahne und dem Käse mischen. Den Thymian waschen, trockenschwenken und die Blättchen von den Stielen streifen. Den Thymian unter die Füllung mischen und diese mit Salz, Pfeffer und Cayennepfeffer abschmecken.

4. Den Nudelteig noch einmal durchkneten und in Portionen teilen. Den Teig auf der leicht bemehlten Arbeitsfläche oder in der Nudelmaschine zu dünnen Platten ausrollen. Wenn Sie die Nudelmaschine verwenden, geben Sie den Teig durch die weiteste Walzenöffnung, bis er glatt ist. Formen Sie ihn anschließend, etwa 4 Stufen enger, zu Platten.

5. Auf die Hälfte der Platten in Abständen von etwa 5 cm je etwa 1 Teelöffel Füllung geben. Die Teigplatten dazwischen mit kaltem Wasser bepinseln. Die restlichen Platten darüber decken und zwischen der Füllung jeweils gut andrücken.

6. Die Platten mit einem Teigrädchen oder mit einem Messer in Ravioli teilen und die Ränder jeweils mit den Zinken einer Gabel fest zusammendrücken.

7. Die Frühlingszwiebeln putzen, waschen und mit dem zarten Grün in feine Ringe schneiden. Die Tomaten häuten und in kleine Würfel schneiden, dabei die Stielansätze entfernen. Die Zucchini waschen, von den Stiel- und Blütenansätzen befreien und in feine Stifte schneiden.

8. Die Gemüsebrühe in einem großen Topf zum Kochen bringen. Das Gemüse dazugeben. Die Ravioli ebenfalls hinzufügen und alles bei mittlerer bis starker Hitze etwa 3 Minuten garen, bis die Ravioli »al dente« sind. Die Suppe in vorgewärmten Tellern servieren.

> **Tip!**
> Sie können die Ravioli sehr gut vorbereiten und etwa 1 Tag im Kühlschrank aufbewahren. Dazu die geformten Ravioli mit Mehl bestäuben, damit sie beim Aufbewahren nicht zusammenkleben. Die Garzeit beträgt dann etwa 5 Minuten.

Ravioli einmal anders:
Als Suppeneinlage mit einer pikanten Quark-Käse-Füllung, die nicht nur Gästen schmeckt.

Ravioli mit Alfalfa und Tomatensauce

Zutaten für 4 Personen:
150 g Weizen oder Dinkel, fein gemahlen
150 g Buchweizen, fein gemahlen
Salz
3 Eier
2 Eßl. Olivenöl, kaltgepreßt
etwa 2 Eßl. lauwarmes Wasser
250 g Frischkäse
(eventuell aus Schafmilch)
2 Eßl. Sahne
150 g Alfalfasprossen
1 Beet Gartenkresse
1 Eßl. Sonnenblumenkerne
weißer Pfeffer, frisch gemahlen
Cayennepfeffer
800 g vollreife Tomaten
1 Zwiebel
1 Knoblauchzehe
Für die Arbeitsfläche: etwas Mehl
1 Messerspitze Honig

Für Gäste

Pro Portion etwa:
2100 kJ/500 kcal
26 g Eiweiß · 17 g Fett
63 g Kohlenhydrate
7 g Ballaststoffe

- Zubereitungszeit: etwa 2 1/4 Stunden

1. Für den Nudelteig das Mehl mit 1 kräftigen Prise Salz in einer Schüssel mischen. Die Eier, 1 Eßlöffel Öl und das Wasser dazugeben und alles mit den Händen oder den Knethaken des Handrührgerätes zu einem glatten, geschmeidigen Teig verkneten. Der Teig soll weich sein, aber nicht an den Händen kleben. Bei Bedarf etwas lauwarmes Wasser oder Mehl unterarbeiten.

2. Den Teig zu einer Kugel formen, in Pergamentpapier wickeln und bei Zimmertemperatur etwa 1 Stunde ruhen lassen.

3. Für die Füllung den Frischkäse mit der Sahne glattrühren. Die Alfalfasprossen in einem Sieb kalt abspülen und gut abtropfen lassen, dann grob zerkleinern. Die Kresse vom Beet schneiden. Die Sprossen und die Kresse mit den Sonnenblumenkernen unter die Frischkäsecreme mischen und alles mit Salz, Pfeffer und Cayennepfeffer abschmecken.

4. Für die Sauce die Tomaten mit kochendem Wasser überbrühen, kurz darin ziehen lassen, kalt abschrecken und häuten. Die Tomaten in kleine Würfel schneiden, dabei die Stielansätze entfernen. Die Zwiebel und den Knoblauch schälen und fein hacken.

5. Den Nudelteig noch einmal durchkneten und in Portionen teilen. Den Teig auf der leicht bemehlten Arbeitsfläche oder in der Nudelmaschine zu dünnen Platten ausrollen. Wenn Sie die Nudelmaschine verwenden, geben Sie den Teig durch die weiteste Walzenöffnung, bis er glatt ist. Formen Sie ihn anschließend, etwa 4 Stufen enger, zu Platten.

6. Auf die Hälfte der Platten in Abständen von etwa 5 cm je etwa 1 Teelöffel Füllung geben. Die Teigplatten dazwischen mit kaltem Wasser bepinseln. Die restlichen Platten darüber decken und zwischen der Füllung jeweils gut andrücken.

7. Die Platten mit einem Teigrädchen oder einem Messer in Ravioli teilen und die Ränder jeweils mit den Zinken einer Gabel fest zusammendrücken.

8. Das restliche Öl in einem Topf erhitzen. Die Zwiebel und den Knoblauch darin glasig dünsten. Die Tomaten hinzufügen und mit Salz, Pfeffer und dem Honig abschmecken. Die Sauce zugedeckt bei mittlerer Hitze etwa 20 Minuten köcheln lassen.

9. Für die Ravioli reichlich Wasser mit 1 kräftigen Prise Salz zum Kochen bringen. Die Ravioli darin bei starker Hitze etwa 3 Minuten garen.

10. Die Ravioli mit einem Schaumlöffel aus dem Wasser heben und in vorgewärmte Teller geben. Die Ravioli mit der Tomatensauce bedecken und sofort servieren. Dazu schmeckt frisch geriebener Parmesan.

Die milde Würze der Tomatensauce rundet dieses Gericht ab.

Ravioli mit Tofu und Lauchgemüse

Zutaten für 4 Personen:
300 g Weizen oder Dinkel, fein gemahlen
Salz
2 Eier
1 EBl. Olivenöl, kaltgepreßt
etwa 5 EBl. lauwarmes Wasser
300 g Tofu
4 EBl. Sojadrink oder Milch
1 Tomate
1/2 Bund frischer Rosmarin
weißer Pfeffer, frisch gemahlen
Cayennepfeffer
Für die Arbeitsfläche: etwas Mehl
500 g dünne Lauchstangen
1 säuerlicher Apfel
1 Knoblauchzehe
1 EBl. Butter
1/8 l Gemüsebrühe
1 Bund Schnittlauch

Braucht etwas Zeit

Pro Portion etwa:
1900 kJ/450 kcal
21 g Eiweiß · 14 g Fett
59 g Kohlenhydrate
11 g Ballaststoffe

- Zubereitungszeit: etwa 2 Stunden

1. Für den Nudelteig das Mehl mit 1 kräftigen Prise Salz in einer Schüssel mischen. Die Eier, das Öl und das Wasser dazugeben und alles mit den Händen oder den Knethaken des Handrührgerätes zu einem glatten, geschmeidigen Teig verkneten. Der Teig soll weich sein, aber nicht an den Händen kleben. Bei Bedarf etwas lauwarmes Wasser oder Mehl unterarbeiten.

2. Den Teig zu einer Kugel formen, in Pergamentpapier wickeln und bei Zimmertemperatur etwa 30 Minuten ruhen lassen.

3. Für die Füllung den Tofu abtropfen lassen, grob zerkleinern und mit dem Sojadrink oder der Milch im Mixer pürieren. Die Tomate waschen und in kleine Würfel schneiden, dabei den Stielansatz entfernen. Den Rosmarin waschen und trockenschwenken. Die Nadeln von den Stielen zupfen und fein hacken. Alle diese Zutaten mischen und mit Salz, Pfeffer und Cayennepfeffer abschmecken.

4. Den Nudelteig noch einmal durchkneten und in Portionen teilen. Den Teig auf der leicht bemehlten Arbeitsfläche oder in der Nudelmaschine zu dünnen Platten ausrollen. Wenn Sie die Nudelmaschine verwenden, geben Sie den Teig durch die weiteste Walzenöffnung, bis er glatt ist. Formen Sie ihn anschließend, etwa 4 Stufen enger, zu Platten.

5. Auf die Hälfte der Platten in Abständen von etwa 5 cm je etwa 1 Teelöffel Füllung geben. Die Teigplatten dazwischen mit kaltem Wasser bepinseln. Die restlichen Platten darüber decken und zwischen der Füllung jeweils gut andrücken.

6. Die Platten mit einem Teigrädchen oder einem Messer in Ravioli teilen und die Ränder jeweils mit den Zinken einer Gabel fest zusammendrücken.

7. Für das Gemüse den Lauch putzen, waschen und in feine Ringe schneiden. Den Apfel schälen, vierteln, vom Kerngehäuse befreien und in kleine Würfel schneiden. Den Knoblauch schälen und fein hacken.

8. Die Butter in einem Topf erhitzen. Die Apfelwürfel und den Knoblauch darin andünsten. Die Lauchringe hinzufügen und kurz mitbraten. Die Gemüsebrühe angießen. Das Gemüse mit Salz und Pfeffer abschmecken und zugedeckt bei mittlerer Hitze in etwa 5 Minuten bißfest garen.

9. Inzwischen für die Ravioli reichlich Wasser mit 1 kräftigen Prise Salz zum Kochen bringen. Die Ravioli darin bei starker Hitze etwa 3 Minuten garen.

10. Den Schnittlauch waschen, trockenschwenken und in feine Röllchen schneiden.

11. Die Ravioli mit einem Schaumlöffel aus dem Wasser heben und in vorgewärmte Teller füllen. Die Lauchsauce darüber verteilen und die Ravioli mit dem Schnittlauch bestreut servieren.

Der chinesische Einfluß ist bei diesen Ravioli unverkennbar.

Abgschmelzte Maultascha

Zutaten für etwa 24 Stück
(ausreichend für 6 Personen):

Für den Teig:
300 g Mehl
3 Eier
1 Teel. Öl
Salz

Für die Füllung:
200 g frischer Spinat
Salz
1 Zwiebel
3 Scheiben Toastbrot
100 ml heiße Milch
50 g geräucherter Speck
200 g Hackfleisch oder Bratwurstbrät
2 Eier
Salz
Pfeffer, frisch gemahlen
Muskatnuß, frisch gerieben
2 Eßl. frische gehackte Kräuter
1 Eigelb

Außerdem:
1 1/2 l Fleischbrühe
2 Zwiebeln
50 g Butter

Für Gäste

Pro Stück etwa:
575 kJ/140 kcal
6 g Eiweiß · 7 g Fett
13 g Kohlenhydrate

- Zubereitungszeit: etwa
  1 1/2 Stunden

1. Das Mehl auf eine Arbeitsplatte sieben. Eine Vertiefung in die Mitte drücken, die Eier aufschlagen und hineingleiten lassen. Das Öl, 2 Eßlöffel warmes Wasser und etwas Salz dazugeben und alles schnell zu einem geschmeidigen Teig verkneten. Den Teig mit einem Tuch abdecken und etwa 15 Minuten ruhen lassen.

2. Den Spinat verlesen, waschen und die groben Stiele entfernen. Wenig Salzwasser aufkochen und den Spinat darin kurz blanchieren. Herausnehmen, kalt abschrecken und abtropfen lassen. Die Zwiebel schälen und fein hacken. Den Spinat ausdrücken und ebenfalls fein hacken. In eine Schüssel geben.

3. Das Brot klein würfeln und mit der Milch begießen. Den Speck klein würfeln. Mit dem Hackfleisch oder dem Brät zum Spinat geben. Das Brot ausdrücken und mit den Eiern ebenfalls dazugeben. Alles zu einem geschmeidigen Fleischteig verarbeiten. Mit Salz, Pfeffer, Muskatnuß und den Kräutern würzen.

4. Den Nudelteig auf einer bemehlten Arbeitsfläche dünn ausrollen. Mit einem Teigrädchen Rechtecke von ca. 6 x 12 cm ausradeln.

5. Auf eine Hälfte der Teigrechtecke jeweils 1 Eßlöffel von der Füllung geben. Das Eigelb mit 2 Eßlöffeln Wasser verquirlen. Die Teigränder damit bestreichen. Die freie Teighälfte über die Füllung klappen und die Ränder fest andrücken.

Tips!

• Verwenden Sie für den Nudelteig niemals kalte Eier. Sie sollten Zimmertemperatur haben. Nehmen Sie die Eier also etwa 1–2 Stunden bevor Sie den Teig zubereiten aus dem Kühlschrank. Auch die Arbeitsfläche sollte nicht kalt sein: Ideal ist eine Holzfläche, ungeeignet dagegen sind Arbeitsflächen aus Marmor oder Stein.

• Sie können die Speckwürfel für die Füllung in einer Pfanne auslassen und in dem Fett die Zwiebeln andünsten.

6. Die Fleischbrühe aufkochen. Die Maultaschen in die kochende Brühe legen. Die Hitze reduzieren. Die Maultaschen in der Brühe 10–15 Minuten bei schwacher Hitze ziehen lassen.

7. Die Zwiebeln schälen und in dünne Ringe schneiden. Die Butter in einer Pfanne erhitzen. Die Zwiebelringe darin bei mittlerer Hitze goldbraun rösten.

8. Die Maultaschen auf vorgewärmten Tellern anrichten und mit wenig Brühe begießen. Die Zwiebelringe darauf verteilen. Dazu schmeckt ein bunter Salat.

Fisch-maultäschle in der Brühe

Zutaten für 4 Personen:
Für den Teig:
200 g Mehl
Salz
2 Eier
1 Teel. Öl
Für die Füllung:
200 g Fischfilets (Zander, Forelle)
100 g Sahne
50 g Crème fraîche
1 Eiweiß
Saft von 1/2 Zitrone
Salz
weißer Pfeffer, frisch gemahlen
3–5 Pfefferkörner
Für die Brühe:
300 g Fischkarkassen (Gräten, Kopf)
1 Bund Suppengrün
3 Eßl. Butter
1/8 l trockener Weißwein
1 Zwiebel
1 Nelke
1 Lorbeerblatt
einige Dillzweige
Zum Bestreichen: 1 Eigelb
Außerdem:
2 mittelgroße Möhren
1 Stange Lauch
100 g Weißkraut
1/2 Bund glatte Petersilie

Raffiniert • Für Gäste

Pro Portion etwa:
2200 kJ/520 kcal
22 g Eiweiß · 26 g Fett
47 g Kohlenhydrate

- Zubereitungszeit: etwa
 1 1/2 Stunden

1. Das Mehl auf eine Arbeitsfläche sieben. Mit 1 Prise Salz, den Eiern, dem Öl und 2 Eßlöffeln lauwarmem Wasser zu einem glatten Teig verkneten. Leicht mit Mehl bestäuben und zugedeckt etwa 30 Minuten ruhen lassen.

2. In der Zwischenzeit die Fischfilets unter fließendem Wasser kalt abwaschen, trockentupfen, in kleine Stücke schneiden und im Mixer fein pürieren. Mit der Sahne, der Crème fraîche, dem Eiweiß und dem Zitronensaft zu einer geschmeidigen Masse verrühren. Die Masse mit Salz und Pfeffer würzen und zugedeckt in den Kühlschrank stellen.

3. Die Fischabfälle unter fließendem kaltem Wasser gründlich waschen. Das Suppengrün waschen, putzen und kleinschneiden.

4. Die Butter in einem großen Topf erhitzen. Die Fischkarkassen und das Suppengrün darin bei schwacher Hitze hell andünsten. Mit dem Weißwein ablöschen und etwa 1 l Wasser angießen, die Fischkarkassen sollen mit Flüssigkeit bedeckt sein.

5. Die Zwiebel schälen, halbieren, mit der Nelke und dem Lorbeerblatt spicken. Den Dill waschen und zusammen mit der Zwiebel, den Pfefferkörnern und 1 Prise Salz in den Topf geben. Die Fischbrühe zugedeckt etwa 30 Minuten bei schwacher Hitze leise köcheln lassen.

6. Den Nudelteig auf einer bemehlten Arbeitsfläche dünn ausrollen. Mit einem Teigrädchen Rechtecke von etwa 7 x 15 cm ausradeln. Auf die untere Hälfte der Rechtecke je 1 Eßlöffel von der Fischfarce geben. Das Eigelb mit einer Gabel verquirlen und die Teigränder damit bestreichen. Die obere Teighälfte über die Füllung klappen und die Ränder fest zusammendrücken.

7. Die Fischbrühe durch ein Sieb in einen anderen Topf gießen und nochmals aufkochen. Die Möhren waschen, schälen und in streichholzdünne Stifte schneiden. Den Lauch längs halbieren, waschen und quer in dünne Streifen schneiden. Das Weißkraut waschen, putzen und fein hobeln. Die Petersilie waschen, trockenschütteln und fein hacken.

8. Die Maultaschen in die kochende Fischbrühe legen. Die Hitze reduzieren und die Maultaschen bei schwacher Hitze in etwa 15 Minuten garziehen lassen. Die Fischbrühe nach Bedarf nachwürzen. Die Gemüsestreifen hinzufügen und kurz ziehen lassen.

9. Die Maultaschen auf vorgewärmte Suppenteller verteilen. Die Brühe mit den Gemüsestreifen darüber schöpfen. Mit Petersilie bestreut servieren.

Ein besonders feines Maultaschengericht, das sich für ein festliches Mahl anbietet.

Maultaschen mit Champignonfüllung

Auch in der Regionalküche lassen sich interessante Rezepte finden, die noch pfiffiger werden, wenn man das gewohnte Fleisch durch Pilze ersetzt.

Zutaten für 4 Personen:
250 g Mehl
3 Eier
Salz
300 g Champignons
3 Schalotten
1 Knoblauchzehe
3 Eßl. Öl
1 Eßl. Schnittlauchröllchen
weißer Pfeffer, frisch gemahlen
100 g Mangold
2 Eßl. Semmelbrösel
1 Eiweiß
1 1/2 l Gemüsebrühe

**Schwäbische Spezialität
Vegetarisch**

Pro Portion etwa:
1600 kJ/380 kcal
14 g Eiweiß · 13 g Fett
54 g Kohlenhydrate

- Zubereitungszeit: etwa
  2 Stunden (davon
  1 Stunde Kühlzeit)

1. Das Mehl auf die Arbeitsplatte geben. In die Mitte eine Vertiefung drücken. 2 Eier und etwas Salz hineingeben. Alles mit so viel Wasser (2–3 Eßlöffel) verkneten, daß ein glatter, elastischer Teig entsteht. Den Teig etwa 1 Stunde zugedeckt ruhen lassen.

2. Die Champignons putzen, waschen und hacken. Die Schalotten und die Knoblauchzehe schälen und fein hacken.

3. Das Öl erhitzen. Die Pilze, die Schalotten und den Knoblauch darin bei starker Hitze so lange braten, bis alle austretende Flüssigkeit eingekocht ist. Die Schnittlauchröllchen unterrühren, die Masse mit Pfeffer und Salz kräftig würzen.

4. Den Mangold verlesen, waschen und tropfnaß in einem Topf stark erhitzen, bis die Blätter zusammenfallen. Auf einem Sieb abtropfen lassen und fein hacken.

5. Die Pilzmasse in eine Schüssel geben, den Mangold, das restliche Ei und die Semmelbrösel gut untermischen.

Variante:
Gut schmecken die Maultaschen auch ohne Brühe: 2 Eßlöffel Butter in einer Pfanne schmelzen und 1 feingehackte Zwiebel darin goldgelb braten, 2 Eßlöffel gehackte Petersilie daruntermischen. Die Maultaschen mit einem Schaumlöffel aus der Brühe heben und gut abtropfen lassen. Die Maultaschen in der gewürzten Butter vorsichtig ein paarmal wenden. Heiß mit Salat servieren.

6. Den Teig auf der bemehlten Arbeitsplatte 3–4 mm dick zu einem Rechteck ausrollen. Auf die eine Hälfte des Teiges in gleichen Abständen jeweils 1 guten Teelöffel von der Füllung geben. Die Zwischenräume mit dem Eiweiß bepinseln.

7. Die andere Teighälfte über die Füllung schlagen und mit einem Teigrädchen jeweils um die Füllung herum Quadrate ausschneiden.

8. Die Gemüsebrühe zum Kochen bringen und die Teigquadrate darin in 8–10 Minuten bei mittlerer Hitze gar ziehen, aber nicht sprudelnd kochen lassen.

PASTA UND SAUCEN – ALLES SELBSTGEMACHT

Maultaschen mit Rote-Bete-Füllung

Wenn Sie rote Beten nicht so gerne mögen, nehmen Sie statt dessen Fenchel oder Möhren.

Zutaten für 4 Personen:
300 g Weizen oder Dinkel, fein gemahlen
Salz
3 Eier
1 EßI. Olivenöl, kaltgepreßt
etwa 2 EßI. lauwarmes Wasser
400 g junge rote Beten
1 Zwiebel
1 Knoblauchzehe
1 EßI. Butter
2 EßI. Crème fraîche
weißer Pfeffer, frisch gemahlen
1 Teel. Meerrettich, frisch gerieben
Für die Arbeitsfläche: etwas Mehl
250 g Sahne
75 g Parmesan, frisch gerieben
1 Bund Dill

Braucht etwas Zeit

Pro Portion etwa:
2900 kJ/690 kcal
23 g Eiweiß · 38 g Fett
66 g Kohlenhydrate
5 g Ballaststoffe

- Zubereitungszeit: etwa 2 1/4 Stunden

1. Für den Nudelteig das Mehl mit 1 kräftigen Prise Salz in einer Schüssel mischen. Die Eier, das Öl und das Wasser dazugeben und alles mit den Händen oder den Knethaken des Handrührgerätes zu einem glatten, geschmeidigen Teig verkneten. Der Teig soll weich sein, aber nicht an den Händen kleben. Bei Bedarf etwas lauwarmes Wasser oder Mehl unterarbeiten.

2. Den Teig zu einer Kugel formen, in Pergamentpapier wickeln und bei Zimmertemperatur etwa 1 Stunde ruhen lassen.

3. Inzwischen für die Füllung die roten Beten schälen und fein raspeln. Die Zwiebel und den Knoblauch schälen und fein hacken.

4. Die Butter in einem Topf erhitzen. Die Zwiebel und den Knoblauch darin glasig dünsten. Die roten Beten hinzufügen und unter Rühren bei mittlerer Hitze etwa 5 Minuten braten.

5. Die Mischung in eine Schüssel geben und etwas abkühlen lassen. Dann die Crème fraîche untermischen und alles mit Salz, Pfeffer und dem Meerrettich pikant abschmecken.

6. Den Nudelteig noch einmal durchkneten und in Portionen teilen. Den Teig auf der leicht bemehlten Arbeitsfläche oder in der Nudelmaschine zu dünnen Platten ausrollen. Wenn Sie die Nudelmaschine verwenden, geben Sie den Teig durch die weiteste Walzenöffnung, bis er glatt ist. Formen Sie ihn anschließend, etwa 4 Stufen enger, zu Platten.

7. Die Teigplatten in Rechtecke von etwa 16 x 8 cm Größe schneiden. Die Ränder mit kaltem Wasser bepinseln. Die Teigplatten auf einer Hälfte mit Füllung belegen, dann zusammenklappen und die Ränder mit den Zinken einer Gabel fest zusammendrücken.

8. Für die Maultaschen reichlich Wasser mit 1 kräftigen Prise Salz zum Kochen bringen. Die Maultaschen darin bei starker Hitze etwa 3 Minuten garen.

9. Inzwischen die Sahne mit dem Käse in einem Topf mischen und bei mittlerer Hitze unter Rühren erwärmen, bis der Käse geschmolzen ist.

10. Den Dill waschen, trockenschwenken und fein hacken.

11. Die Sauce mit Salz und Pfeffer abschmecken, den Dill untermischen.

12. Die Maultaschen mit einem Schaumlöffel aus dem Wasser heben und in vorgewärmte Teller verteilen. Die Maultaschen mit der Sauce bedecken und sofort servieren.

Maultaschen mit interessantem Innenleben und einer pikanten Sauce. Nicht nur eine Freude für den Gaumen, sondern auch für's Auge.

Teigtaschen mit Joghurt

Manti

Eine Spezialität aus Mittelanatolien, wo es Ehrensache ist, die Teigtaschen so winzig zu falten, daß dreißig davon in eine Suppenkelle passen.

Zutaten für 4 Personen:
Für den Teig:
450 g Mehl
1/2 Teel. Salz
1 Ei
Für die Füllung:
250 g sehr fein durchgedrehtes Hackfleisch vom Lamm
1 mittelgroße Zwiebel
1 Bund glatte Petersilie
Salz
Pfeffer, frisch gemahlen
1 Teel. edelsüßes Paprikapulver
Für die Saucen:
500 g säuerlicher Joghurt
2 Knoblauchzehen
Salz
100 g Butter
1 Teel. scharfes Paprikapulver

Braucht etwas Zeit

Pro Portion etwa:
2900 kJ/690 kcal
27 g Eiweiß · 26 g Fett
85 g Kohlenhydrate

- Zubereitungszeit: etwa 2 1/4 Stunden
- Ruhezeit für den Teig: etwa 30 Minuten

1. 400 g Mehl in eine Schüssel sieben, das Salz untermischen. Das Ei mit 1/8 l kaltem Wasser verquirlen. In das Mehl eine Mulde drücken und das verquirlte Ei hineingießen. Alles rasch zu einem elastischen Teig verkneten. Den Teig etwa 30 Minuten in Folie gewickelt ruhen lassen.

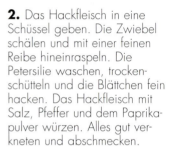

2. Das Hackfleisch in eine Schüssel geben. Die Zwiebel schälen und mit einer feinen Reibe hineinraspeln. Die Petersilie waschen, trockenschütteln und die Blättchen fein hacken. Das Hackfleisch mit Salz, Pfeffer und dem Paprikapulver würzen. Alles gut verkneten und abschmecken.

3. Den Teig in 5 Stücke teilen, nacheinander jedes Teil auf bemehlter Arbeitsfläche sehr dünn ausrollen. Quadrate mit 4 cm Seitenlänge ausschneiden. Je 1/2 Teelöffel Fleischfüllung in die Mitte legen.

4. Die vier Zipfel der Quadrate über dem Fleisch zusammenfassen; Spitzen und Ränder gut zusammendrücken. Mit dem restlichen Teig ebenso verfahren, bis alle Manti geformt sind.

5. Für die Sauce eine große Kaffeefiltertüte in ein Spitzsieb stecken. Den Joghurt zum Abtropfen hineingeben. Den abgetropften Joghurt in eine Schüssel geben. Den Knoblauch schälen und mit der Knoblauchpresse dazudrücken. Alles gut verrühren und mit Salz abschmecken.

Tip!

Sie können Manti auch für kurze Zeit haltbar machen, indem Sie sie auf ein eingefettetes Backblech setzen und im vorgeheizten Backofen (Mitte) bei 200° 15–20 Minuten backen, bis sie anfangen, hellbraun zu werden. Die abgekühlten Manti bewahren Sie in einem Leinensäckchen verpackt kühl und luftig auf. Diese Teigtäschchen werden bei Verwendung anders gegart als frische. Etwa 1–1 1/2 l Fleischbrühe zum Kochen bringen. Die Manti einlegen und in etwa 20 Minuten garen. Zwischendurch die Teigtäschchen mit dem Kochlöffel immer wieder untertauchen, damit sie rundum weich werden. Die Manti mit der Fleischbrühe in Suppentellern servieren. Mit gehackter glatter Petersilie bestreuen.

6. In einem großen Topf Wasser mit 1 Eßlöffel Salz zum Sieden bringen. Die Teigtäschchen darin in mehreren Portionen jeweils 4–5 Minuten garen. In einem Sieb abtropfen lassen.

7. Die Butter in einem Pfännchen erhitzen, das Paprikapulver hineinrühren und das Pfännchen sofort von der Kochstelle nehmen, damit die Butter nicht bitter schmeckt.

8. Die Teigtäschchen auf 4 vorgewärmte tiefe Teller verteilen. Jede Portion mit Knoblauchjoghurt übergießen. Die heiße Paprikabutter auf die Sauce träufeln.

PASTA UND SAUCEN – ALLES SELBSTGEMACHT

Gnocchi alla trentina

Trientiner Nockerl

Zutaten für 4 Personen:
1/8 l Milch
2 Eier
Salz
Muskatnuß, frisch gerieben
100 g Parmesan, frisch gerieben
300 g Mehl
80 g Butter
weißer Pfeffer, frisch gemahlen

Südtiroler Spezialität

Pro Portion etwa:
2500 kJ/600 kcal
25 g Eiweiß · 31 g Fett
52 g Kohlenhydrate

- Zubereitungszeit: etwa 1 Stunde

1. Die Milch lauwarm erhitzen. Die Eier verquirlen. In einer Schüssel 1/2 Teelöffel Salz, eine gute Prise Muskat und die Hälfte des Parmesans mit dem Mehl verrühren. Die Milch und die Eier dazugeben und alles zu einem glatten Teig verarbeiten. Reichlich Salzwasser aufkochen.

2. Aus dem Nudelteig kleinfingerdicke Rollen formen und in 3 cm lange Stücke schneiden.

3. Die Gnocchi portionsweise in das sprudelnde Kochwasser gleiten lassen. Wenn die Gnocchi wieder an der Oberfläche schwimmen, sind sie gar. Dann herausheben und in einer Schüssel warm halten.

4. Die Butter gerade eben schmelzen lassen. Mit dem restlichen Parmesan und Pfeffer über die Gnocchi geben. Alles gut vermischen und servieren.

Gnocchi verdi

Gratinierte Spinatnockerl

Zutaten für 4 Personen:
200 g Ricotta (italienischer Frischkäse)
750 g Spinat
100 g Butter
2 Eier
120 g Mehl
100 Parmesan, frisch gerieben
Salz
schwarzer Pfeffer, frisch gemahlen
Muskatnuß, frisch gerieben

Raffiniert • Vegetarisch

Pro Portion etwa:
2300 kJ/550 kcal
30 g Eiweiß · 36 g Fett
24 g Kohlenhydrate

- Zubereitungszeit: etwa 2 Stunden

1. Den Ricotta in einem Mulltuch gut auspressen und mit einer Gabel zerdrücken.

2. Den Spinat putzen, waschen, tropfnaß in einen Topf geben und zugedeckt bei schwacher Hitze dämpfen, bis die Blätter zusammenfallen. In einem Sieb gut auspressen und fein hacken.

3. In einer Kasserolle 2 Eßlöffel Butter erhitzen. Den Spinat darin trocken dünsten. Dann den Ricotta unterrühren. Die Kasserolle vom Herd nehmen.

4. Die Eier verschlagen. Mit dem Mehl und etwa 30 g Parmesan zu einer glatten Masse verarbeiten. Den Spinat dazu mischen und alles mit Salz, Pfeffer und Muskat würzen. Den Teig etwa 45 Minuten kühl stellen.

5. Reichlich Salzwasser erhitzen und leise sieden lassen. Mit bemehlten Händen ein walnußgroßes Probenockerl formen. Die Hälfte der restlichen Butter in einer hitzebeständigen Form zerlaufen lassen. Zunächst das Probenockerl im Wasser 5–7 Minuten ziehen lassen. Sollte das Nockerl zerkochen, noch etwas Mehl in den Teig einarbeiten. Dann die restlichen Gnocchi formen und portionsweise garen.

6. Den Backofen auf 250° vorheizen. Die Gnocchi aus dem Wasser nehmen. Abtropfen lassen, in die Form legen, mit dem restlichen Parmesan bestreuen und mit der restlichen Butter in Flöckchen belegen. Im Backofen (oben) überbacken, bis der Käse geschmolzen ist.

Im Bild oben: Gnocchi alla trentina
Im Bild unten: Gnocchi verdi

Gebackene Teigtaschen

zhá-jiao-zi

Die Teigtaschen sind das Nationalgericht Nordchinas. Mal werden sie dort gekocht, mal gedämpft, gebraten oder fritiert. Die Füllungen variieren: Statt getrockneter Shrimps verwenden Chinesinnen auch Pilze, verschiedene Gemüse oder frische Shrimps. Für besondere Anlässe verstecken sich dreierlei Füllungen in den Teigtaschen.

Zutaten für 6 Personen:
Für den Teig:
300 g Weizenmehl
1/2 Teel. Salz
1 Ei
1/4 Teel. Sesamöl
Mehl zum Ausrollen
Für die Füllung:
50 g getrocknete Shrimps
1 1/2 Eßl. Reiswein
2 Frühlingszwiebeln
1 Bund Koriandergrün
250 g Chinakohl
Salz
200 g Schweine-Hackfleisch
Pfeffer, frisch gemahlen
6 Eßl. neutrales Pflanzenöl
2 Teel. Speisestärke

Braucht etwas Zeit

Pro Portion etwa:
2200 kJ/520 kcal
25 g Eiweiß · 23 g Fett
55 g Kohlenhydrate

- Zubereitungszeit: etwa 2 Stunden

1. Für den Teig das Mehl in eine große Schüssel sieben. Mit Salz, dem Ei, 5 Eßlöffeln Wasser und dem Sesamöl zu einem geschmeidigen Teig verarbeiten. So lange kneten, bis sich der Teig elastisch auseinanderziehen läßt. In ein feuchtes Tuch hüllen, etwa 30 Minuten bei Zimmertemperatur ruhen lassen.

2. Inzwischen für die Füllung die getrockneten Shrimps in einem Sieb unter fließendem Wasser kurz abspülen. In 1 Tasse heißem Wasser einige Minuten einweichen. Die Shrimps abtropfen lassen (Wasser aufbewahren), kleinhacken und mit 1 Eßlöffel Reiswein vermischen.

3. Die Frühlingszwiebeln putzen, waschen und in feine Ringe schneiden. Das Koriandergrün (ohne die Wurzel) kurz waschen, abtrocknen und kleinhacken. Den Chinakohl waschen, den Strunk entfernen. Den Kohl längs in Streifen schneiden, die Streifen quer zerkleinern. Mit Salz bestreut etwa 15 Minuten ruhen lassen.

4. Das Hackfleisch mit Salz, Pfeffer, dem übrigen Reiswein, 2 Teelöffeln Pflanzenöl, der Speisestärke und 2 Eßlöffeln von dem Einweichwasser der Shrimps vermischen. Die Shrimps, die Zwiebelringe und das Koriandergrün darunterheben. Den Chinakohl ausdrücken und untermischen. Kalt stellen.

5. Den Teig in 4 Portionen teilen. Jede Portion auf der Arbeitsfläche zu einer 2–3 cm dicken Rolle formen und mit dem Messer in 10 kleine Stücke schneiden. Mit einem feuchten Tuch bedecken.

> **Tip!**
> Tiefgefrorene Wan-Tan-Hüllen verwenden. Oder einen einfacheren Nudelteig zubereiten: 300 g Mehl mit etwa 175 ccm Wasser glatt verkneten. Wie oben beschrieben verwenden.

6. Immer nur eine Teigportion unter dem Tuch hervorholen. Jedes Stück mit den Händen zur Kugel formen, auf der bemehlten Arbeitsfläche flach ausrollen. Etwas Füllung in die Mitte geben, den Fladen zusammenfalten, die Ränder dabei zusammendrücken, die beiden Ecken etwas hochziehen. Auf ein bemehltes Brett legen.

7. Das restliche Öl im Wok erhitzen. Die Teigtaschen darin etwa 2 Minuten braten. 2–3 Eßlöffel Wasser hineingießen, etwa 5 Minuten bei milder Hitze zugedeckt dünsten.

8. Die Hitze erhöhen, offen weiter garen, bis die Teigtaschen auf ihrer Unterseite goldbraun sind. Auf eine Platte heben, heiß mit Sojasauce servieren.

PASTA UND SAUCEN – ALLES SELBSTGEMACHT

38x
Nudelgerichte
mal klein, mal schnell

Suchen Sie einen Salat, der satt macht, eine Suppe als Vorspeise oder als kleines warmes Gericht? Auch das können Nudeln sein - klein und fein - veredelt zum Spaghettisalat mit Meeresfrüchten und unverzichtbar in der Minestrone. Und daß Pastagerichte schnell gezaubert sind, ist sowieso kein Geheimnis, sagte die Roquefortsauce zu den Nudeln.

Nudelsalat mit Spinat und Gurke

Wenn Sie den Salat ganz »in Grün« möchten, nehmen Sie Vollkorn-Spinatnudeln. Diese Nudeln, die es meist nur als Bandnudeln gibt, vor dem Garen ebenfalls in Stücke brechen.

Zutaten für 4 Personen:
250 g Vollkorn-Makkaroni
Salz
250 g Spinat
1/2 Salatgurke (etwa 200 g)
100 g Alfalfasprossen
1 Bund Dill
1 Knoblauchzehe
1 Teel. scharfer Senf
2 Eßl. Zitronensaft
2 Eßl. Crème fraîche
weißer Pfeffer, frisch gemahlen
4 Eßl. Olivenöl, kaltgepreßt

Preiswert

Pro Portion etwa:
1500 kJ/360 kcal
12 g Eiweiß · 14 g Fett
43 g Kohlenhydrate
7 g Ballaststoffe

- Zubereitungszeit: etwa 40 Minuten

1. Für die Nudeln reichlich Wasser mit 1 kräftigen Prise Salz zum Kochen bringen. Die Nudeln in Stücke brechen und darin bei starker bis mittlerer Hitze »al dente« garen. Die Nudeln dann kalt abschrecken und gründlich abtropfen lassen.

2. Inzwischen den Spinat in stehendem kaltem Wasser mehrmals gründlich waschen, abtropfen lassen und grob hacken. Die Gurke schälen und fein raspeln. Die Sprossen kalt abspülen und abtropfen lassen. Den Dill waschen und fein hacken.

3. Den Knoblauch durch die Presse drücken, mit dem Senf, dem Zitronensaft und der Crème fraîche verrühren. Das Dressing mit Salz und Pfeffer würzen. Das Öl teelöffelweise unterschlagen.

4. Die Nudeln mit dem Spinat, der Gurke, den Sprossen und dem Dill mischen. Das Dressing unterheben und den Salat eventuell nachwürzen.

Nudelsalat mit Tomaten und Mayonnaise

Zutaten für 4 Personen:
250 g Vollkorn-Spirelli
Salz
400 g Tomaten
2 Eigelb
1 Teel. scharfer Senf
1/2 Eßl. Zitronensaft
1/8 l Sonnenblumenöl
100 g saure Sahne
weißer Pfeffer, frisch gemahlen
2 Bund Basilikum

Gelingt leicht

Pro Portion etwa:
2400 kJ/570 kcal
13 g Eiweiß · 39 g Fett
44 g Kohlenhydrate
7 g Ballaststoffe

- Zubereitungszeit: etwa 40 Minuten

1. Für die Nudeln reichlich Wasser mit 1 kräftigen Prise Salz zum Kochen bringen. Die Nudeln darin »al dente« garen. Die Nudeln dann in einem Sieb kalt abschrecken und gründlich abtropfen lassen.

2. Inzwischen die Tomaten waschen und in kleine Würfel schneiden, dabei die Stielansätze entfernen.

3. Die Eigelbe mit dem Senf und dem Zitronensaft gründlich verrühren. Das Öl unter ständigem Weiterschlagen zuerst tropfenweise, dann in einem dünnen Strahl unter die Eigelbcreme schlagen. Die saure Sahne untermischen und die Mayonnaise mit Salz und Pfeffer abschmecken.

4. Das Basilikum waschen, trockenschwenken und ohne die groben Stiele fein hacken.

5. Die Nudeln mit den Tomaten und dem Basilikum mischen. Die Mayonnaise unterheben und den Salat eventuell noch etwas abschmecken.

Im Bild vorne:
Nudelsalat mit Spinat und Gurke
Im Bild hinten: Nudelsalat mit Tomaten und Mayonnaise

Nudelsalat mit Gemüse

Zutaten für 4 Personen:
250 g Vollkorn-Hörnchennudeln
Salz
250 g Tomaten
1 Bund Frühlingszwiebeln
1 Zucchino
200 g junge Möhren
1 Stange Staudensellerie
je 1 Bund Petersilie, Basilikum und Schnittlauch
Saft von 1 Zitrone
1 EBl. Weißweinessig
1 Teel. scharfer Senf
weißer Pfeffer, frisch gemahlen
4 EBl. Olivenöl, kaltgepreßt

Für Gäste

Pro Portion etwa:
1400 kJ/330 kcal
12 g Eiweiß · 10 g Fett
47 g Kohlenhydrate
10 g Ballaststoffe

- Zubereitungszeit: etwa
  1 1/2 Stunden (davon:
  1 Stunde Marinierzeit)

1. Die Nudeln in reichlich sprudelnd kochendem Salzwasser »al dente« garen. Dann abschrecken und abtropfen lassen.

2. Die Tomaten waschen und klein würfeln. Die Frühlingszwiebeln putzen und mit dem zarten Grün in feine Ringe schneiden. Den Zucchino und die Möhren waschen, putzen und in feine Stifte schneiden. Den Sellerie waschen, putzen und in dünne Scheiben schneiden. Die Kräuter waschen und feinschneiden.

3. Den Zitronensaft mit dem Essig, dem Senf, Salz und Pfeffer verrühren. Das Öl teelöffelweise unterschlagen.

4. Die Nudeln mit den Zutaten und dem Dressing mischen und zugedeckt etwa 1 Stunde im Kühlschrank ziehen lassen.

Nudelsalat mit Bohnen, Birnen und Roquefort

Zutaten für 4 Personen:
250 g Vollkorn-Bandnudeln
Salz
350 g grüne Bohnen
1 Bund Bohnenkraut
1 rote Zwiebel
1 Knoblauchzehe
1 größere oder 2 kleinere saftige Birnen
1 EBl. Zitronensaft
150 g Roquefort
1 Teel. Kräutersenf
3 EBl. Kräuteressig
2 EBl. Joghurt
weißer Pfeffer, frisch gemahlen
Cayennepfeffer
3 EBl. Sonnenblumenöl
1 Bund Petersilie

Raffiniert

Pro Portion etwa:
2000 kJ/480 kcal
20 g Eiweiß · 20 g Fett
53 g Kohlenhydrate
10 g Ballaststoffe

- Zubereitungszeit: etwa
  1 1/2 Stunden (davon:
  1 Stunde Marinierzeit)

1. Die Nudeln in Stücke brechen und in reichlich sprudelnd kochendem Salzwasser »al dente« garen. Dann abschrecken und abtropfen lassen.

2. Die Bohnen putzen, waschen und in Stücke schneiden. Das Bohnenkraut waschen. Die Hälfte davon beiseite legen. Die Bohnen mit dem Bohnenkraut in sprudelnd kochendem Salzwasser in etwa 8 Minuten bißfest garen. Dann kalt abschrecken und abtropfen lassen.

3. Die Zwiebel und den Knoblauch schälen und fein hacken. Die Birne schälen, vierteln, vom Kerngehäuse befreien und in kleine Würfel schneiden. Die Birne mit dem Zitronensaft mischen. Den Roquefort klein würfeln.

4. Den Senf mit dem Essig und dem Joghurt verrühren und mit Salz, Pfeffer und Cayennepfeffer würzen. Das Öl teelöffelweise unterschlagen.

5. Die Nudeln mit den Zutaten und dem Dressing mischen und zugedeckt etwa 1 Stunde im Kühlschrank ziehen lassen.

6. Die Petersilie mit dem restlichen Bohnenkraut fein hacken und die Kräuter über den Salat streuen.

Bild oben: Nudelsalat mit Gemüse
Bild unten: Nudelsalat mit Bohnen, Birnen und Roquefort

Garnelen-Glasnudel-Salat

Zutaten für 12 Personen:
250 g Glasnudeln
1 Stück frischer Ingwer (etwa walnußgroß)
3 Knoblauchzehen
3 rote Chilischoten
100 g feste Kokoscreme
75 ml Hühnerbrühe
250 g gegarte und geschälte Tiefseegarnelen
1 kleiner Chinakohl (etwa 500 g)
1 rote Paprikaschote
etwa 100 ml Sojasauce
Salz
schwarzer Pfeffer, frisch gemahlen

Festlich

Pro Portion etwa:
610 kJ/150 kcal
8 g Eiweiß · 3 g Fett
23 g Kohlenhydrate

- Zubereitungszeit: etwa 1 Stunde
- Marinierzeit: mindestens 2 Stunden

1. Die Glasnudeln in eine Schüssel geben, mit heißem Wasser übergießen und quellen lassen.

2. Den Ingwer und den Knoblauch schälen, die Chilischoten waschen, putzen und von den Kernen befreien. Alles sehr fein hacken.

3. Die Kokoscreme fein raspeln, in einem kleinen Topf mit der Hühnerbrühe verrühren und bei schwacher Hitze darin auflösen.

4. Die Garnelen kalt abbrausen, gut abtropfen lassen. Mit der Kokoscreme, dem Ingwer, dem Knoblauch und dem Chili mischen.

5. Den Chinakohl putzen, waschen und in etwa 1 cm breite Streifen schneiden. Die Paprikaschote waschen, von den Kernen und den weißen Trennhäuten befreien, vierteln und in sehr feine Streifen schneiden.

6. Die Glasnudeln kleinschneiden. Reichlich Salzwasser zum Kochen bringen, die Glasnudeln darin 2–3 Minuten garen. In ein Sieb abgießen und gut abtropfen lassen.

7. Alle vorbereiteten Zutaten gründlich vermischen, den Salat mit Sojasauce, Salz und Pfeffer abschmecken. Zugedeckt etwa 2 Stunden durchziehen lassen.

Variante:
Preiswerter wird der Salat, wenn Sie statt der Garnelen gebratene, scharf gewürzte Fleischwürfel verwenden. Kaufen Sie etwa 500 g Schweineschnitzel und schneiden Sie diese in 1–2 cm kleine Würfel.

Tip!

Zutaten wie Glasnudeln, Ingwer, Kokoscreme und Sojasauce bekommen Sie in speziellen Asienläden, die es inzwischen in jeder größeren Stadt gibt. Sie können es aber auch erst einmal in einem guten Supermarkt versuchen. Viele Supermärkte haben umfangreiche Abteilungen mit asiatischen Spezialitäten eingerichtet. Sollten Sie keine Kokoscreme bekommen, können Sie etwa 100 g getrocknete Kokosraspeln mit so viel heißem Wasser übergießen, daß sie gerade eben bedeckt sind. Die Raspeln nach etwa 20 Minuten mit einem sauberen Küchentuch ausdrücken und den Saft verwenden.

Ein asiatisch inspirierter Salat, der ganz leicht gelingt und Ihre Gäste sicher begeistern wird.

Glasnudel-salat mit Krabben

Ein leichter erfrischender Salat, der im Sommer gut gekühlt besonders gut schmeckt. Er ist im Nu fertig, weil man die Glasnudeln nicht lange kochen, sondern einfach nur kurz überbrühen muß. Mit Gewürzen sollten Sie ruhig großzügig umgehen, weil die Nudeln viel aufsaugen. Zu kaufen sind sie übrigens in Asienläden oder in Spezialabteilungen großer Lebensmittelmärkte.

Zutaten für 4 Personen:
2 Knoblauchzehen
1 Stück Ingwerwurzel von etwa 1 cm Länge
100 g Glasnudeln (asiatische Läden)
2 Bund glatte Petersilie
400 g Garnelen (Krabben), gekocht und geschält (frisch oder tiefgefroren)
Saft von 2 Zitronen
1 EßI. Sojasauce
3 EßI. Sojaöl
Salz
Pfeffer, frisch gemahlen

**Raffiniert
Gelingt leicht**

Pro Portion etwa:
1000 kJ/240 kcal
22 g Eiweiß · 9 g Fett
17 g Kohlenhydrate

- Zubereitungszeit: etwa 30 Minuten

1. Die Knoblauchzehen schälen. Die Ingwerwurzel schälen und sehr fein hacken.

2. Die Glasnudeln mit kochendem Wasser überbrühen und etwa 10 Minuten ziehen lassen. Dann in ein Sieb gießen, eiskalt abschrecken und mit der Küchenschere im Sieb kleinschneiden.

3. Die Petersilie abbrausen, trockenschütteln, von den Stengeln zupfen und grob hacken oder wiegen. Eine Knoblauchzehe längs halbieren und mit den Schnittflächen die Salatschüssel ausreiben.

4. Die Garnelen, die Glasnudeln, die Petersilie und den Ingwer in die Schüssel geben. Den Zitronensaft mit der Sojasauce und dem Sojaöl verrühren, salzen, pfeffern und die restliche Knoblauchzehe durch die Presse dazudrücken. Die Sauce über den Salat gießen und gut mischen. Bis zum Servieren kalt stellen.

Spaghettisalat mit Meeresfrüchten

Als Vorspeise oder leichtes Hauptgericht für Herbst bis Frühjahr, solange es frische Muscheln gibt.

Zutaten für 4 Personen:
400 g frische Miesmuscheln
1/4 l trockener Weißwein
1 Zwiebel
Salz
4 Riesengarnelen (roh)
4 Schollenfilets
100 g Tiefseegarnelen
100 g Crème fraîche
300 g Spaghetti
1 EßI. Olivenöl
1 Bund gemischte Kräuter (Petersilie, Thymian, Salbei, Rosmarin, Oregano)
Saft von 1 Zitrone
Pfeffer, frisch gemahlen

Für Gäste

Pro Portion etwa:
2300 kJ/550 kcal
36 g Eiweiß · 13 g Fett
60 g Kohlenhydrate

- Zubereitungszeit: etwa 1 Stunde

1. Die Muscheln unter fließendem Wasser sauber bürsten, entbarten. Nur geschlossene verwenden. In dem Weißwein erhitzen, die Zwiebel kleinhacken und dazugeben, salzen und etwa 7 Minuten kochen. (Muscheln, die sich nicht geöffnet haben, wegwerfen.) Das Muschelfleisch auslösen, zur Seite stellen.

2. Im Kochsud die Riesengarnelen etwa 5 Minuten garen, abtropfen lassen und schälen, längs halbieren und den dunklen Darm auslösen. Im gleichen Sud die Schollenfilets etwa 5 Minuten garen, ebenso die Tiefseegarnelen. Den Kochsud (ohne den Bodensatz) abgießen und mit Crème fraîche verrühren.

3. In einer Kasserolle einkochen, bis nur noch die Hälfte an Flüssigkeit übrig ist. Die Spaghetti einmal durchbrechen und in reichlich Salzwasser mit dem Olivenöl in etwa 9 Minuten knapp garkochen, abgießen und kalt abschrecken.

4. Die Kräuter fein hacken. Die Sauce mit dem Zitronensaft und den Kräutern verquirlen, mit Salz und Pfeffer würzen. Die Meeresfrüchte vorsichtig unter die Spaghetti heben und mit der Sauce mischen. Lauwarm servieren.

Nudelsuppe mit Huhn

»Eine gute Suppe ist die Geliebte des Magens ...«

Zutaten für 4 Personen:
1 frisches küchenfertiges Suppenhuhn (etwa 1,2 kg)
Salz
Möhren
1 Stange Lauch
1 Zwiebel
1 Lorbeerblatt
2 Gewürznelken
250 g Bandnudeln
Streuwürze
Muskatnuß, frisch gerieben
schwarzer Pfeffer, frisch gemahlen
1 Bund glatte Petersilie

**Braucht etwas Zeit
Gelingt leicht**

Pro Portion etwa:
3200 kJ/760 kcal
47 g Eiweiß · 43 g Fett
50 g Kohlenhydrate

- Zubereitungszeit: etwa 3 Stunden

1. Das Huhn innen und außen gründlich waschen. Dann in einen Suppentopf legen und mit kaltem Wasser bedecken. Alles langsam zum Kochen bringen. Den beim Kochen aufsteigenden Schaum mehrmals abschöpfen.

2. Die Hitze reduzieren. Etwa 1 Eßlöffel Salz in den Topf geben. Dann das Huhn bei schwacher Hitze zugedeckt etwa 1 Stunde sanft köcheln lassen.

3. Die Möhren schälen und abspülen. Den Lauch putzen, längs aufschlitzen, gründlich abspülen und in Stücke schneiden. Die Zwiebel schälen. Das Lorbeerblatt mit den Nelken daran feststecken. Das Gemüse in die Suppe geben und alles noch 1/2–1 Stunde köcheln lassen.

4. Die Nudeln nach Packungsanweisung bißfest garen. Nach dem Kochen mit kaltem Wasser abschrecken und zur Seite stellen.

5. Das fertige Huhn aus der Brühe nehmen (siehe Tip). Das Fleisch von den Knochen lösen. Dabei die Haut entfernen und zur Seite stellen. Das Hühnerfleisch in kleine, mundgerechte Stücke schneiden.

6. Die Brühe durch ein Sieb in einen zweiten Topf gießen. Die Möhren in kleine Würfel schneiden. Nudeln, Hühnerfleisch und Möhren in die Brühe geben. Die Suppe nochmals aufkochen lassen, mit Streuwürze, Muskatnuß und Pfeffer abschmecken.

7. Die Petersilie abspülen. Die Blättchen abzupfen und fein hacken. Jede Portion reichlich mit der Petersilie bestreuen.

Tips!

Wenn Sie kein frisches Huhn bekommen, können Sie auch ein tiefgekühltes Huhn verwenden. Das Huhn am besten im Kühlschrank über Nacht langsam auftauen lassen und sehr gründlich waschen. Bei einem tiefgekühlten Huhn verlängert sich die Garzeit eventuell um etwa 30 Minuten. So erkennen Sie, ob das Huhn gar ist: Läßt das Fleisch sich leicht von den Knochen lösen, können Sie das Huhn aus der Brühe nehmen.
Statt dem Huhn etwa 750 g Hühnerklein (Hälse, Flügel, Mägen) verwenden.
Die zur Seite gestellte Hühnerhaut in dünne Streifen schneiden. In Butter knusprig ausbraten und auf Küchenpapier abtropfen lassen. Über die fertige Suppe streuen. Oder (wie Röstzwiebeln) über Sauerkraut, Wirsinggemüse, Bratkartoffeln oder Suppe von Hülsenfrüchten streuen.

Selbstgemachte Hühnerbrühe mit Nudeln, Möhren und zartem Hähnchenfleisch: Das schmeckt groß und klein.

Hühner-Gemüse-Topf mit Glasnudeln

Er ist ideal für Feste, zum Beispiel als Mitternachtssuppe.

Zutaten für 6–8 Personen:
Für die Brühe:
1 Zwiebel
2 Knoblauchzehen
1 Stück Ingwerwurzel
1 Stück Knollensellerie (etwa 120 g)
1 Möhre
1 kleine Lauchstange
10 Pfefferkörner
2 Lorbeerblätter
Salz
2 l Wasser
1 Poularde (etwa 1200 g)
schwarzer Pfeffer, frisch gemahlen
2 Eßl. Sojasauce
3 Eßl. trockener Sherry (Fino)
Für die Einlage:
100 g Glasnudeln
150 g Möhren
300 g Zucchini
150 g Champignons
4 Eßl. Zitronensaft
Sojasauce
trockener Sherry (Fino)

**Für Gäste
Braucht etwas Zeit**

Bei 8 Personen pro Portion etwa:
670 kJ/160 kcal
23 g Eiweiß · 6 g Fett
4 g Kohlenhydrate

- Zubereitungszeit: etwa 3 Stunden (davon 2 Stunden Garzeit)

1. Für die Brühe die Zwiebel, den Knoblauch, den Ingwer, den Sellerie und die Möhre schälen und grob würfeln. Den Lauch putzen, waschen und in Stücke schneiden. Mit den Pfefferkörnern, den Lorbeerblättern und Salz in einen reichlich großen Topf geben und mit dem Wasser auffüllen. Aufkochen und etwa 10 Minuten köcheln.

2. Die Poularde außen und innen unter fließendem Wasser waschen und in die Brühe geben. Etwa 1 Stunde zugedeckt bei schwacher Hitze garen.

3. Die Poularde herausnehmen und etwas abkühlen lassen. Die Haut ablösen und das Fleisch von den Knochen trennen. Haut und Knochen wieder in die Brühe geben und etwa 1 weitere Stunde köcheln. Das Fleisch würfeln, in einer Schüssel mit der Sojasauce und dem Sherry begießen und zugedeckt ziehen lassen.

4. Etwa 20 Minuten vor Garzeitende für die Einlage die Glasnudeln mit kochendem Wasser überbrühen und etwa 10 Minuten ziehen lassen. Dann die Nudeln in ein Sieb geben, abtropfen lassen und mit der Küchenschere in fingerlange Stücke schneiden.

5. Inzwischen die Möhren schälen, waschen und in feine Scheiben schneiden. Die Zucchini waschen, wie die Möhren in dünne Scheiben schneiden oder hobeln.

6. Die Champignons putzen, kurz abspülen und blättrig schneiden. Mit dem Zitronensaft beträufeln.

> **Tip!**
> Mit fertiger Brühe und Hühnerbrustfilets verkürzt sich die Zubereitungszeit um etwa 2 Stunden. Dann 750 g Hühnerbrüstchen in Streifen oder Würfel schneiden. Etwas salzen und pfeffern und wie beschrieben marinieren. Die Glasnudeln und das Gemüse vorbereiten und den Hühner-Gemüse-Topf wie beschrieben fertigstellen. Preisgünstiger und fast genauso gut sind Putenschnitzel.

7. Die Brühe durch ein Sieb gießen und wieder in den Topf geben. Die Pilze, die Möhren, die Zucchini, die Glasnudeln und das Hühnerfleisch in den Topf geben, aufkochen und alles bei mittlerer Hitze etwa 3 Minuten durchziehen lassen.

8. Den Hühner-Gemüse-Topf kräftig mit Salz, Pfeffer, Sojasauce und Sherry abschmecken.

NUDELGERICHTE – MAL KLEIN, MAL SCHNELL

Minestra con zucchini

Zucchinisuppe

Zutaten für 4 Personen:
1 Zwiebel
500 g kleine feste Zucchini
1/2 Bund Petersilie
1/2 Bund Basilikum
500 g reife Fleischtomaten
6 EBl. Olivenöl
1 1/2 l dünne Knochenbrühe (siehe Tip Seite 68) oder Fleischbrühe
Salz
weißer Pfeffer, frisch gemahlen
200 g kleine Ditali
100 g Parmesan, frisch gerieben

Gelingt leicht

Pro Portion etwa:
1900 kJ/450 kcal
21 g Eiweiß · 22 g Fett
43 g Kohlenhydrate

- Zubereitungszeit: etwa 1 Stunde

1. Die Zwiebel kleinhacken. Von den Zucchini die Blüten- und die Stielansätze entfernen. Die Früchte längs vierteln. Die Viertel dann quer in gleichmäßige Würfel schneiden. Die Petersilie und das Basilikum zusammen fein hacken.

2. Die Tomaten kurz mit kochendem Wasser überbrühen, dann häuten und vierteln. Dabei die Stielansätze und Kerne entfernen. Die Früchte grob zerkleinern.

3. In einem Topf das Öl erhitzen, die Zwiebel darin bei mittlerer Hitze anbraten. Die Zucchiniwürfel dazugeben und etwa 5 Minuten mitbraten. Die Kräuter und die Tomaten untermischen. Alles bei schwacher Hitze etwa 30 Minuten zugedeckt schmoren lassen.

4. In einem anderen Topf die Brühe zum Kochen bringen. Die kochende Brühe zu den Zucchini gießen. Die Suppe mit Salz und Pfeffer abschmecken. Die Nudeln in die Suppe geben und darin »al dente«, bißfest, kochen. Den Parmesan extra zur Suppe servieren.

Minestra con pomodori

Tomatensuppe mit Nudeln

Zutaten für 4 Personen:
3 Knoblauchzehen
2 Stangen Bleichsellerie
1 Bund Petersilie
12 große Basilikumblätter
400 g Dosentomaten
5–6 EBl. Olivenöl
1 Prise gemahlener Peperoncino (kleine, scharfe Pfefferschote), ersatzweise Cayennepfeffer
etwa 1 1/2 l Knochenbrühe (siehe Tip Seite 68) oder Fleischbrühe
150–200 g Hörnchennudeln
80 g Parmesan, frisch gerieben

Preiswert

Pro Portion etwa:
1700 kJ/400 kcal
17 g Eiweiß · 20 g Fett
39 g Kohlenhydrate

- Zubereitungszeit: etwa 1 1/2 Stunden

1. Die Knoblauchzehen ganz fein hacken. Die Selleriestangen in dünne Scheibchen schneiden. Die Petersilie fein hacken. Die Basilikumblätter grob zerkleinern. Die Tomaten mit dem Saft durch ein Sieb passieren.

2. In einer großen Kasserolle das Öl erhitzen, den gehackten Knoblauch, die Selleriescheibchen und die Kräuter darin bei schwacher Hitze unter Rühren etwa 5 Minuten braten. Dann die Tomaten in die Kasserolle geben, mit dem Peperoncino kräftig würzen. Das Ganze zugedeckt bei schwacher Hitze etwa 15 Minuten schmoren lassen.

3. Die Brühe in einem Topf zum Kochen bringen. Dann in die Kasserolle gießen, eventuell salzen. Die Suppe zugedeckt bei schwacher Hitze etwa 45 Minuten köcheln lassen.

4. Dann die Hitze verstärken, die Nudeln in die Suppe geben und darin »al dente«, bißfest, garen. Dabei öfter umrühren, damit sich die Nudeln nicht am Topfboden festsetzen. Den Käse extra zur Suppe reichen.

Im Bild oben: Minestra con pomodori
Im Bild unten: Minestra con zucchini

Minestrone alla milanese

Dicke Mailänder Gemüsesuppe

Zutaten für 4 Personen:
150 g getrocknete weiße Bohnen
1 Zwiebel
Herz von 1 kleinen Staude Bleichsellerie
2 Eßl. Butter
1 Eßl. Olivenöl
1 Eßl. Tomatenmark
etwa 1 1/2 l Knochenbrühe (siehe Tip) oder Fleischbrühe
1 Stange Lauch
2 mittelgroße Möhren
2 kleine Zucchini
2 mittelgroße Kartoffeln
1/4 von einem kleinen Wirsing
1 Knoblauchzehe · 1 Bund Petersilie
2 frische Salbeiblätter
75 g leicht durchwachsener Räucherspeck ohne Schwarte
100–150 g Hörnchennudeln
150 g Erbsen, tiefgefroren
3 Eßl. Parmesan, frisch gerieben
Salz
schwarzer Pfeffer, frisch gemahlen

Braucht etwas Zeit

Pro Portion etwa:
2400 kJ/570 kcal
24 g Eiweiß · 27 g Fett
61 g Kohlenhydrate

- Quellzeit: etwa 12 Stunden
- Zubereitungszeit: etwa 2 1/2 Stunden (davon etwa 2 Stunden Garzeit)

1. Die Bohnen am Vorabend in Wasser einweichen und mindestens 12 Stunden quellen lassen.

2. Die Zwiebel fein hacken. Den Sellerie putzen, waschen und in dünne Scheibchen schneiden.

3. In einem Suppentopf die Butter und das Öl erhitzen. Die Zwiebel und den Sellerie darin etwa 5 Minuten bei mittlerer Hitze anbraten. Das Tomatenmark mit 3/4 l Brühe verrühren und dazugeben. Die Bohnen abgießen und ebenfalls in den Topf geben. Die Suppe zum Kochen bringen.

4. Den Lauch längs aufschlitzen, unter fließendem Wasser gründlich ausspülen und in Scheibchen schneiden. Die Möhren schälen. Von den Zucchini die Blüten- und die Stielansätze abschneiden. Die Kartoffeln schälen. Möhren, Zucchini und Kartoffeln in kleine Würfel schneiden. Das Kohlviertel putzen und ohne den Strunk in Streifen schneiden. Das ganze Gemüse in einem Sieb gründlich mit kaltem Wasser abbrausen, dann in den Suppentopf geben. Zugedeckt bei schwacher Hitze köcheln lassen.

5. Den Knoblauch, die Petersilie, die Salbeiblättchen und den Speck im Blitzhacker so fein zerkleinern, daß eine cremige Paste entsteht (oder ganz fein wiegen).

6. Nach 1 1/2 Stunden Garzeit die festliche Brühe angießen. Die Speckpaste mit der Suppe verrühren. Alles etwa 15 Minuten weiterköcheln lassen.

7. Danach die Hitze verstärken, die Nudeln und die Erbsen in die Suppe geben und die Nudeln darin »al dente«, bißfest, garen. Den Parmesan in die Suppe rühren. Die Minestrone mit Salz und Pfeffer abschmecken.

Tip!

Knochenbrühe: Suppenknochen, Suppenfleisch, Thymian, Petersilie, Knollensellerie, Suppengemüse und 1–2 Lorbeerblätter in kaltem Wasser aufsetzen. Schaum abschöpfen. Alles bei schwacher Hitze 2 Stunden köcheln lassen. Die Brühe dann durch ein feines Sieb abgießen.

Diese Suppe hat es in sich: Acht verschiedene Gemüsesorten geben sich in der Minestrone ala milanese ein Stelldichein.

Spätzle mit Gemüse

Spätzle sind rasch zubereitet, zum Beispiel mit einem Spätzlehobel, den Sie in Haushaltswarengeschäften bekommen. Die Gemüsespätzle sind schnell fertig.

Zutaten für 4 Personen:
200 g Mehl
Salz
4 Eier
1 Stange Staudensellerie
1 Kohlrabi (etwa 300 g)
250 g Möhren
1 kleiner Wirsingkohl (etwa 500 g)
250 g Lauch (Porree)
250 g Zwiebeln
25 g Butter
1 Teel. Sonnenblumenöl
1/8 l Gemüsebrühe
weißer Pfeffer, frisch gemahlen
1 großes Bund Petersilie

**Braucht etwas Zeit
Gelingt leicht**

Pro Portion etwa:
1900 kJ/450 kcal
25 g Eiweiß · 16 g Fett
54 g Kohlenhydrate
15 g Ballaststoffe

- Zubereitungszeit: etwa 1 Stunde 10 Minuten

1. Für die Spätzle das Mehl mit einer kräftigen Prise Salz und den Eiern verrühren. Der Teig soll zähflüssig sein, so daß Konturen, die Sie mit dem Kochlöffel ziehen, nur langsam wieder verfließen. Gegebenenfalls noch ein Ei daruntermischen. Den Teig zugedeckt ruhen lassen, bis das Gemüse vorbereitet ist.

2. Den Sellerie, den Kohlrabi und die Möhren putzen und schälen. Die zarten Blättchen der Gemüse abschneiden und beiseite legen. Die Gemüse würfeln. Den Wirsingkohl von den äußeren welken Blättern befreien, achteln und gründlich waschen. Die Kohlachtel und den Strunk in Streifen schneiden. Den Lauch ebenfalls von den welken Blättern und dem Wurzelansatz befreien, waschen und in etwa fingerbreite Stücke schneiden.

3. Die Zwiebeln schälen, halbieren und in feine Ringe schneiden. Die Butter und das Öl in einer Pfanne erhitzen, bis die Butter zerlaufen ist. Die Zwiebeln darin bei schwacher Hitze unter mehrmaligem Wenden weich und goldbraun braten.

4. Für die Spätzle reichlich Wasser mit Salz zum Kochen bringen.

5. Die Gemüsebrühe aufkochen, das Gemüse dazugeben, erneut aufkochen und zugedeckt bei schwacher bis mittlerer Hitze in 10–15 Minuten gerade eben bißfest garen.

6. Währenddessen den Spätzleteig portionsweise vom Brett schaben oder durch den Spätzlehobel in das sprudelnd kochende Wasser geben. Die Spätzle darin garen, bis sie an die Oberfläche steigen. Die jeweils fertigen Spätzle mit einem Schaumlöffel herausnehmen und in einer vorgewärmten Schüssel warm halten.

7. Das Gemüse mit der Gemüsebrühe und den Spätzle in der Schüssel mischen und mit Salz und Pfeffer abschmecken.

8. Die Petersilie und die Gemüseblättchen waschen, trockentupfen und fein hacken. Mit den gebratenen Zwiebeln über die Gemüsespätzle geben.

Tip!

Zu Spätzle schmecken auch Grünkohl, Rosenkohl und Fenchel oder Spargel, Zuckerschoten und Frühlingszwiebeln. Im Sommer und Herbst können Sie Tomaten, Zucchini und grüne Bohnen verwenden. Lauch und Möhren gibt es das ganze Jahr über in guter Qualität.

Spätzle mit frischem Gemüse brauchen wenig Zeit – vor allen Dingen dann, wenn Sie fertige Spätzle nehmen.

Gaisburger Marsch

Zutaten für 4–6 Personen:
800 g Rindfleisch (Brust oder Bug)
2–3 Suppenknochen
Salz · 3 mittelgroße Zwiebeln
1 Nelke · 1 Lorbeerblatt
1 Bund Suppengrün
500 g Kartoffeln
1 Bund Schnittlauch · 50 g Butter
300 g Spätzle

Spezialität aus Gaisburg

Bei 6 Personen pro Portion etwa:
3200 kJ/760 kcal
55 g Eiweiß · 27 g Fett
75 g Kohlenhydrate

- Zubereitungszeit: etwa
  2 Stunden (davon
  1 1/2 Stunden Kochzeit)

1. Das Fleisch und die Knochen kalt abwaschen und in einen großen Topf legen. Etwa 1 1/2 l kaltes Wasser angießen, mit Salz würzen. Eine Zwiebel schälen und halbieren. Mit der Nelke und dem Lorbeerblatt spicken. Das Suppengrün waschen, putzen, grob zerkleinern und mit der Zwiebel zum Fleisch geben. Alles aufkochen.

2. Die Hitze reduzieren, das Fleisch zugedeckt bei schwacher Hitze etwa 1 1/2 Stunden garen. Etwa 30 Minuten vor Ende der Garzeit die Kartoffeln waschen, schälen, in Viertel schneiden und in eine Schüssel mit kaltem Wasser legen.

3. Den Schnittlauch waschen, trockenschütteln und in Röllchen schneiden. Das Fleisch aus der Brühe nehmen, in Alufolie wickeln und warm stellen. Die Brühe durch ein Sieb in einen anderen Topf gießen. Die Kartoffeln darin in etwa 20 Minuten garen.

4. Die restlichen Zwiebeln schälen und in Ringe schneiden. In einer Pfanne die Butter erhitzen und die Zwiebeln darin goldbraun rösten. Das Rindfleisch in Würfel schneiden. Mit den Spätzle zu den Kartoffeln geben und alles kurz erwärmen. Die Suppe mit den Zwiebeln »abschmelzen«.

Saure Linsen mit Spätzle

Zutaten für 4–6 Personen:
500 g braune Linsen
1 Bund Suppengrün · Salz
2 Teel. gekörnte Brühe
1 Lorbeerblatt
1 dicke Scheibe durchwachsener Bauchspeck · 1 Zwiebel
40 g Butter · 20 g Mehl
1/4 l Rotwein
2–3 Eßl. Rotweinessig
Pfeffer, frisch gemahlen
4–6 Paar Saitenwürste
300 g Spätzle (Trockenprodukt)

Preiswert

Bei 6 pro Portion etwa:
3800 kJ/920 kcal
40 g Eiweiß · 44 g Fett
80 g Kohlenhydrate

- Zubereitungszeit: etwa
  1 Stunde
- Einweichzeit: mindestens
  8 Stunden

1. Die Linsen mit kaltem Wasser abbrausen, in eine Schüssel geben und mit reichlich Wasser bedecken. Die Linsen etwa 8 Stunden, am besten über Nacht, einweichen lassen.

2. Die Linsen in einem Sieb abtropfen lassen. Etwa 1 1/2 l Wasser mit den Linsen in einen Topf geben und aufkochen.

3. Das Suppengrün waschen, putzen und klein würfeln. Zu den Linsen geben und alles mit Salz und der gekörnten Brühe würzen. Das Lorbeerblatt und den Bauchspeck zu den Linsen geben. Alles bei schwacher Hitze etwa 1 Stunde kochen lassen, bis die Linsen weich sind.

4. Die Zwiebel schälen und fein hacken. In einem separaten Topf die Butter erhitzen. Die Zwiebel darin bei schwacher Hitze andünsten. Unter Rühren mit dem Mehl bestäuben und goldbraun anschwitzen.

5. Unter Rühren den Rotwein und den Essig angießen. Die Linsen mit dem Kochwasser dazugeben. Alles etwa 20 Minuten bei mittlerer Hitze kochen lassen. Mit Salz und Pfeffer würzen.

6. In einem separaten Topf Wasser für die Spätzle zum kochen bringen. Die Spätzle nach Packungsvorschrift garen.

7. Die Saitenwürste auf das Linsengemüse legen und etwa 10 Minuten erwärmen.

Im Bild vorne: Gaisburger Marsch
Im Bild hinten: Saure Linsen

Minestra di pasta e piselli

Erbsensuppe mit Nudeln

Zutaten für 4 Personen:
1 kleine Zwiebel
1 kleine Möhre
1/2 Bund Petersilie
1 kleine Stange Bleichsellerie
50 g leicht durchwachsener Speck ohne Schwarte
2 Eßl. Olivenöl
1 Eßl. Tomatenmark
etwa 1 1/2 l Gemüsebrühe
200 g Erbsen, tiefgefroren
Salz
100–150 g Quadrucci (Teigquadrate)
50 g Parmesan, frisch gerieben

Preiswert

Pro Portion etwa:
1500 kJ/360 kcal
16 g Eiweiß · 18 g Fett
34 g Kohlenhydrate

- Zubereitungszeit: etwa 1 Stunde

1. Die Zwiebel, die Möhre, die Petersilie und den Sellerie putzen, waschen und mit dem Speck fein hacken.

2. In dem Öl in einer Kasserolle bei schwacher Hitze unter ständigem Rühren etwa 5 Minuten anbraten.

3. Das Tomatenmark mit etwas Wasser verrühren, dann in die Kasserolle gießen. Alles zugedeckt etwa 10 Minuten köcheln lassen. Die Brühe dazugießen und aufkochen lassen. Die Erbsen und die Nudeln in die Suppe streuen und darin »al dente«, bißfest, kochen. Die Suppe mit Salz abschmecken. Den Parmesan extra dazu reichen.

Minestra di lenticchie

Linsensuppe mit Nudeln

Zutaten für 4 Personen:
250 g braune Linsen
1 große Zwiebel
1 Stange Bleichsellerie
2 Knoblauchzehen
1 Bund Petersilie
75 g durchwachsener Räucherspeck ohne Schwarte
4 reife Fleischtomaten
4 Eßl. Olivenöl
Salz
schwarzer Pfeffer, frisch gemahlen
200 g kleine Ditali
3 Eßl. Pecorino (Schafkäse), frisch gerieben

Gelingt leicht

Pro Portion etwa:
2700 kJ/640 kcal
30 g Eiweiß · 26 g Fett
72 g Kohlenhydrate

- Quellzeit: etwa 12 Stunden
- Zubereitungszeit: etwa 1 1/2 Stunden

1. Die Linsen in einem Sieb kalt abbrausen. In 1 1/2 l Wasser über Nacht einweichen.

2. Die Zwiebel schälen und quer halbieren. Eine Zwiebelhälfte in Ringe schneiden. Den Sellerie putzen, waschen und ebenfalls halbieren.

3. Die Linsen im Einweichwasser mit den Zwiebelringen und der halben Selleriestange aufkochen; zugedeckt etwa 1 1/4 Stunden köcheln lassen.

4. Den Knoblauch und die Petersilie mit dem Speck, der anderen Zwiebelhälfte und Selleriehälfte kleinhacken. Die Tomaten überbrühen, häuten und ohne Stielansätze und Kerne kleinhacken.

5. Das gehackte Gemüse ohne die Tomaten in Öl bei mittlerer Hitze etwa 5 Minuten anbraten. Dann die Tomaten dazugeben und alles zugedeckt bei schwacher Hitze etwa 15 Minuten schmoren lassen. Die Linsen mit dem Kochwasser dazugeben, bei Bedarf Wasser nachgießen. Alles salzen und pfeffern.

6. Wenn die Linsen knapp gar sind, den halben Sellerie aus der Suppe nehmen und die Nudeln darin »al dente« kochen. Den Pecorino unterrühren.

Bild oben: Minestra di pasta e piselli
Bild unten: Minestra di lenticchie

Linsensuppe mit Nudeln

Die schwarzen Puy-Linsen schmecken besonders aromatisch. Sie können sie in größeren Naturkostläden kaufen. Wenn sie doch einmal keine bekommen, nehmen Sie einfach braune oder grüne Linsen.

Zutaten für 4 Personen:
1 Zwiebel
1 Knoblauchzehe
1 Eßl. Sonnenblumenöl
150 g schwarze Linsen (Puy-Linsen)
1 l Gemüsebrühe
2 Tomaten
1 Bund Frühlingszwiebeln
1/2 Bund frischer Majoran
250 g Vollkorn-Hörnchennudeln
Salz
weißer Pfeffer, frisch gemahlen
1 Eßl. Weißweinessig
1 Bund Schnittlauch

Gelingt leicht

Pro Portion etwa:
1500 kJ/360 kcal
19 g Eiweiß · 5 g Fett
62 g Kohlenhydrate
10 g Ballaststoffe

- Zubereitungszeit: etwa 1 1/4 Stunden

1. Die Zwiebel und die Knoblauchzehen schälen und fein hacken.

2. Das Öl in einem Suppentopf erhitzen. Die Zwiebel und den Knoblauch darin glasig dünsten. Die Linsen dazugeben und unter Rühren anbraten, bis sie gleichmäßig vom Öl überzogen sind. Dann die Gemüsebrühe hinzufügen und zum Kochen bringen. Die Linsen zugedeckt bei mittlerer Hitze etwa 45 Minuten kochen, bis sie fast weich sind.

3. Inzwischen die Tomaten mit kochendem Wasser überbrühen, kurz darin ziehen lassen, kalt abschrecken und häuten. Die Tomaten in kleine Würfel schneiden, dabei die Stielansätze entfernen. Die Frühlingszwiebeln putzen, waschen und mit dem zarten Grün in feine Ringe schneiden. Den Majoran waschen und trockenschwenken. Die Blättchen von den Stielen zupfen und fein hacken.

4. Wenn die Linsen fast weich sind, die Tomaten, den Majoran und die Nudeln in die Suppe geben. Die Suppe mit Salz, Pfeffer und dem Essig fein abschmecken und weiter garen, bis die Nudeln »al dente« sind.

5. Inzwischen den Schnittlauch waschen, trockenschwenken und in feine Röllchen schneiden.

6. Die Suppe eventuell noch einmal mit Salz und Pfeffer abschmecken und mit dem Schnittlauch und den Frühlingszwiebeln bestreut servieren.

Varianten:
Statt Tomaten und Frühlingszwiebeln schmecken in der Suppe auch Paprikaschoten, in kleine Würfel geschnitten, Spinat oder Grünkohl.

Anstelle von Hörnchennudeln können Sie auch Suppennudeln verwenden; sie haben allerdings eine etwas kürzere Garzeit. Oder Sie nehmen Buchstabennudeln, die vor allem bei Kindern hoch im Kurs stehen. Letztere sind allerdings relativ selten zu bekommen.

Tip!

Die Garzeit von Linsen kann man nicht genau angeben. Sie hängt vor allem vom Alter der Linsen ab und kann zwischen 30 Minuten und 1 Stunde liegen. Versuchen Sie die Linsen also zwischendurch immer wieder. Das Einweichen von Linsen ist nicht nötig; Sie können aber dadurch die Garzeit um etwa 15 Minuten verkürzen.

Linsensuppe mit Nudeln schmeckt ausgezeichnet, macht satt und ist auch für Anfänger sehr leicht zuzubereiten.

Nudeln mit Tomatensauce

Zutaten für 2 Personen:
Salz
375 g Nudeln
Für die Sauce:
40 g Fett
1 große Dose Tomatenmark (140 g)
20 g Mehl
schwarzer Pfeffer, frisch gemahlen
Zucker
frischer oder getrockneter Oregano und Thymian

Preiswert

Pro Portion etwa:
380 kJ/900 kcal
27 g Eiweiß · 22 g Fett
150 g Kohlenhydrate

• Zubereitungszeit: 15 Minuten

1. In einem großen Kochtopf etwa 3 l Wasser mit 1 Teelöffel Salz zum Kochen bringen. Die Nudeln unter Rühren einstreuen und 8–12 Minuten, je nach Nudelsorte, offen bei mittlerer Hitze leicht kochen lassen.

2. Inzwischen für die Sauce das Fett in einem kleinen Topf erhitzen. Das Tomatenmark und das Mehl hineingeben und unter ständigem Rühren bei mittlerer Hitze anschwitzen.

3. Dann langsam mit 1/4 l kaltem Wasser auffüllen, dabei weiter ständig rühren, damit keine Klümpchen entstehen. Mit je 1 großen Prise Salz, Pfeffer, Zucker, Oregano und Thymian würzen. Die Sauce noch einmal kurz aufkochen lassen, sie soll schön cremig werden.

4. Das Wasser von den Nudeln abgießen, Nudeln heiß überbrausen, abtropfen lassen und etwas nachsalzen. Tomatensauce zu den Nudeln servieren.

Tip!

Wer die Nudeln ohne Sauce genießen möchte, sollte sie nach dem Abtropfen in etwa 30 g heißer Butter schwenken oder in der Pfanne rösten. Dabei ebenfalls etwas nachsalzen.

Hack-Lauch-Nudeln-Gabeleintopf

Wird Ihr Lieblingsgericht werden!

Zutaten für 3 Personen:
2 Stangen Lauch (etwa 500 g)
1 l Fleischbrühe (Instant)
3 Eßl. neutrales Pflanzenöl
250 g gemischtes Hackfleisch
250 g Nudeln (Spiralen)
1 große Dose Tomatenmark (140 g)
1/2 Teel. Salz
1/2 Teel. Paprikapulver, edelsüß

Schnell

Pro Portion etwa:
2700 kJ/640 kcal
32 g Eiweiß · 28 g Fett
68 g Kohlenhydrate

• Zubereitungszeit: 25 Minuten

1. Von den Lauchstangen die welken Blätter abziehen. Dunkelgrüne Teile und Wurzel abschneiden. Nur das Helle und Mittelgrüne vom Lauch verwenden. Die Lauchstangen längs aufschneiden, gründlich waschen und in etwa 2 cm dicke Ringe schneiden. Die Brühe erhitzen.

2. Das Öl in einem großen Topf erhitzen und das ganze Hackfleisch auf einmal hineingeben. Unter Rühren bei mittlerer Hitze krümelig anbraten.

3. Auf das Fleisch die ungekochten Nudeln, den Lauch, das Tomatenmark, das Salz und das Paprikapulver geben. Die Brühe darübergeben, alles umrühren und zugedeckt bei starker Hitze zum Kochen bringen. Die Temperatur zurückschalten und den Gabeleintopf bei schwacher Hitze etwa 20 Minuten garen.

Im Bild vorne:
Hack-Lauch-Nudeln-Gabeleintopf
Im Bild hinten:
Nudeln mit Tomatensauce

Vollkorn-spaghetti

Eine köstliche und schnell gemachte Nudelvariation

Zutaten für 2 Personen:
Salz
250 g Vollkornspaghetti
60 g durchwachsener Speck (ohne Schwarte)
1 Zwiebel
1 Teel. Butter
1 frisches Ei
3 Eßl. Sahne
50 g Emmentaler oder Parmesan, frisch gerieben
schwarzer Pfeffer, frisch gemahlen

Deftig

Pro Portion etwa:
3500 kJ/830 kcal
33 g Eiweiß · 42 g Fett
83 g Kohlenhydrate

• Zubereitungszeit: 15 Minuten

1. In einem großen Topf 3 l Wasser mit 1 Teelöffel Salz zum Kochen bringen. Die Vollkornspaghetti hineingeben und offen etwa 12 Minuten bei mittlerer Hitze kochen lassen.

2. In der Zwischenzeit den Speck erst in Scheiben, dann in Streifen und anschließend in Würfel schneiden. Die Zwiebel schälen, abspülen und würfeln. Die Butter in einem zweiten Topf erhitzen. Den Speck und die Zwiebeln hineingeben und bei mittlerer Hitze braten, bis beides Farbe annimmt.

3. Die Spaghetti in ein Sieb geben, heiß überbrausen und abtropfen lassen. In einer großen Schüssel das Ei und die Sahne verrühren. Die Spaghetti, den Speck und die Zwiebel dazugeben. Den Käse, Salz und Pfeffer darüberstreuen, alles gut durchmischen.
Zu den Vollkornspaghetti schmeckt ein frischer grüner Salat, Endivien- oder Feldsalat.

Expreß-Gulasch

Zutaten für 2 Personen:
3 Zwiebeln
1 Dose Rindfleisch (300 g) oder 300 g gemischtes Hackfleisch
1 Tomate
1 kleine Gewürzgurke
1 Eßl. Butter oder Margarine
1 kleine Dose Tomatenmark (40 g)
1/4 l Fleischbrühe (Instant)
1 Teel. Mehl
3 Eßl. Dosenmilch

Gelingt leicht

Pro Portion etwa:
2200 kJ/520 kcal
34 g Eiweiß · 38 g Fett
15 g Kohlenhydrate

• Zubereitungszeit: 15 Minuten

1. Die Zwiebeln schälen, abspülen, in Scheiben schneiden. Das Rindfleisch aus der Dose nehmen und in Würfel schneiden. Die Tomate waschen, achteln, dabei den Stielansatz entfernen. Die Gurke in kleine Würfel schneiden.

2. In einem kleinen Topf das Fett erhitzen, die Zwiebelscheiben hineingeben und darin bei mittlerer Hitze anbräunen, das Tomatenmark hinzufügen, kurz anschmoren. Dann die Brühe dazugeben und alles bei starker Hitze etwa 5 Minuten kochen lassen.

3. Die Rindfleischwürfel zusammen mit den Tomatenachteln und den Gurkenwürfeln in den Topf geben, alles bei starker Hitze einmal kurz aufkochen.

4. Das Mehl mit der Dosenmilch verquirlen, unter die Sauce rühren und die Sauce damit binden.
Das Expreß-Gulasch paßt gut zu Nudeln.

Tip!

Wenn Sie Hackfleisch verwenden, braten Sie es zusammen mit den Zwiebeln an.

Im Bild vorne: Vollkornspaghetti
Im Bild hinten: Expreß-Gulasch

Spaghetti mit Knoblauchsauce

Zutaten für 4 Personen:
400 g Weizenkeim-Spaghetti
Salz
1 frische rote Pfefferschote
2–3 Knoblauchzehen
10–15 frische Salbeiblätter
4 Eßl. Olivenöl, kaltgepreßt
2 Eßl. Butter

Preiswert

Pro Portion etwa:
2000 kJ/480 kcal
15 g Eiweiß · 17 g Fett
65 g Kohlenhydrate
9 g Ballaststoffe

• Zubereitungszeit: etwa 15 Minuten

1. Für die Nudeln reichlich Wasser mit 1 kräftigen Prise Salz zum Kochen bringen. Die Nudeln darin bei starker bis mittlerer Hitze »al dente« garen.

2. Inzwischen die Pfefferschote vom Stielansatz befreien und längs halbieren. Die scharfen Kerne herauslösen und die Schotenhälften unter fließendem Wasser gründlich abspülen. Dann in schmale Streifen schneiden. Die Knoblauchzehen schälen und fein hacken. Den Salbei waschen, trockentupfen und in feine Streifen schneiden.

3. Das Öl mit der Butter in einem Topf erhitzen, bis die Butter zerlaufen ist. Den Knoblauch, die Pfefferschote und den Salbei dazugeben und bei schwacher Hitze unter Rühren kurz andünsten.

4. Die Spaghetti gut abtropfen lassen, dann in den Topf zur Knoblauchsauce geben und alles gründlich vermischen. Die Nudeln sofort in vorgewärmten Tellern servieren.

Bandnudeln mit Gorgonzolasauce

Statt Gorgonzola können Sie für dieses beliebte Nudelgericht auch einen anderen Blauschimmelkäse wie zum Beispiel Roquefort oder Bleu d'Auvergne verwenden.

Zutaten für 4 Personen:
400 g Vollkorn-Bandnudeln
Salz
200 g Gorgonzola
1 Zwiebel
1 Knoblauchzehe
1/2 Bund frischer Thymian
1/2 Eßl. Butter
400 g Sahne
weißer Pfeffer, frisch gemahlen
1 Tomate

Gelingt leicht

Pro Portion etwa:
3600 kJ/860 kcal
28 g Eiweiß · 52 g Fett
69 g Kohlenhydrate
9 g Ballaststoffe

• Zubereitungszeit: etwa 20 Minuten

1. Für die Nudeln reichlich Wasser mit 1 kräftigen Prise Salz zum Kochen bringen. Die Nudeln darin bei starker bis mittlerer Hitze »al dente« garen.

2. Inzwischen den Gorgonzola von der Rinde befreien und in kleine Würfel schneiden. Die Zwiebel und den Knoblauch schälen und fein hacken. Den Thymian waschen, trockenschwenken und die Blättchen von den Stielen streifen.

3. Die Butter in einem Topf erhitzen. Die Zwiebel, den Knoblauch und den Thymian darin andünsten.

4. Die Sahne und den Käse in den Topf geben und alles bei schwacher bis mittlerer Hitze unter Rühren garen, bis der Käse geschmolzen und die Sauce sämig ist. Die Sauce mit wenig Salz und reichlich Pfeffer abschmecken.

5. Die Tomate waschen und in kleine Würfel schneiden.

6. Die Nudeln gründlich abtropfen lassen, dann mit der Sauce mischen und mit den Tomatenwürfeln bestreut sofort servieren.

Im Bild vorne:
Bandnudeln mit Gorgonzolasauce
Im Bild hinten:
Spaghetti mit Knoblauchsauce

Nudeln mit pikanter Käsesauce

Die Sauce wird mit verschiedenen Käsesorten zubereitet und schmeckt deshalb besonders würzig.

Zutaten für 4 Personen:
jeweils 50 g Greyerzer, Mozzarella, Pecorino, Fontina (ersatzweise Raclette-Käse)
400 g Vollkorn-Bandnudeln
Salz
200 ccm Gemüsebrühe
1 EBl. trockener Weißwein
1 Teel. Zitronensaft
weißer Pfeffer, frisch gemahlen

Raffiniert

Pro Portion etwa:
2100 kJ/500 kcal
29 g Eiweiß · 14 g Fett
64 g Kohlenhydrate
8 g Ballaststoffe

- Zubereitungszeit: etwa 20 Minuten

1. Alle 4 Käsesorten in kleine Würfel schneiden.

2. Für die Nudeln reichlich Wasser mit 1 kräftigen Prise Salz zum Kochen bringen. Die Nudeln darin bei starker bis mittlerer Hitze »al dente« garen.

3. Während die Nudeln garen, den Käse mit der Gemüsebrühe und dem Weißwein in einem Topf mischen und bei schwacher bis mittlerer Hitze unter ständigem Rühren erwärmen, bis der Käse geschmolzen ist. Die Sauce mit dem Zitronensaft, Salz und Pfeffer pikant abschmecken.

4. Die Nudeln in einem Sieb abtropfen lassen, dann sofort mit der Käsesauce mischen und in vorgewärmten Tellern servieren.

Nudeln mit Alfalfasauce

Alfalfasprossen können Sie fertig gekeimt in Naturkostläden und Reformhäusern kaufen. Wenn Sie sie selbst keimen wollen, brauchen Sie 20 g Alfalfasamen. Die Samen jeden Tag ein- bis zweimal befeuchten und 4–5 Tage keimen lassen.

Zutaten für 2 Personen:
200 g Vollkorn-Spaghetti
Salz
1 Schalotte
100 g Alfalfasprossen
1/2 EBl. Butter
100 g Crème fraîche
1/2 EBl. Zitronensaft
Cayennepfeffer
1/2 Bund Schnittlauch

Gelingt leicht

Pro Portion etwa:
2400 kJ/570 kcal
18 g Eiweiß · 27 g Fett
68 g Kohlenhydrate
10 g Ballaststoffe

- Zubereitungszeit: etwa 20 Minuten

1. Für die Nudeln reichlich Wasser mit 1 kräftigen Prise Salz zum Kochen bringen. Die Nudeln darin bei starker Hitze »al dente« garen.

2. Während die Nudeln garen, die Schalotte fein hacken. Die Sprossen in einem Sieb kalt abspülen und gründlich abtropfen lassen. Die Sprossen dann mit einer Gabel lockern.

3. Die Butter in einem Topf zerlassen. Die Schalotte darin glasig dünsten. Die Crème fraîche dazugeben. Die Sauce mit dem Zitronensaft, Salz und Cayennepfeffer abschmecken. Die Sprossen untermischen und alles einmal aufkochen. Dann zugedeckt warm halten.

4. Den Schnittlauch waschen, trockenschwenken und in feine Röllchen schneiden.

5. Die Nudeln in einem Sieb gründlich abtropfen lassen, dann mit der Sprossensauce mischen, in vorgewärmte Teller füllen und mit dem Schnittlauch bestreut servieren.

Im Bild vorne:
Nudeln mit Alfalfasauce
Im Bild hinten:
Nudeln mit pikanter Käsesauce

Nudeln mit Paprika-Kapern-Sauce

Zutaten für 4 Personen:
Salz
2 mittelgroße rote Paprikaschoten
1 mittelgroße Zwiebel
400 g Penne oder Hörnchennudeln
1 EßI. Olivenöl
1 EßI. Kapern
150 g Sahne
weißer Pfeffer, frisch gemahlen
1 Prise Cayennepfeffer

Preiswert

Pro Portion etwa:
2100 kJ/500 kcal
18 g Eiweiß · 17 g Fett
75 g Kohlenhydrate

- Zubereitungszeit: etwa 20 Minuten

1. Für die Nudeln reichlich Wasser mit 1 kräftigen Prise Salz zum Kochen bringen.

2. Inzwischen die Paprikaschoten waschen, halbieren, von den Kerngehäusen und den weißen Trennwänden befreien und in kleine Würfel schneiden. Die Zwiebel schälen und fein hacken.

3. Die Nudeln im kochenden Wasser nach Packungsanweisung in etwa 8 Minuten bißfest garen.

4. Inzwischen das Öl in einem Topf erhitzen. Die Zwiebel darin glasig werden lassen. Die Paprikawürfel hinzufügen und anbraten. Die Kapern und die Sahne untermischen. Das Gemüse mit Salz, Pfeffer und dem Cayennepfeffer würzen und zugedeckt bei mittlerer Hitze etwa 5 Minuten garen. Eventuell etwas von dem Nudelkochwasser dazugeben.

5. Die Nudeln abtropfen lassen, mit der Paprikasauce mischen und in vorgewärmten Tellern servieren.

Nudeln mit Roquefortsauce

Zutaten für 4 Personen:
600 g Tomaten
2 Knoblauchzehen
Salz
400 g Bandnudeln
1 EßI. Olivenöl
1 Teel. getrocknete Kräuter der Provence
1–2 EßI. Pinienkerne
150 g Roquefort
weißer Pfeffer, frisch gemahlen

Raffiniert • Würzig

Pro Portion etwa:
2400 kJ/570 kcal
16 g Eiweiß · 8 g Fett
77 g Kohlenhydrate

- Zubereitungszeit: etwa 25 Minuten

1. Die Tomaten mit kochendem Wasser überbrühen, kalt abschrecken, häuten, klein würfeln und dabei von den Stielansätzen befreien. Den Knoblauch schälen und fein hacken.

2. Für die Nudeln reichlich Wasser mit 1 kräftigen Prise Salz zum Kochen bringen.

3. Die Nudeln im kochenden Wasser nach Packungsanweisung in etwa 8 Minuten bißfest garen.

4. Inzwischen das Öl in einem Topf erhitzen. Den Knoblauch darin glasig werden lassen. Die Tomaten und die Kräuter hinzufügen und alles bei mittlerer Hitze unter gelegentlichem Rühren sämig einkochen lassen.

5. Die Pinienkerne in einer trockenen Pfanne bei mittlerer Hitze unter Rühren goldgelb braten.

6. Den Käse in kleine Würfel schneiden, unter die Tomatensauce mischen, mit Pfeffer und eventuell etwas Salz abschmecken.

7. Die Nudeln abtropfen lassen, mit der Sauce mischen und in vorgewärmte Teller verteilen. Mit den Pinienkernen bestreuen.

Im Bild oben:
Nudeln mit Paprika-Kapern-Sauce
Im Bild unten:
Nudeln mit Roquefortsauce

Makkaroni mit Zucchini und Käse

Zutaten für 2 Personen:
200 g Vollkorn-Makkaroni
Salz
1 kleiner Zucchino
1/2 Eßl. Butter
200 g Sahne
75 g Parmesan, frisch gerieben
1 Teel. Kapern aus dem Glas
weißer Pfeffer, frisch gemahlen
1 Bund Schnittlauch

Gelingt leicht

Pro Portion etwa:
3500 kJ/830 kcal
32 g Eiweiß · 48 g Fett
69 g Kohlenhydrate
9 g Ballaststoffe

- Zubereitungszeit: etwa 20 Minuten

1. Für die Nudeln reichlich Wasser mit 1 kräftigen Prise Salz zum Kochen bringen. Die Nudeln darin bei starker bis mittlerer Hitze »al dente« garen. Inzwischen den Zucchino waschen, von Stiel- und Blütenansatz befreien und klein würfeln.

2. Die Butter in einem Topf erhitzen. Die Zucchiniwürfel darin andünsten. Die Sahne nach und nach dazugießen und unter Rühren bei mittlerer bis starker Hitze etwas einkochen lassen.

3. Den Käse und die Kapern unter die Sauce mischen und bei schwacher Hitze unter Rühren erwärmen, bis der Käse geschmolzen ist. Die Hitze darf nicht zu stark sein, sonst klumpt der Käse. Die Sauce mit Salz und Pfeffer abschmecken.

4. Den Schnittlauch waschen, trockenschwenken und in feine Röllchen schneiden. Die Nudeln in einem Sieb abtropfen lassen, dann mit der Sauce mischen und in vorgewärmte Teller füllen. Die Nudeln mit dem Schnittlauch bestreut sofort servieren.

Spaghetti mit Avocado-Tomaten-Sauce

Zutaten für 2 Personen:
200 g Vollkorn-Spaghetti
Salz
1 Avocado
1–2 Eßl. Zitronensaft
1 Tomate
1 Knoblauchzehe
1 Bund Petersilie
50 g Sahne
weißer Pfeffer, frisch gemahlen
Cayennepfeffer

Raffiniert

Pro Portion etwa:
2800 kJ/6709 kcal
19 g Eiweiß · 35 g Fett
69 g Kohlenhydrate
13 g Ballaststoffe

- Zubereitungszeit: etwa 20 Minuten

1. Für die Nudeln reichlich Wasser mit 1 kräftigen Prise Salz zum Kochen bringen. Die Nudeln darin bei starker bis mittlerer Hitze »al dente« garen.

2. Inzwischen die Avocado halbieren, vom Kern befreien und schälen. Das Fruchtfleisch mit einer Gabel fein zerdrücken und mit dem Zitronensaft mischen. Die Tomate waschen und sehr klein würfeln. Den Knoblauch schälen und fein hacken. Die Petersilie waschen und ohne die groben Stiele sehr fein hacken.

3. Das Avocadopüree mit der Tomate, dem Knoblauch, der Petersilie und der Sahne mischen und in einem Topf leicht erwärmen, aber nicht kochen lassen. Die Sauce mit Salz und Cayennepfeffer pikant abschmecken.

4. Die Nudeln in einem Sieb gründlich abtropfen lassen, dann sofort mit der Sauce mischen und in vorgewärmten Tellern servieren.

Spaghetti mit roher Tomaten-Zucchini-Sauce

Die Nudeln sollten sofort nach dem Garen mit der Sauce gemischt werden.

Zutaten für 4 Personen:
300 g vollreife Tomaten
250 g junge Zucchini
1 Knoblauchzehe
1 Bund Dill
Salz
weißer Pfeffer, frisch gemahlen
1 EBl. Olivenöl, kaltgepreßt
400 g Vollkorn-Spaghetti

**Preiswert
Gelingt leicht**

Pro Portion etwa:
1600 kJ/380 kcal
17 g Eiweiß · 5 g Fett
68 g Kohlenhydrate
10 g Ballaststoffe

- Zubereitungszeit: etwa 35 Minuten

1. Die Tomaten mit kochendem Wasser überbrühen, kurz darin ziehen lassen, kalt abschrecken und häuten. Die Tomaten in winzige Würfel schneiden, dabei die Stielansätze entfernen. Die Zucchini waschen, von den Stiel- und Blütenansätzen befreien und sehr fein raspeln. Den Knoblauch schälen und durch die Presse drücken. Den Dill waschen, trockenschwenken und ohne die groben Stiele sehr fein hacken.

2. Die Tomaten mit den Zucchini, dem Knoblauch und dem Dill mischen und mit Salz und Pfeffer pikant abschmecken. Das Olivenöl untermischen.

3. Für die Nudeln reichlich Wasser mit 1 Prise Salz zum Kochen bringen. Die Nudeln darin bei starker bis mittlerer Hitze »al dente« garen.

4. Die Nudeln in einem Sieb abtropfen lassen, sofort mit der Gemüsesauce mischen und in vorgewärmten Tellern servieren.

Kräuternudeln mit Pistaziensauce

Zutaten für 2 Personen:
50 g Pistazienkerne
200 g Hirse-Kräuternudeln
(Rezept Seite 12, ersatzweise gekaufte Hirsenudeln)
Salz
1 Handvoll frischer Kerbel
200 g Sahne
Cayennepfeffer
2 Teel. Zitronensaft

Raffiniert

Pro Portion etwa:
3400 kJ/810 kcal
23 g Eiweiß · 48 g Fett
71 g Kohlenhydrate
10 g Ballaststoffe

- Zubereitungszeit: etwa 20 Minuten

1. Die Pistazien fein hacken. Den Kerbel verlesen, waschen, trockenschwenken und ohne die groben Stiele fein hacken.

2. Für die Nudeln reichlich Wasser mit 1 kräftigen Prise Salz zum Kochen bringen. Die Nudeln darin bei starker bis mittlerer Hitze »al dente« garen.

3. Die Pistazien in einem Topf ohne Fett bei mittlerer Hitze unter Rühren rösten, bis sie würzig duften. Die Sahne nach und nach dazugießen und unter Rühren bei starker Hitze cremig einkochen lassen.

4. Den Kerbel unter die Sauce mischen. Die Sauce mit Salz, Cayennepfeffer und dem Zitronensaft abschmecken.

5. Die Nudeln in einem Sieb abtropfen lassen, dann sofort mit der Sauce mischen und in vorgewärmten Tellern servieren.

*Im Bild vorne:
Kräuternudeln mit Pistaziensauce
Im Bild hinten:
Spaghetti mit roher Tomaten-Zucchini-Sauce*

Bandnudeln mit Pilzen

Zutaten für 2 Personen:
Salz · 125 g grüne Bandnudeln
1 Zwiebel · 3 Knoblauchzehen
250 g Austernpilze
250 g Champignons
2 Eßl. Olivenöl
schwarzer Pfeffer, frisch gemahlen
1 Teel. Thymian
5 Eßl. trockener Weißwein
125 g Crème fraîche
1 Eßl. Tomatenmark
1 Bund Petersilie
etwa 2 Eßl. Parmesan, frisch gerieben

Gelingt leicht

Pro Portion etwa:
2900 kJ/690 kcal
21 g Eiweiß · 40 g Fett
52 g Kohlenhydrate

- Zubereitungszeit: etwa 30 Minuten

1. Reichlich Salzwasser zum Kochen bringen. Die Nudeln darin nach Packungsanweisung in 10–12 Minuten bißfest garen. Dann in ein Sieb schütten und gut abtropfen lassen.

2. Während die Nudeln garen, die Zwiebel und den Knoblauch schälen und fein hacken. Die Pilze kurz abbrausen und putzen. Die Austernpilze in fingerbreite Streifen schneiden. Die Champignons blättrig schneiden. Das Olivenöl in einer Pfanne erhitzen und die Zwiebel und den Knoblauch darin bei schwacher Hitze weich dünsten.

3. Die Pilze in die Pfanne geben und bei mittlerer Hitze etwa 8 Minuten braten, bis fast alle Flüssigkeit verdampft ist. Mit Salz, Pfeffer und Thymian würzen.

4. Den Weißwein, die Crème fraîche und das Tomatenmark unterrühren und alles noch etwa 3 Minuten bei mittlerer Hitze kochen lassen.

5. Die Petersilie waschen, trockenschütteln, die Blättchen abzupfen, grob hacken und unter die Pilze mischen.

6. Die Pilzsauce mit den heißen Nudeln in einer großen Schüssel gut mischen. Den Parmesan dazu reichen.

Ravioli in Salbeibutter

Zutaten für 2 Personen:
Salz
2 Portionen Ravioli (Fertigfrischprodukt, 250 g)
1 Schalotte
1 Knoblauchzehe
3 Eßl. Butter
2 Teel. getrockneter Salbei
Pfeffer, frisch gemahlen
2 Eßl. Parmesan, frisch gerieben

Für Gäste

Pro Portion etwa:
2200 kJ/520 kcal
16 g Eiweiß · 24 g Fett
61 g Kohlenhydrate

- Zubereitungszeit: etwa 20 Minuten

1. Salzwasser in einem Topf erhitzen. Die Ravioli darin nach Packungsanweisung nicht zu weich kochen.

2. Die Schalotte schälen und sehr fein hacken. Die Knoblauchzehe schälen und durch die Knoblauchpresse drücken. Die Butter in einem Topf erhitzen. Die Schalotte und den Knoblauch darin bei schwacher Hitze etwa 5 Minuten dünsten. Den Salbei hinzufügen und alles mit Salz und Pfeffer abschmecken.

3. Die Ravioli in ein Sieb abgießen und gut abtropfen lassen. Auf zwei vorgewärmte Teller verteilen und mit der Buttersauce übergießen. Zum Schluß den Parmesan darüber streuen. Dazu paßt Tomatensalat mit Basilikum.

Im Bild vorne: Bandnudeln mit Pilzen
Im Bild hinten: Ravioli in Salbeibutter

Rigatoni mit Kräutersauce

Zutaten für 2 Personen:
3–4 Knoblauchzehen
1 Eßl. Butter · 100 g Sahne
Salz
200 g Kräuter-Frischkäse
schwarzer Pfeffer, frisch gemahlen
250 g Rigatoni
je 1 Teel. getrockneter Oregano und Thymian
50 g Parmesan, frisch gerieben

Gelingt leicht

Pro Portion etwa:
5200 kJ/1200 kcal
40 g Eiweiß · 80 g Fett
90 g Kohlenhydrate

- Zubereitungszeit: etwa 25 Minuten

1. Den Knoblauch schälen. Die Butter schmelzen. Den Knoblauch durch die Presse dazudrücken und bei schwacher Hitze andünsten.

2. Die Sahne angießen. Den Kräuter-Frischkäse dazugeben und so lange rühren, bis der Frischkäse völlig aufgelöst ist. Mit Salz und Pfeffer würzen und bei schwacher Hitze warm halten.

3. Inzwischen reichlich Salzwasser aufkochen und die Rigatoni darin in 10–12 Minuten bißfest garen. In ein Sieb geben und abtropfen lassen.

4. Die Nudeln mit der Sauce in einer Schüssel mischen und mit dem Parmesan bestreuen.

Nudelauflauf mit Corned beef

Zutaten für 2 Personen:
Salz
150 g Bandnudeln
150 g Erbsen, tiefgekühlt oder aus der Dose
1 Dose Corned beef (200 g)
200 g Sahne
2 Eier
50 g geriebener Käse (Appenzeller, Gouda oder Emmentaler)
Salz · Pfeffer, frisch gemahlen
1 Prise Paprikapulver, rosenscharf
Für die Form: Butter

Preiswert

Pro Portion etwa:
4000 kJ/950 kcal
41 g Eiweiß · 61 g Fett
62 g Kohlenhydrate

- Zubereitungszeit: etwa 25 Minuten

1. Reichlich Salzwasser aufkochen. Die Nudeln darin in etwa 8 Minuten bißfest garen. In ein Sieb abgießen und heiß abspülen, damit sie nicht aneinanderkleben.

2. Den Backofen auf 200° vorheizen. Die tiefgekühlten Erbsen etwas antauen, Dosenerbsen abtropfen lassen.

3. Das Corned beef erst in dünne Scheiben, dann in schmale Streifen schneiden. Zusammen mit den Erbsen unter die Nudeln mischen. Eine Auflaufform einfetten und die Mischung einfüllen.

4. Die Sahne mit den Eiern und dem Käse verrühren. Mit Salz, Pfeffer und dem Paprikapulver würzen und über die Nudeln gießen.

5. Den Auflauf im Backofen (Mitte) 15–20 Minuten goldgelb überbacken.

Tip!

Statt im Backofen können Sie den Auflauf in der Kombi-Mikrowelle mit zugeschaltetem Grill bei 600 Watt in 5–7 Minuten goldbraun backen.

Im Bild vorne:
Rigatoni mit Kräutersauce
Im Bild hinten:
Nudelauflauf mit Corned beef

Kresse-Spaghetti

Zutaten für 2 Personen:
Salz
200 g Hirse-Spaghetti
Öl
1 Kästchen Kresse
100 g Sahne
1 Teel. Sonnenblumenöl, kaltgepreßt
40 g alter Gouda, frisch gerieben

Schnell • Preiswert

Pro Portion etwa:
2400 kJ/570 kcal
21 g Eiweiß · 26 g Fett
66 g Kohlenhydrate

- Zubereitungszeit: etwa 15 Minuten

1. In einem großen Topf reichlich Salzwasser aufkochen. Die Spaghetti mit einem Schuß Öl hineingeben, in etwa 10 Minuten bißfest garen.

2. Die Kresse abschneiden, abbrausen und gut abtropfen lassen.

3. Die fertigen Spaghetti abgießen, mit der Kresse, der Sahne und dem Öl mischen. Den Käse darüber streuen.

Variante:
Sie können dieses Gericht auch aus dem Vorrat zubereiten: Ersetzen Sie die Kresse durch tiefgefrorene Kräuter, die Sie kurz in der Sahne erhitzen.

Bandnudeln mit Fischragout

Zutaten für 2 Personen:
150 g Lachsfilet
150 g Rotbarschfilet
Saft von 1/2 Zitrone
Salz
1 Salatgurke
1 Teel. Butter oder Margarine
1/2 Teel. Fenchelsamen
120 g Crème fraîche (30%)
250 g grüne Bandnudeln
2 Teel. Dillspitzen (tiefgefroren)

Gelingt leicht

Pro Portion etwa:
3900 kJ/930 kcal
46 g Eiweiß · 43 g Fett
93 g Kohlenhydrate

- Zubereitungszeit: etwa 30 Minuten

1. Die Fischfilets in etwa 3 cm große Würfel schneiden, mit dem Zitronensaft beträufeln und leicht salzen, ziehen lassen.

2. Inzwischen die Gurke waschen, schälen und in 4 Abschnitte teilen. Mit einem Kerngehäuseausstecher das kernhaltige Innere ausstechen. Die Abschnitte längs halbieren und dann in etwa 1 cm breite Scheiben schneiden. In einer breiten Pfanne das Fett erhitzen. Die Gurke darin leicht andünsten, mit Salz und den Fenchelsamen würzen und die Crème fraîche darin auflösen.

3. Nun die Fischstücke in die Sauce legen und zugedeckt bei schwacher Hitze in etwa 10 Minuten garziehen lassen.

4. Inzwischen in einem großen Topf reichlich Salzwasser zum Kochen bringen, die Nudeln darin nach Packungsanweisung garen, abgießen, abtropfen lassen und in der fertigen Sauce schwenken. Mit den Dillspitzen bestreuen.

Variante:
Sie können die Sauce auch mit Fleisch zubereiten: Das Fleisch in kleine Würfel schneiden und zuerst anbraten, dann das Gemüse und zum Schluß die Crème fraîche dazugeben. Eventuell noch mit etwas Wasser verdünnen. Besonders schnell gar sind Geflügelfleisch und Zucchini, Tomaten und Spinat.

Im Bild vorne:
Bandnudeln mit Fischragout
Im Bild hinten: Kresse Spaghetti

78x Lieblingsgericht

Nudeln - in vielfältiger Begleitung

Keine Allerweltsgerichte sondern Gerichte von Welt werden Sie hier finden - kräuterfrische Kreationen wie Trenette al pesto genovese, Nudeln mit viel Gemüse, mit Geflügel und Fleisch. Einige Pasta-Begleiter kommen auch aus dem Meer, wie zum Beispiel bei den Conchiglie al pesce. Nudeln - ganz wie es Ihnen gefällt.

Trenette al pesto genovese

Nudeln mit Basilikumsauce

Zutaten für 4 Personen:
4 Knoblauchzehen
Salz
weißer Pfeffer, frisch gemahlen
2 Eßl. Pinienkerne
etwa 1/8 l Olivenöl, kaltgepreßt
80 g Pecorino (Schafkäse), frisch gerieben
400 g Trenette oder Fettucine (schmale Bandnudeln), ersatzweise Spaghetti

Raffiniert • Vegetarisch

Pro Portion etwa:
3600 kJ/860 kcal
25 g Eiweiß · 51 g Fett
77 g Kohlenhydrate

- Zubereitungszeit: etwa 1 Stunde

1. Das Basilikum kurz waschen und gut trockenschütteln oder trockentupfen. Die Blätter abzupfen und grob hacken. Die Knoblauchzehen schälen und durch die Presse drücken oder fein hacken.

2. Die Basilikumblätter mit etwas Salz in einem Mörser zerreiben. Etwas Pfeffer, den Knoblauch und die Pinienkerne dazugeben. Mit dem Stößel weiterarbeiten, dabei löffelweise das Öl und den Käse untermischen, bis die Masse cremig wird. Eine Schüssel für die Nudeln vorwärmen.

3. Die Nudeln in einem großen Topf in reichlich Salzwasser »al dente«, bißfest, garen. Dann in einem Sieb abtropfen lassen, dabei etwa 1 Tasse Kochwasser auffangen.

4. Den »pesto« mit etwas Kochbrühe verdünnen. Die Nudeln in die vorgewärmte Schüssel geben und gründlich mit dem »pesto« vermischen. Sofort servieren.

Spaghetti con aglio, olio e peperoncino

Spaghetti mit Knoblauch, Öl und Pfefferschote

Zutaten für 4 Personen:
400 g Spaghetti
Salz · 5 Knoblauchzehen
1 Bund Petersilie
6 Eßl. Olivenöl, kaltgepreßt
etwa 1 cm getrockneter Peperoncino (kleine, scharfe Pfefferschote), ersatzweise Chilischote
4 Eßl. Pecorino (Schafkäse) oder Parmesan, frisch gerieben

Für Gäste • Vegetarisch

Pro Portion etwa:
2200 kJ/520 kcal
20 g Eiweiß · 19 g Fett
68 g Kohlenhydrate

- Zubereitungszeit: etwa 30 Minuten

1. In einem großen Topf in reichlich Salzwasser die Spaghetti »al dente«, bißfest, kochen.

2. Inzwischen die Knoblauchzehen schälen und mit einer Gabel oder einer breiten Messerklinge zerdrücken. Die Petersilie waschen, trockenschütteln und ohne die groben Stiele fein hacken. Eine Schüssel für die Nudeln vorwärmen.

3. In einer kleinen Pfanne das Öl erhitzen, den Knoblauch und den Peperoncino dazugeben. Bei mittlerer Hitze braten, bis die Knoblauchzehen goldbraun sind, dann den Knoblauch und den Peperoncino aus dem Pfännchen entfernen.

4. Die Nudeln abgießen, dabei einige Eßlöffel Nudelkochwasser auffangen. Die Teigwaren in einem Sieb abtropfen lassen und in die vorgewärmte Schüssel geben.

5. Das heiße Knoblauchöl über die Nudeln gießen. Eventuell 2–3 Eßlöffel Nudelkochwasser dazugeben. Die Nudeln mit der Petersilie bestreuen, gut durchmischen und sofort servieren. Den Käse extra dazu reichen.

Bild oben: Trenette al pesto genovese
Bild unten: Spaghetti con aglio, olio e peperoncino

Penne al gorgonzola

Nudeln in Gorgonzolasauce

Zutaten für 4 Personen:
400 g Penne (kurze abgeschrägte Hohlnudeln) oder Bucatini (dünne Makkaroni), in Stücke gebrochen
Salz
200 g nicht zu reifer Gorgonzola
4–6 frische Salbeiblätter
30 g Butter
250 g Sahne
weißer Pfeffer, frisch gemahlen

Raffiniert • Vegetarisch

Pro Portion etwa:
3300 kJ/790 kcal
25 g Eiweiß · 45 g Fett
69 g Kohlenhydrate

- Zubereitungszeit: etwa 30 Minuten

1. In einem großen Topf die Nudeln in reichlich Salzwasser »al dente«, bißfest, garen.

2. Inzwischen den Gorgonzola von der Rinde befreien. Den Käse in kleine Würfel schneiden. Die Salbeiblätter waschen und trockentupfen.

3. In einer großen Pfanne, die man auch zu Tisch bringen kann, die Butter bei schwacher Hitze zerlassen. Die Salbeiblätter kurz darin ziehen lassen, dann herausnehmen. Anschließend die Käsewürfelchen unter Rühren bei schwacher Hitze so lange in der Butter erhitzen, bis der Gorgonzola geschmolzen ist. Dabei nach und nach zwei Drittel der Sahne dazugeben. Die Käsesauce salzen und reichlich mit Pfeffer würzen. Die Sauce offen, bei schwacher Hitze etwas eindicken lassen.

4. Die Nudeln in einem Sieb abtropfen lassen, dann in die Pfanne geben und kräftig mit der Gorgonzolasauce mischen. Wenn das Gericht zu trocken sein sollte, das restliche Drittel der Sahne hinzugießen. Nach Belieben eine Pfeffermühle bereitstellen.

Vermicelli al sugo di basilico

Dünne Nudeln in Basilikumsauce

Zutaten für 4 Personen:
3 große Bund Basilikum
Salz
400 g Vermicelli oder Linguine (dünne Spaghetti)
100 g Butter
1/4 l Sahne
weißer Pfeffer, frisch gemahlen
40 g Pecorino (Schafkäse), frisch gerieben

Raffiniert • Vegetarisch

Pro Portion etwa:
3300 kJ/790 kcal
20 g Eiweiß · 46 g Fett
72 g Kohlenhydrate

- Zubereitungszeit: etwa 30 Minuten

1. Das Basilikum, wenn nötig, kurz abbrausen (durch Waschen verliert es an Aroma). Die Blätter abzupfen (schlechte Blätter aussortieren) und fein hacken.

2. In einem großen Topf in Salzwasser die Nudeln »al dente«, bißfest, kochen.

3. Inzwischen in einem Pfännchen bei schwacher Hitze die Butter schmelzen lassen (sie darf dabei nicht braun werden). In einem zweiten Pfännchen die Sahne leicht erwärmen.

4. Die Nudeln in einem Sieb gut abtropfen lassen und in eine feuerfeste Servierschüssel oder eine Kasserolle (die man auch zu Tisch bringen kann) füllen. Die Nudeln mit der geschmolzenen Butter, der erwärmten Sahne, dem Basilikum, reichlich Pfeffer, falls nötig etwas Salz und dem Käse gründlich mischen. Zugedeckt auf der noch warmen (nicht heißen!) Kochplatte etwa 5 Minuten ziehen lassen.

Variante:
Sie können dieses Gericht auch mit der gleichen Menge glattblättriger Petersilie zubereiten und die Sahne zusätzlich mit Muskat würzen.

Im Bild oben: Penne al gorgonzola
Im Bild unten: Vermicelli al sugo di basilico

Bandnudeln mit Pesto

Pesto können Sie auch in einer größeren Menge zubereiten und einige Wochen gut verschlossen im Kühlschrank aufbewahren.

Zutaten für 4 Personen:
4 Knoblauchzehen
3 Bund Basilikum
50 g Pinienkerne
1/8 l Olivenöl, kaltgepreßt
75 g Parmesan, frisch gerieben
Salz
weißer Pfeffer, frisch gemahlen
400 g Vollkorn-Bandnudeln

Gelingt leicht

Pro Portion etwa:
3300 kJ/790 kcal
24 g Eiweiß · 47 g Fett
68 g Kohlenhydrate
9 g Ballaststoffe

- Zubereitungszeit: etwa 40 Minuten

1. Die Knoblauchzehen durch die Presse in einen Mörser drücken. Das Basilikum waschen und fein hacken. Die Pinienkerne fein mahlen.

2. Diese Zutaten im Mörser zu einer feinen Paste zerstoßen. Oder alles im Mixer pürieren. Das Olivenöl teelöffelweise unter die Basilikumpaste mischen. Den Parmesan unterrühren und den Pesto mit Salz und Pfeffer pikant abschmecken.

3. Für die Nudeln reichlich Wasser mit 1 kräftigen Prise Salz zum Kochen bringen. Die Nudeln darin »al dente« garen.

4. Den Pesto mit 1 Eßlöffel von dem Nudelkochwasser verrühren.

5. Die Nudeln abtropfen lassen, dann sofort mit dem Pesto mischen und in vorgewärmte Teller füllen. Eventuell mit etwas Parmesan bestreuen.

Spaghetti mit scharfer Tomatensauce

Zutaten für 4 Personen:
1 kg vollreife Tomaten
1 Schalotte
1 Knoblauchzehe
1 frische rote Pfefferschote
1 Eßl. Olivenöl, kaltgepreßt
Salz
1 Messerspitze Honig
400 g Vollkorn-Spaghetti
100 g schnittfester Ricotta
1 Bund Petersilie

Gelingt leicht

Pro Portion etwa:
1900 kJ/4540 kcal
20 g Eiweiß · 9 g Fett
72 g Kohlenhydrate
13 g Ballaststoffe

- Zubereitungszeit: etwa 40 Minuten

1. Die Tomaten häuten und klein würfeln, dabei die Stielansätze entfernen. Die Schalotten und den Knoblauch schälen und fein hacken. Die Pfefferschote vom Stielansatz befreien, längs halbieren und die Kerne entfernen. Die Schotenhälften gründlich abspülen.

2. Das Olivenöl in einem breiten Topf erhitzen. Die Schalotte und den Knoblauch darin glasig dünsten. Die Pfefferschotenhälften und die Tomaten hinzufügen.

3. Die Tomaten mit Salz und dem Honig abschmecken und zugedeckt bei schwacher Hitze etwa 15 Minuten garen.

4. Inzwischen für die Nudeln reichlich Wasser mit 1 kräftigen Prise Salz zum Kochen bringen. Die Nudeln darin »al dente« garen.

5. Den Ricotta in kleine Würfel schneiden. Die Petersilie waschen und fein hacken.

6. Die Pfefferschotenhälften aus der Tomatensauce entfernen. Die Ricottawürfel unter die Tomatensauce mischen und erwärmen.

7. Die Nudeln abtropfen lassen, sofort mit der Tomatensauce mischen und mit der Petersilie bestreut servieren.

Bild oben: Bandnudeln mit Pesto
Bild unten: Spaghetti mit scharfer Tomatensauce

Ditali con mozzarella

Nudeln mit Tomaten und Mozzarella

Zutaten für 4 Personen:
500 g reife Tomaten, möglichst Eiertomaten
200 g Mozzarella (möglichst aus Büffelmilch)
2 Knoblauchzehen
1 großes Bund Basilikum
2 EBl. natives Olivenöl extra · Salz
2 Prisen gemahlener Peperoncino (kleine scharfe Pfefferschote), ersatzweise Cayennepfeffer
400 g Ditali oder Hörnchennudeln
3 EBl. Parmesan, frisch gerieben
2 EBl. Butter

Raffiniert • Vegetarisch

Pro Portion etwa:
2800 kJ/670 kcal
29 g Eiweiß · 28 g Fett
71 g Kohlenhydrate

• Zubereitungszeit: etwa 45 Minuten

1. Die Tomaten mit kochendem Wasser überbrühen, häuten und vierteln. Dabei die Stielansätze und die Kerne entfernen. Das Fruchtfleisch klein würfeln. Den Mozzarella in sehr kleine Würfel schneiden. Die Knoblauchzehen schälen. Das Basilikum ohne die Stiele kleinschneiden.

2. In einer »salonfähigen« breiten Kasserolle das Öl erhitzen. Die Knoblauchzehen bei mittlerer Hitze darin braten, bis sie braun sind, dann herausnehmen. Die Tomaten ins Öl geben, mit Salz und Peperoncino würzen. Bei schwacher Hitze zugedeckt etwa 15 Minuten dünsten.

3. Die Nudeln in Salzwasser »al dente«, bißfest, garen und abtropfen lassen. Mit dem Mozzarella zu den Tomaten geben. So lange rühren, bis der Käse geschmolzen ist. Dann den Parmesan, die Butter und das Basilikum untermischen.

Spaghetti agli odori

Spaghetti mit Kräutern und Tomaten

Zutaten für 4 Personen:
600 g reife feste Tomaten, möglichst Eiertomaten
1 Stange Bleichsellerie
1/2 Zwiebel
2 Knoblauchzehen
1 großes Bund Basilikum
1 Bund Petersilie
1 Teel. frische Oreganoblättchen
5 EBl. natives Olivenöl extra
Salz
schwarzer Pfeffer, frisch gemahlen
400 g dünne Spaghetti (Nr. 3)

Braucht etwas Zeit Vegetarisch

Pro Portion etwa:
2000 kJ/480 kcal
16 g Eiweiß · 13 g Fett
74 g Kohlenhydrate

• Zubereitungszeit: etwa 1/2 Stunde
• Marinierzeit: etwa 4 Stunden

1. Die Tomaten mit Wasser überbrühen, häuten, vierteln, dabei die Stielansätze und die Kerne entfernen. Das Fruchtfleisch klein würfeln.

2. Den Sellerie putzen. Mit der halben Zwiebel und dem Knoblauch zusammen sehr fein hacken. Das Basilikum, die Petersilie und den Oregano ohne die groben Stiele fein schneiden.

3. In einer großen Schüssel die Tomatenwürfel, den Sellerie, die Zwiebel, den Knoblauch und die Kräuter gut mit dem Olivenöl mischen, mit Salz und viel Pfeffer kräftig würzen. Die Gemüsemischung etwa 4 Stunden zugedeckt marinieren lassen.

4. Dann die Nudeln in Salzwasser »al dente«, bißfest, kochen. In einem Sieb kurz abtropfen lassen. In die Schüssel geben und gründlich mit der Gemüsemischung vermischen. Dieses Gericht wird ohne Käse serviert.

Im Bild oben: Ditali con mozzarella
Im Bild unten: Spaghetti agli odori

Maccheroni al pomodoro

Makkaroni mit Tomatensauce

Zutaten für 4 Personen:
1 Zwiebel
1/2 Bund Basilikum
800 g Dosentomaten
7 Eßl. Olivenöl, kaltgepreßt
Salz
2 Prisen gemahlener Peperoncino
(kleine, scharfe Pfefferschote),
ersatzweise Cayennepfeffer
1 Prise Zucker
1 Lorbeerblatt
400 g Makkaroni
80 g Parmesan, frisch gerieben

Gelingt leicht
Vegetarisch

Pro Portion etwa:
2500 kJ/600 kcal
23 g Eiweiß · 23 g Fett
75 g Kohlenhydrate

- Zubereitungszeit: etwa 1 Stunde

1. Die Zwiebel schälen und in kleine Würfel schneiden. Das Basilikum, wenn nötig, waschen, die Blätter grob zerkleinern. Die Tomaten in eine Schüssel geben und mit einer Gabel zerdrücken.

2. In einer großen Kasserolle 5 Eßlöffel Olivenöl erhitzen. Die Zwiebel etwa 5 Minuten darin anbraten, dann die Tomaten mit Saft dazugeben. Mit dem Salz, dem Peperoncino, dem Zucker, dem Lorbeerblatt und dem Basilikum würzen und die Sauce bei schwacher Hitze eindicken lassen.

3. In der Zwischenzeit in einem großen Topf reichlich Salzwasser zum Kochen bringen. Die Makkaroni in etwa fingerlange Stücke brechen. Die Nudeln im Wasser »al dente«, bißfest, kochen, dann abgießen und in einem Sieb gut abtropfen lassen.

4. Das Lorbeerblatt aus der eingedickten Tomatensauce entfernen. Das restliche Öl in die Sauce mischen. Die Nudeln dazugeben und eventuell noch einmal heiß werden lassen. Die Nudeln servieren. Den Käse extra dazu reichen.

Tagliatelle ai funghi

Bandnudeln mit Pilzen

Zutaten für 4 Personen:
2 Knoblauchzehen
400 g Dosentomaten
5 Eßl. Olivenöl, kaltgepreßt
Salz
weißer Pfeffer, frisch gemahlen
1/2 Teel. getrockneter Oregano
400 g Steinpilze oder Egerlinge
400 g Tagliatelle (Bandnudeln) oder Spiralnudeln
100 g Parmesan frisch gerieben

Exklusiv • Vegetarisch

Pro Portion etwa:
2400 kJ/570 kcal
26 g Eiweiß · 20 g Fett
71 g Kohlenhydrate

- Zubereitungszeit: etwa 45 Minuten

1. Die Knoblauchzehen schälen und fein hacken. Die Tomaten in einem Sieb abtropfen lassen und zerdrücken.

2. In einer Kasserolle 2 Eßlöffel Öl erhitzen. Den Knoblauch etwa 5 Minuten bei mittlerer Hitze darin anbraten. Die Tomaten dazugeben, alles mit Salz, Pfeffer und dem Oregano würzen. Die Sauce bei schwacher Hitze offen etwa 20 Minuten eindicken lassen.

3. Die Pilze putzen, wenn nötig, kurz abbrausen und trockentupfen. Dann in Scheiben schneiden.

4. In einer großen Pfanne das restliche Öl erhitzen. Die Pilze darin bei starker Hitze so lange braten, bis der Pilzsaft verdampft ist.

5. Die Pilze unter die Tomatensauce mischen, mit Salz und Pfeffer abschmecken und etwa 10 Minuten zugedeckt bei ganz schwacher Hitze ziehen lassen.

6. Inzwischen die Nudeln in reichlich Salzwasser »al dente«, bißfest, kochen. Eine Schüssel vorwärmen. Die Nudeln abgießen und abtropfen lassen. In der Schüssel mit der Pilzsauce mischen. Den Käse extra dazu reichen.

Im Bild oben: Tagliatelle ai funghi
Im Bild unten:
Maccheroni al pomodoro

Hörnchennudeln mit grünem Spargel

Zutaten für 4 Personen:
1 Schalotte
500 g grüner Spargel
1 Handvoll frischer Kerbel
400 g Vollkorn-Hörnchennudeln
Salz
1/2 EBl. Butter
200 g Sahne
weißer Pfeffer, frisch gemahlen
Muskatnuß, frisch gerieben
50 g Parmesan, frisch gerieben

Raffiniert

Pro Portion etwa:
2400 kJ/570 kcal
23 g Eiweiß · 24 g Fett
68 g Kohlenhydrate
10 g Ballaststoffe

- Zubereitungszeit: etwa 35 Minuten

1. Die Schalotte fein hacken. Den Spargel waschen und von den holzigen Enden befreien. Die Stangen nur am unteren Ende dünn schälen, dann in etwa 2 cm lange Stücke schneiden. Den Kerbel verlesen, waschen, trockenschwenken und fein hacken.

2. Für die Nudeln reichlich Wasser mit 1 kräftigen Prise Salz zum Kochen bringen. Die Nudeln bei starker bis mittlerer Hitze »al dente« garen.

3. Inzwischen die Butter in einem Topf zerlassen. Die Schalotte darin glasig dünsten. Den Spargel hinzufügen und alles bei mittlerer Hitze unter Rühren einige Minuten braten.

4. Die Sahne zum Spargel gießen, mit Salz, Pfeffer und Muskat abschmecken und zugedeckt bei mittlerer Hitze etwa 6 Minuten garen, bis der Spargel bißfest ist. Den Käse vorsichtig untermischen und unter Rühren erwärmen, bis er geschmolzen ist.

5. Die Nudeln abtropfen lassen, dann mit dem Spargelgemüse und dem Kerbel mischen und servieren.

Nudeln mit Kräuterbutter und Pilzen

Zutaten für 4 Personen:
je 1/2 Bund Petersilie und Basilikum
2 Knoblauchzehen
100 g weiche Butter
1/2 EBl. Zitronensaft
1/2 Teel. scharfer Senf
400 g Austernpilze
400 g Sechskorn-Bandnudeln
Salz
2 EBl. Olivenöl, kaltgepreßt
weißer Pfeffer, frisch gemahlen

Gelingt leicht

Pro Portion etwa:
200 kJ/600 kcal
17 g Eiweiß · 28 g Fett
66 g Kohlenhydrate
10 g Ballaststoffe

- Zubereitungszeit: etwa 40 Minuten

1. Für die Kräuterbutter die Kräuter waschen und sehr fein hacken. Die Knoblauchzehen schälen und durch die Presse drücken. Die Butter mit den vorbereiteten Zutaten, dem Zitronensaft und dem Senf in eine Schüssel geben und alles mit einer Gabel gründlich verkneten. Die Butter in den Kühlschrank stellen.

2. Die Austernpilze voneinander trennen, mit einem feuchten Tuch abreiben und von den harten Stielen befreien. Die Pilze in Streifen schneiden.

3. Für die Nudeln reichlich Wasser mit 1 kräftigen Prise Salz zum Kochen bringen. Die Nudeln »al dente« garen.

4. Das Olivenöl in einer Pfanne erhitzen. Die Pilze hinzufügen und bei mittlerer Hitze unter Rühren braten, bis sie schön gebräunt sind. Die Pilze mit Salz und Pfeffer abschmecken.

5. Die Butter in kleine Stücke schneiden.

6. Die Nudeln gründlich abtropfen lassen und mit den Pilzen mischen. Die Butterstückchen auf den Nudeln verteilen und sofort servieren.

Im Bild vorne:
Nudeln mit Kräuterbutter und Pilzen
Im Bild hinten:
Hörnchennudeln mit grünem Spargel

Spaghetti mit Kartoffeln und Pilzen

Zutaten für 4 Personen:
1 Bund Frühlingszwiebeln
2 Knoblauchzehen
2 festkochende Kartoffeln
(etwa 200 g)
250 g Champignons
400 g Vollkorn-Spaghetti
Salz
1 EBl. Olivenöl, kaltgepreßt
1/8 l Gemüsebrühe
weißer Pfeffer, frisch gemahlen
Cayennepfeffer
1/2 Bund Basilikum

Raffiniert

Pro Portion etwa:
1700 kJ/400 kcal
18 g Eiweiß · 5 g Fett
73 g Kohlenhydrate
11 g Ballaststoffe

- Zubereitungszeit: etwa 40 Minuten

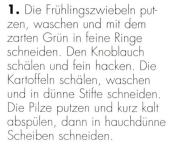

1. Die Frühlingszwiebeln putzen, waschen und mit dem zarten Grün in feine Ringe schneiden. Den Knoblauch schälen und fein hacken. Die Kartoffeln schälen, waschen und in dünne Stifte schneiden. Die Pilze putzen und kurz kalt abspülen, dann in hauchdünne Scheiben schneiden.

2. Für die Nudeln reichlich Wasser mit 1 kräftigen Prise Salz zum Kochen bringen. Die Nudeln darin bei starker bis mittlerer Hitze »al dente« garen.

3. Inzwischen das Öl in einer Pfanne erhitzen. Den Knoblauch darin glasig dünsten. Die Kartoffeln und die Frühlingszwiebeln dazugeben und alles bei mittlerer Hitze unter Rühren etwa 2 Minuten anbraten. Dann die Pilze und die Gemüsebrühe hinzufügen und alles mit Salz, Pfeffer und Cayennepfeffer abschmecken.

4. Das Gemüse zugedeckt noch einmal etwa 2 Minuten garen, bis die Kartoffeln weich sind. Das Basilikum waschen, trockenschwenken und ohne die groben Stiele fein hacken. Die Nudeln in einem Sieb abtropfen lassen und sofort mit der Sauce und dem Basilikum mischen und servieren.

Spaghetti alla ciociara

Spaghetti mit Paprikaschoten

Dieses einfache Gericht stammt aus der Gegend von Rom. Dort wurde und wird auch heute noch für Nudelgerichte lieber Pecorino als Parmesan verwendet. Diese Spezialität sollten Sie unbedingt mit dem Schafkäse bestreuen. Das gibt dem Gericht seine besondere Note.

Zutaten für 4 Personen:
1 Zwiebel
2 große Paprikaschoten
200 g schwarze Oliven
400 g Dosentomaten
8 Eßl. Olivenöl, kaltgepreßt
Salz
schwarzer Pfeffer, frisch gemahlen
400 g Spaghetti
80 g Pecorino (Schafkäse), frisch gerieben

Gelingt leicht
Vegetarisch

Pro Portion etwa:
3300 kJ/790 kcal
24 g Eiweiß · 43 g Fett
78 g Kohlenhydrate

- Zubereitungszeit: etwa 1 1/4 Stunden

1. Die Zwiebel fein hacken. Die Paprikaschoten vierteln, von den Kernen und den weißen Rippen befreien, waschen und trockentupfen. Dann die Viertel in 1 cm breite Streifen schneiden. Die Oliven entkernen und grob hacken. Die Tomaten in einem Sieb leicht abtropfen lassen und dann grob zerkleinern.

2. Das Öl erhitzen. Die Zwiebel darin bei mittlerer Hitze unter Rühren etwa 5 Minuten braten (sie dürfen dabei nicht braun werden). Dann die Tomaten, die Paprikastreifen und die Oliven dazugeben. Mit Salz und Pfeffer würzen. Die Sauce zugedeckt bei schwacher Hitze 30–40 Minuten schmoren.

3. In der Zwischenzeit in einem großen Topf reichlich Salzwasser zum Kochen bringen. Die Nudeln darin »al dente«, bißfest, kochen. Eine Schüssel vorwärmen. Dann die Nudeln in ein Sieb schütten und gut abtropfen lassen.

4. Die fertig gegarte Sauce in die vorgewärmte Schüssel geben und gründlich mit den Spaghetti mischen. Das Gericht zugedeckt 3–4 Minuten ziehen lassen. Mit dem Schafkäse bestreuen und sofort servieren.

Fusilli agli spinaci

Spiralnudeln mit Spinat

Zutaten für 4 Personen:
1 Bund Petersilie
1 Bund Basilikum
etwa 750 g junger Spinat
400 g Fusilli (Spiralnudeln)
Salz · 60 g Butter
2 Eßl. Olivenöl, kaltgepreßt
1 Prise Muskatnuß, frisch gerieben
1/4 l Sahne
80 g Parmesan, frisch gerieben

Vegetarisch

Pro Portion etwa:
3400 kJ/810 kcal
27 g Eiweiß · 45 g Fett
72 g Kohlenhydrate

- Zubereitungszeit: etwa 1 Stunde

1. Die Petersilie und das Basilikum fein schneiden. Den Spinat putzen, welke Blätter und dicke Stiele entfernen. Die Blätter mehrmals gründlich in kaltem Wasser waschen.

2. Dann tropfnaß in eine Kasserolle geben und darin zugedeckt bei schwacher Hitze garen bis die Blätter zusammenfallen. Den Spinat in einem Sieb auskühlen lassen. Den abgekühlten Spinat gut auspressen, die Blätter fein hacken.

3. Die Nudeln in reichlich Salzwasser »al dente«, bißfest, kochen.

4. Die Butter und das Öl etwas erhitzen. Die Kräuter darin 2–3 Minuten bei schwacher Hitze anbraten, dann den Spinat untermischen. Alles mit Salz und Muskat würzen, umrühren und zugedeckt etwa 5 Minuten ziehen lassen. Die Sahne zum Spinat gießen und heiß werden lassen. Die Kasserolle vom Herd nehmen. Eine Schüssel vorwärmen.

5. Die Nudeln abgießen und abtropfen lassen. In der vorgewärmten Schüssel mit dem Spinat und dem Parmesan verrühren. Die Schüssel zudecken und 3–4 Minuten ziehen lassen. Nach Belieben eine Pfeffermühle bereitstellen.

Penne al sugo di asparagi

Nudeln mit Spargelsauce

Zutaten für 4 Personen:
1 Stange Bleichsellerie
1 kleine Möhre
1 kleine Zwiebel
400 g Dosentomaten
750 g grüner Spargel
75 g Butter
Salz
weißer Pfeffer, frisch gemahlen
400 g Penne (abgeschrägte Hohlnudeln)
50 g Parmesan, frisch gerieben

Für Gäste • Vegetarisch

Pro Portion etwa:
2400 kJ/570 kcal
23 g Eiweiß · 22 g Fett
75 g Kohlenhydrate

- Zubereitungszeit: etwa 1 Stunde

1. Die Selleriestange, die Möhre und die Zwiebel fein hacken. Die Tomaten leicht abtropfen lassen (den Saft dabei auffangen), dann grob zerkleinern.

2. Die weißen Enden der Spargelstangen abschneiden. Völlig grünen Spargel im unteren Drittel eventuell schälen. Den Spargel in etwa 4 cm lange Stücke schneiden. Die Spargelköpfe etwa 4–5 cm lang lassen.

3. Die Butter erhitzen, das kleingehackte Gemüse bei mittlerer Hitze unter Rühren darin etwa 10 Minuten braten., Dann die Spargelstücke dazugeben und etwa 5 Minuten mitbraten. Die Tomaten untermischen, alles mit Salz und Pfeffer würzen und zugedeckt bei schwacher Hitze 15–20 Minuten garen. Bei Bedarf etwas Tomatensaft dazugeben. Eine Schüssel vorwärmen.

4. Inzwischen die Nudeln in reichlich Salzwasser »al dente«, bißfest, kochen. Abtropfen lassen und in der Schüssel mit der Spargelsauce mischen. Die Nudeln 2–3 Minuten zugedeckt ziehen lassen. Den Käse extra dazu reichen.

Im Bild oben: Fusilli agli spinaci
Im Bild unten: Penne al sugo di asparagi

Nudeln mit Spinat

Zutaten für 4 Personen:
500 g Spinat
1 Schalotte
400 g Vollkorn-Bandnudeln
Salz
1 EßI. Olivenöl, kaltgepreßt
1/8 l Gemüsebrühe
weißer Pfeffer, frisch gemahlen
1 Bund Schnittlauch
1 EßI. Meerrettich, frisch gerieben
3 EßI. saure Sahne

Preiswert

Pro Portion etwa:
1700 kJ/400 kcal
18 g Eiweiß · 7 g Fett
66 g Kohlenhydrate
10 g Ballaststoffe

- Zubereitungszeit: etwa 40 Minuten

1. Den Spinat putzen und in stehendem kaltem Wasser gründlich waschen, abtropfen lassen, dann grob hacken. Die Schalotte fein hacken.

2. Für die Nudeln reichlich Wasser mit 1 kräftigen Prise Salz zum Kochen bringen. Die Nudeln darin bei starker bis mittlerer Hitze »al dente« garen.

3. Inzwischen das Öl in einem Topf erhitzen. Die Schalotte darin glasig dünsten. Den Spinat hinzufügen und kurz andünsten.

4. Die Gemüsebrühe angießen. Den Spinat mit Salz und Pfeffer würzen und zugedeckt bei mittlerer Hitze etwa 5 Minuten garen, bis er zusammengefallen ist.

5. Inzwischen den Schnittlauch waschen und in feine Röllchen schneiden.

6. Den Meerrettich und die saure Sahne unter den Spinat mischen.

7. Die Nudeln gründlich abtropfen lassen, dann mit dem Spinatgemüse mischen. Mit dem Schnittlauch bestreut servieren.

Bandnudeln mit frischen Feigen

Eine ungewöhnliche Kombination, die mir eine gute Freundin empfahl.

Zutaten für 2 Personen:
4 große frische Feigen
200 g Vollkorn-Bandnudeln
Salz
60 g Butter
1/2 Teel. Currypulver
125 g Sahne
40 g Parmesan, frisch gerieben
weißer Pfeffer, frisch gemahlen

Raffiniert

Pro Portion etwa:
3700 kJ/880 kcal
25 g Eiweiß · 53 g Fett
75 g Kohlenhydrate
10 g Ballaststoffe

- Zubereitungszeit: etwa 20 Minuten

1. Die Feigen waschen, schälen und in mittelgroße Stücke schneiden.

2. Für die Nudeln reichlich Wasser mit 1 kräftigen Prise Salz zum Kochen bringen. Die Nudeln darin knapp »al dente« garen. Die Nudeln dürfen noch nicht ganz fertig sein, da sie später mit der Sauce noch einmal erwärmt werden.

3. Die Nudeln gut abtropfen lassen, dann mit 20 g Butter mischen und warm halten.

4. Die restliche Butter in einer Pfanne bei mittlerer Hitze schmelzen, aber nicht braun werden lassen. Die Feigenstücke hinzufügen. Das Currypulver darüber stäuben und alles unter Rühren etwa 1 Minute andünsten.

5. Die Nudeln und die Sahne hinzufügen und unter Rühren in 1–2 Minuten heiß werden lassen. Den Parmesan untermischen und schmelzen lassen. Die Nudeln mit Salz und Pfeffer abschmecken und sofort servieren.

Bild oben:
Bandnudeln mit frischen Feigen
Bild unten: Nudeln mit Spinat

Hörnchen-nudeln mit Radicchio

Radicchio schmeckt leicht bitter. Wenn Sie das nicht so gern mögen, nehmen Sie statt dessen Endiviensalat.

Zutaten für 2 Personen:
200 g Vollkorn-Hörnchennudeln
Salz
1 Zwiebel
1 Knoblauchzehe
100 g Radicchio
1 EBl. Olivenöl, kaltgepreßt
150 g Sahne
weißer Pfeffer, frisch gemahlen
Muskatnuß, frisch gerieben
1 EBl. Parmesan, frisch gerieben

Gelingt leicht

Pro Portion etwa:
2700 kJ/640 kcal
20 g Eiweiß · 32 g Fett
68 g Kohlenhydrate
9 g Ballaststoffe

- Zubereitungszeit: etwa 20 Minuten

1. Für die Nudeln reichlich Wasser mit 1 kräftigen Prise Salz zum Kochen bringen. Die Nudeln darin »al dente« garen.

2. Inzwischen die Zwiebel und den Knoblauch schälen und fein hacken. Den Radicchio waschen, trockenschleudern und in feine Streifen schneiden.

3. Das Öl in einem Topf erhitzen. Die Zwiebel und den Knoblauch darin glasig dünsten. Den Radicchio dazufügen und kurz anbraten.

4. Die Sahne angießen und bei starker Hitze unter Rühren etwas einkochen lassen, bis sie sämig ist. Die Sauce mit Salz, Pfeffer und Muskat abschmecken. Den Käse unterrühren und den Topf vom Herd ziehen.

5. Die Nudeln in einem Sieb gründlich abtropfen lassen, dann sofort mit der Sauce mischen und in vorgewärmten Tellern servieren.

Nudeln mit Auberginen und Schafkäse

Zutaten für 2 Personen:
1 kleine Aubergine
100 g Schafkäse
200 g Vollkorn-Bandnudeln
Salz
1/2 Bund frischer Thymian
2 EBl. Olivenöl, kaltgepreßt
weißer Pfeffer, frisch gemahlen

Gelingt leicht

Pro Portion etwa:
2400 kJ/570 kcal
24 g Eiweiß · 22 g Fett
68 g Kohlenhydrate
10 g Ballaststoffe

- Zubereitungszeit: etwa 25 Minuten

1. Die Aubergine vom Stielansatz befreien, waschen und in kleine Würfel schneiden. Den Schafkäse ebenfalls fein würfeln.

2. Für die Nudeln reichlich Wasser mit 1 kräftigen Prise Salz zum Kochen bringen. Die Nudeln darin »al dente« garen.

3. Den Thymian waschen, trockenschwenken und die Blättchen von den Stielen streifen.

4. Das Öl in einer Pfanne erhitzen. Die Auberginenwürfel hinzufügen und von allen Seiten anbraten. Den Thymian und den Schafkäse untermischen und nur warm werden lassen. Das Gemüse mit Salz und Pfeffer abschmecken.

5. Die Nudeln in einem Sieb gründlich abtropfen lassen, dann mit dem Auberginengemüse mischen und in vorgewärmten Tellern servieren.

Im Bild vorne: Nudeln mit Auberginen und Schafkäse
Im Bild hinten: Hörnchennudeln mit Radicchio

Spaghetti con zucchini

Spaghetti mit Zucchini und Tomaten

Zutaten für 4 Personen:
1 Zwiebel
500 g kleine feste Zucchini
1/2 Bund Basilikum
350 g reife Fleischtomaten
5–6 Eßl. Olivenöl, kaltgepreßt · Salz
1 Prise gemahlener Peperoncino (kleine, scharfe Pfefferschote), ersatzweise Cayennepfeffer
400 g Spaghetti
80 g Pecorino (Schafkäse), frisch gerieben

Pro Portion etwa:
2400 kJ/570 kcal
24 g Eiweiß · 21 g Fett
75 g Kohlenhydrate

- Zubereitungszeit: etwa 1 Stunde

1. Die Zwiebel kleinhacken. Die Zucchini würfeln. Das Basilikum zerkleinern. Die Tomaten überbrühen, häuten und halbieren, ohne Stielansätze und Kerne kleinhacken.

2. Das Olivenöl erhitzen, die Zwiebel darin bei mittlerer Hitze etwa 5 Minuten braten, die Zucchini 2–3 Minuten mitbraten, dann die Tomaten untermischen. Mit Salz, dem Peperoncino und dem Basilikum würzen. Das Gemüse bei schwacher Hitze garen.

3. Die Nudeln »al dente« garen, abtropfen lassen und mit der Sauce mischen. Den Käse extra reichen.

Maccheroni col broccolo

Makkaroni mit Broccoli

Zutaten für 4 Personen:
50 g Sultaninen
1 kg Broccoli
Salz · 1 Zwiebel
2 Knoblauchzehen
6 Sardellenfilets
500 g reife Fleischtomaten
8 Eßl. Olivenöl, kaltgepreßt
50 g Pinienkerne
400 g Makkaroni
1/2 Bund Basilikum
60 g Pecorino (Schafkäse), frisch gerieben

Für Gäste

Pro Portion etwa:
3300 kJ/790 kcal
36 g Eiweiß · 34 g Fett
90 g Kohlenhydrate

- Zubereitungszeit: etwa 1 3/4 Stunden

1. Die Sultaninen etwa 15 Minuten in lauwarmem Wasser einweichen.

2. Den Broccoli putzen. Die Stiele schälen und kreuzweise von unten tief einschneiden. Das Gemüse in Salzwasser knapp »al dente« kochen. Abgießen und in Röschen teilen.

3. Die Zwiebel in feine Ringe schneiden. Den Knoblauch durchpressen. Die Sardellenfilets fein wiegen. Die Tomaten überbrühen, häuten, halbieren, ohne Stielansätze und Kerne fein hacken.

4. Die Hälfte des Öls erhitzen, die Zwiebelringe darin etwa 5 Minuten bei schwacher Hitze anbraten. Dann die Tomaten dazugeben, salzen und zugedeckt etwa 30 Minuten köcheln lassen. Dann den Broccoli noch 5–10 Minuten zugedeckt in der Sauce ziehen lassen.

5. Das restliche Öl erhitzen. Den Knoblauch darin etwa 5 Minuten bei schwacher Hitze braten, dann die Sardellen noch 2–3 Minuten mitbraten. Die Sultaninen ausdrücken, mit den Pinienkernen in der Sardellensauce etwa 5 Minuten mitbraten.

6. Die Makkaroni in 4–5 cm lange Stücke brechen. In Salzwasser »al dente« garen. Das Basilikum klein schneiden. Eine Schüssel für die Nudeln vorwärmen. Die Nudeln abtropfen lassen. Zuerst mit der Sardellensauce mischen, dann die heiße Broccoli-Tomaten-Mischung unterheben. Das Basilikum und den Käse darüber streuen. Alles kurz durchrühren.

Im Bild oben:
Maccheroni col broccolo
Im Bild unten: Spaghetti con zucchini

Spaghetti mit Algen und Spitzkohl

Zutaten für 4 Personen:
15 g getrocknete Iziki-Algen
(auch Hijiki oder Hiziki genannt)
300 g Spitzkohl
1 Zwiebel
1 EßI. Sonnenblumenöl
etwa 150 ccm Gemüsebrühe
1 EßI. Sojasauce
nach Belieben 1 EßI. Sake
(Reiswein)
400 g Vollkorn-Spaghetti
Salz
1 Bund Petersilie
150 g Joghurt

Raffiniert

Pro Portion etwa:
1700 kJ/400 kcal
18 g Eiweiß · 7 g Fett
71 g Kohlenhydrate
10 g Ballaststoffe

- Zubereitungszeit: etwa 40 Minuten

1. Die Algen in eine Schüssel geben, mit lauwarmem Wasser bedecken und etwa 15 Minuten quellen lassen.

2. Inzwischen den Spitzkohl waschen, putzen und in schmale Streifen schneiden. Die Zwiebel schälen und fein hacken.

3. Die Algen in einem Sieb mit kaltem Wasser überspülen und dann gründlich abtropfen lassen.

4. Das Öl in einem Topf erhitzen. Die Zwiebel darin glasig dünsten. Die Algen dazugeben. Die Gemüsebrühe, die Sojasauce und nach Wunsch den Sake angießen. Die Algen zugedeckt bei mittlerer Hitze etwa 20 Minuten garen.

5. Nach etwa 15 Minuten den Spitzkohl unter das Gemüse mischen.

Tip!

Algen schmecken leicht nach Fisch. Sie harmonieren gut mit Gemüse, aber auch mit Nudeln. Probieren Sie dieses Gericht in jedem Fall einmal, auch wenn es Ihnen auf den ersten Blick vielleicht etwas ungewöhnlich erscheint. Statt Spitzkohl schmecken auch rote Beten, Fenchel oder Möhren.
Algen können Sie in asiatischen Lebensmittelgeschäften, inzwischen aber auch in vielen Naturkostläden kaufen.

6. Inzwischen für die Nudeln reichlich Wasser mit 1 kräftigen Prise Salz zum Kochen bringen. Die Nudeln darin bei starker bis mittlerer Hitze »al dente« garen.

7. Die Petersilie waschen, trockenschwenken und ohne die groben Stiele sehr fein hacken. Das Algengemüse mit Salz abschmecken. Den Joghurt und die Petersilie untermischen und bei schwacher Hitze erwärmen, aber nicht mehr kochen lassen.

8. Die Nudeln in einem Sieb gründlich abtropfen lassen, dann sofort mit dem Algengemüse mischen und in vorgewärmten Tellern servieren.

Tagliatelle mit Broccoli

Zutaten für 2 Personen:
1 kleine Zwiebel
2 Knoblauchzehen
2 EßI. Butter
125 ml trockener Weißwein
200 g Sahne
Salz · Pfeffer, frisch gemahlen
1/2 Teel. gekörnte Gemüsebrühe
400 g Broccoli
150 g Hartweizen-Tagliatelle
4 EßI. Pinienkerne
2 EßI. Parmesan, frisch gerieben
1–2 EßI. Petersilie, frisch gehackt

Vegetarisch

Pro Portion etwa:
3800 kJ/910 kcal
26 g Eiweiß · 56 g Fett
64 g Kohlenhydrate

- Zubereitungszeit: etwa 30 Minuten

1. Für die Sauce die Zwiebel schälen und fein würfeln. Die Butter in einer Pfanne erhitzen und die Zwiebeln darin bei schwacher Hitze goldbraun dünsten. Den Knoblauch schälen und durchgepreßt zu den Zwiebeln geben, mit dem Wein aufgießen. Die Sauce etwa auf die Hälfte einkochen lassen. Die Sahne dazugießen und die Sauce leicht einkochen lassen. Mit Salz, Pfeffer und Gemüsebrühe kräftig würzen.

2. Den Broccoli putzen und waschen.

3. Etwa 2 l Salzwasser zum Kochen bringen. Die Nudeln nach Packungsanweisung bißfest garen. Die Nudeln abschütten, dabei das Kochwasser auffangen und wieder in den Kochtopf schütten.

4. Die Pinienkerne in einer trockenen Pfanne unter ständigem Rühren goldbraun rösten. Den Broccoli in kleine Röschen zerteilen und in das kochende Nudelwasser geben. Den Broccoli in etwa 5 Minuten bißfest garen.

5. Die Nudeln mit der Sauce mischen. Den Broccoli bis auf einen kleinen Rest vorsichtig unterheben.

6. Auf die Teller geben, die restlichen Broccoliröschen, den Käse, die Pinienkerne und die Petersilie dekorativ darüber streuen.

Spaghetti mit Kräutern

Zutaten für 2 Personen:
1/4–1/2 mittelgroße scharfe Chilischote
1 rote Paprikaschote
1 Frühlingszwiebel
1 Stange Staudensellerie
1 Knoblauchzehe
1/2 Bund glatte Petersilie
1/2 Bund Basilikum
4 Salbeiblätter · Salz
150 g Hartweizen-Spaghetti ohne Ei · 4 EßI. Olivenöl, kaltgepreßt
1 Tasse Gemüsebrühe
Pfeffer, frisch gemahlen

Raffiniert • Vegetarisch

Pro Portion etwa:
2100 kJ/510 kcal
11 g Eiweiß · 26 g Fett
58 g Kohlenhydrate

- Zubereitungszeit: etwa 30 Minuten

1. Für die Sauce die Chili- und die Paprikaschoten waschen, halbieren und entkernen (Achtung, danach mit den Fingern nicht in Augennähe kommen!). Die Frühlingszwiebel halbieren und gründlich waschen. Die Selleriestange waschen und wenn nötig abziehen. Die Knoblauchzehe schälen. Die Petersilie, das Basilikum und den Salbei waschen, die Blätter von den Stielen zupfen. Alle Gewürze auf einem großen Brett mit einem großen Messer fein hacken. Darauf achten, daß sie nicht musig werden.

2. In einem Topf etwa 2 l Salzwasser zum Kochen bringen. Die Nudeln darin nach Packungsanweisung bißfest kochen.

3. Während die Nudeln kochen, in einer großen Pfanne die Hälfte des Öls erhitzen und das Gemüse 2–3 Minuten darin andünsten. Mit der Gemüsebrühe ablöschen. Mit Salz und Pfeffer und dem restlichen Olivenöl würzen und abschmecken. Die Nudeln in ein Sieb abgießen, zum Gemüse geben und sofort servieren.

Im Bild oben:
Tagliatelle mit Broccoli
Im Bild unten:
Spaghetti mit Kräutern

Nudeln mit Sojasprossen

Zutaten für 2 Personen:
40 g Mungobohnen
1 Zwiebel
1 Eßl. Öl
100 g Crème fraîche
Salz
schwarzer Pfeffer, frisch gemahlen
2 Eßl. Zitronensaft
25 g Parmesankäse, frisch gerieben
250 g Vollkornnudeln
3 kleine Tomaten
1 Bund Schnittlauch

Gelingt leicht

Pro Portion etwa:
3500 kJ/830 kcal
33 g Eiweiß · 35 g Fett
89 g Kohlenhydrate
15 g Ballaststoffe

- Keimzeit der Mungobohnen: 4 Tage
- Zubereitungszeit: etwa 40 Minuten

1. Die Mungobohnen in ein Glas geben, mit warmem Wasser bedecken und etwa 30 Minuten stehenlassen. Das Glas mit Verbandmull und einem festsitzenden Gummiband verschließen und im Spülbecken umstülpen, damit das Wasser abfließen kann. Das Glas an einen warmen, hellen Platz stellen und die Bohnensamen 4 Tage keimen lassen. Die Bohnen jeden Tag mit warmem Wasser bedecken, einige Minuten stehen lassen und abgießen.

2. Die Zwiebel schälen, hacken und im heißen Öl bei mittlerer Hitze glasig braten. Die Sprossen und die Crème fraîche hinzufügen, einmal aufkochen und zugedeckt bei schwacher Hitze in etwa 5 Minuten garen.

3. Die Sprossen mit Salz, Pfeffer, dem Zitronensaft und dem Käse vermischen und zugedeckt warm halten.

4. Die Nudeln in reichlich Salzwasser bißfest garen, abgießen, abtropfen lassen und mit dem Sprossengemüse mischen.

5. Die Tomaten würfeln. Den Schnittlauch waschen, trockentupfen und in feine Röllchen schneiden.

6. Die Nudeln auf vorgewärmten Tellern anrichten. Die Tomaten und den Schnittlauch darüber verteilen.

Nudeln mit Brotbröseln

Zutaten für 4 Personen:
600 g Gemüse
(Stangensellerie, Möhren, Zucchini)
1 Zwiebel
50 g Vollkornbrot
4 Eßl. Olivenöl
Cayennepfeffer
400 g Vollkornnudeln
Salz
2 Eßl. Sahne
50 g Parmesankäse, frisch gerieben
2 Eßl. gemischte Kräuter, frisch gehackt

Preiswert • Gelingt leicht

Pro Portion etwa:
2300 kJ/550 kcal
23 g Eiweiß · 17 g Fett
78 g Kohlenhydrate
12 g Ballaststoffe

- Zubereitungszeit: etwa 40 Minuten

1. Das Gemüse putzen, waschen und fein zerkleinern. Die Zwiebel schälen und hacken. Das Brot fein zerkrümeln.

2. In einer Pfanne 2 Eßlöffel Öl erhitzen. Die Brotkrümel darin bei schwacher Hitze unter häufigem Wenden knusprig rösten.

3. Das restliche Öl in einem Topf erhitzen. Die Zwiebel darin bei schwacher Hitze glasig braten. Das Gemüse hinzufügen und unter häufigem Wenden gerade eben weich braten, mit Cayennepfeffer würzen und zugedeckt warm halten.

4. Die Nudeln in reichlich Salzwasser bißfest garen. 4 Eßlöffel Nudelwasser, die Sahne und den Käse unter das Gemüse mischen.

5. Die Nudeln abgießen, abtropfen lassen, mit dem Gemüse und dem gerösteten Brot vermischen. Die Gemüsenudeln auf vorgewärmten Tellern anrichten und mit den Kräutern bestreut sofort servieren.

Im Bild hinten:
Nudeln mit Sojasprossen
Im Bild vorne:
Nudeln mit Brotbröseln

Nudeln mit Tofu und Zuckerschoten

Zutaten für 4 Personen:
250 g Tofu
Salz
weißer Pfeffer, frisch gemahlen
Cayennepfeffer
250 g Zuckerschoten
1 Bund Schnittlauch
400 g Vollkorn-Hörnchennudeln
1 EBl. Olivenöl, kaltgepreßt
200 g Crème fraîche
Saft von 1/2 Zitrone

Raffiniert

Pro Portion etwa:
2600 kJ/620 kcal
22 g Eiweiß · 28 g Fett
71 g Kohlenhydrate
10 g Ballaststoffe

- Zubereitungszeit: etwa 40 Minuten

1. Den Tofu abtropfen lassen, dann in kleine Würfel schneiden, mit Salz, Pfeffer und Cayennepfeffer pikant würzen und beiseite stellen.

2. Die Zuckerschoten waschen und putzen. Dann in reichlich sprudelnd kochendem Salzwasser etwa 3 Minuten blanchieren. Die Zuckerschoten in einem Sieb kalt abschrecken und abtropfen lassen.

3. Den Schnittlauch waschen, trockenschwenken und in feine Röllchen schneiden.

4. Für die Nudeln reichlich Wasser mit 1 kräftigen Prise Salz zum Kochen bringen. Die Nudeln »al dente« garen.

5. Inzwischen das Öl in einer Pfanne erhitzen. Die Tofuwürfel dazugeben und unter Rühren bei mittlerer Hitze etwa 5 Minuten braten, bis sie schön gebräunt sind.

6. Die Zuckerschoten und die Crème fraîche hinzufügen. Alles mit dem Zitronensaft, Salz, Pfeffer und Cayennepfeffer abschmecken und in etwa 3 Minuten heiß werden lassen.

7. Die Nudeln gut abtropfen lassen, dann mit der Sauce mischen und mit dem Schnittlauch bestreut servieren.

Spaghetti mit Mungobohnenpaste

Zutaten für 4 Personen:
400 g Vollkorn-Spaghetti
Salz
300 g Mungobohnensprossen
etwa 100 ccm Gemüsebrühe
1/2 frische grüne Pfefferschote
1 Knoblauchzehe
1 EBl. Zitronensaft
1 EBl. Sahne
1/2 Teel. gemahlener Kreuzkümmel
1 Bund Dill

Raffiniert

Pro Portion etwa:
1600 kJ/380 kcal
18 g Eiweiß · 5 g Fett
67 g Kohlenhydrate
10 g Ballaststoffe

- Zubereitungszeit: etwa 20 Minuten

1. Für die Nudeln reichlich Wasser mit 1 kräftigen Prise Salz zum Kochen bringen. Die Nudeln darin »al dente« garen.

2. Die Sprossen kalt abspülen und abtropfen lassen.

3. Die Sprossen mit der Gemüsebrühe in einen Topf geben und zum Kochen bringen, etwa 3 Minuten kochen lassen.

4. Die Pfefferschotenhälfte vom Stielansatz und allen Kernen befreien, dann kalt abspülen. Den Knoblauch schälen.

5. Die Sprossen mit der Garflüssigkeit, die Pfefferschote und den Knoblauch im Mixer fein pürieren. Das Püree mit dem Zitronensaft und der Sahne mischen, mit Salz und dem Kreuzkümmel würzen. Das Püree zugedeckt warm halten.

6. Den Dill waschen, trockenschwenken und fein hacken.

7. Die Nudeln gründlich abtropfen lassen, dann mit dem Sprossenpüree mischen und mit dem Dill bestreut servieren.

Im Bild vorne:
Spaghetti mit Mungobohnenpaste
Im Bild hinten:
Nudeln mit Tofu und Zuckerschoten

Spaghetti mit Erbsen-Safran-Gemüse

Zutaten für 2 Personen:
1 Schalotte
200 g Vollkorn-Spaghetti
Salz
1/2 Eßl. Butter
250 g enthülste Erbsen,
frisch oder tiefgefroren
125 g Sahne
1 Döschen gemahlener Safran
weißer Pfeffer, frisch gemahlen
1 kleines Bund Schnittlauch

Gelingt leicht

Pro Portion etwa:
2800 kJ/670 kcal
24 g Eiweiß · 27 g Fett
80 g Kohlenhydrate
15 g Ballaststoffe

- Zubereitungszeit: etwa 20 Minuten

1. Die Schalotte fein hacken.

2. Für die Nudeln reichlich Wasser mit 1 kräftiger Prise Salz zum Kochen bringen. Die Nudeln darin »al dente« garen.

3. Inzwischen die Butter in einem Topf schmelzen lassen. Die Schalotte darin glasig dünsten. Die Erbsen hinzufügen und kurz mitbraten.

4. Die Sahne gründlich mit dem Safran verrühren und zu den Erbsen gießen. Die Sauce bei mittlerer Hitze unter Rühren erwärmen und sämig einkochen lassen.

5. Die Sauce mit Salz und Pfeffer abschmecken und warm halten.

6. Den Schnittlauch waschen, trockenschwenken und in feine Röllchen schneiden.

7. Die Nudeln gründlich abtropfen lassen, dann mit der Sauce mischen und servieren.

Bandnudeln mit Mangold

Pinienkerne sollten Sie immer nur in kleinen Mengen kaufen, da sie sehr fetthaltig sind und deshalb schnell ranzig werden.

Zutaten für 2 Personen:
300 g Mangold
1 Bund Frühlingszwiebeln
1 Knoblauchzehe
200 g Vollkorn-Bandnudeln
Salz
1 Eßl. Olivenöl, kaltgepreßt
1 Eßl. Pinienkerne
100 g Sahne
weißer Pfeffer, frisch gemahlen
1 Eßl. Parmesan, frisch gerieben

Gelingt leicht

Pro Portion etwa:
2600 kJ/620 kcal
22 g Eiweiß · 27 g Fett
72 g Kohlenhydrate
11 g Ballaststoffe

- Zubereitungszeit: etwa 30 Minuten

1. Den Mangold waschen und trockenschwenken. Die Blätter von den Stielen streifen und fein hacken, die Stiele in feine Streifen schneiden. Die Frühlingszwiebeln putzen, waschen und mit dem zarten Grün in feine Ringe schneiden. Den Knoblauch schälen und fein hacken.

2. Für die Nudeln reichlich Wasser mit 1 kräftigen Prise Salz zum Kochen bringen. Die Nudeln bei starker bis mittlerer Hitze »al dente« garen.

3. Das Öl in einem Topf erhitzen. Die Frühlingszwiebeln und den Knoblauch darin andünsten. Die Pinienkerne und die Mangoldstiele hinzufügen und kurz anbraten.

4. Die Mangoldblätter und die Sahne hinzufügen. Das Gemüse mit Salz und Pfeffer pikant abschmecken und zugedeckt bei mittlerer Hitze etwa 4 Minuten garen, bis die Mangoldstiele bißfest sind.

5. Den Parmesan unter das Mangoldgemüse mischen und unter Rühren weitergaren, bis der Käse geschmolzen ist.

6. Die Nudeln gründlich abtropfen lassen, dann mit dem Mangold mischen und in vorgewärmten Tellern servieren.

Im Bild vorne:
Bandnudeln mit Mangold
Im Bild hinten:
Spaghetti mit Erbsen-Safran-Gemüse

Spirelli mit buntem Gemüse

Zutaten für 4 Personen:
1 kleine gelbe Paprikaschote
400 g vollreife Tomaten
1 Kohlrabi (etwa 250 g)
1 Bund Frühlingszwiebeln
1 Knoblauchzehe
1/2 Bund frischer Rosmarin
400 g Vollkorn-Spirelli · Salz
2 EßI. Olivenöl, kaltgepreßt
weißer Pfeffer, frisch gemahlen
Cayennepfeffer
1 EßI. Sonnenblumenkerne

Preiswert

Pro Portion etwa:
1800 kJ/430 kcal
8 g Eiweiß · 8 g Fett
71 g Kohlenhydrate
11 g Ballaststoffe

- Zubereitungszeit: etwa 45 Minuten

1. Die Paprikaschote waschen, putzen und in Würfel schneiden. Die Tomaten häuten und klein würfeln, dabei die Stielansätze entfernen. Den Kohlrabi schälen, von allen holzigen Stellen befreien und in dünne Stifte schneiden. Die Frühlingszwiebeln putzen, waschen und in feine Ringe schneiden. Den Knoblauch schälen und fein hacken. Den Rosmarin waschen, die Nadeln fein hacken.

2. Für die Nudeln reichlich Wasser mit 1 kräftigen Prise Salz zum Kochen bringen. Die Nudeln »al dente« garen.

3. Inzwischen das Öl in einer Pfanne erhitzen. Die Frühlingszwiebeln und den Knoblauch darin glasig dünsten. Die Paprikawürfel und die Kohlrabistifte hinzufügen, kurz anbraten. Die Tomaten und den Rosmarin untermischen und alles mit Salz, Pfeffer und Cayennepfeffer pikant abschmecken. Das Gemüse zugedeckt bei mittlerer Hitze etwa 6 Minuten garen, bis es bißfest ist.

4. Die Nudeln abtropfen lassen, sofort mit der Sauce mischen und mit den Sonnenblumenkernen bestreut servieren.

Bandnudeln mit Sauerkraut

Zutaten für 4 Personen:
500 g Sauerkraut
1 Zwiebel
1 Knoblauchzehe
1/2 EßI. Sonnenblumenöl
50 ccm Gemüsebrühe
400 g Vollkorn-Bandnudeln
Salz
1 Bund Petersilie
200 g saure Sahne
weißer Pfeffer, frisch gemahlen
etwa 1 Teel. edelsüßes Paprikapulver

Raffiniert

Pro Portion etwa:
1800 kJ/430 kcal
19 g Eiweiß · 9 g Fett
69 g Kohlenhydrate
11 g Ballaststoffe

- Zubereitungszeit: etwa 45 Minuten

1. Das Sauerkraut mit zwei Gabeln lockern. Die Zwiebel und den Knoblauch schälen und fein hacken.

2. Das Öl in einem Topf erhitzen. Die Zwiebel und den Knoblauch darin glasig dünsten. Das Sauerkraut hinzufügen und kurz anbraten.

3. Die Gemüsebrühe angießen und das Sauerkraut zugedeckt bei mittlerer Hitze etwa 15 Minuten schmoren.

4. Inzwischen für die Nudeln reichlich Wasser mit 1 kräftigen Prise Salz zum Kochen bringen. Die Nudeln darin bei starker bis mittlerer Hitze »al dente« garen.

5. Die Petersilie waschen und fein hacken.

6. Die Sahne unter das Sauerkraut mischen. Das Kraut mit Salz, Pfeffer und dem Paprikapulver pikant abschmecken.

7. Die Nudeln abtropfen lassen, dann sofort mit dem Kraut mischen und servieren.

Im Bild vorne:
Bandnudeln mit Sauerkraut
Im Bild hinten:
Spirelli mit buntem Gemüse

Nudeln mit weißen Bohnen und Salbei

Zutaten für 4 Personen:
100 g getrocknete weiße Bohnen
1 Knoblauchzehe
1/4 l Gemüsebrühe
500 g Tomaten
2 Stangen Sellerie
1/2 Bund frischer Salbei
1 EßI. Olivenöl, kaltgepreßt
Salz
weißer Pfeffer, frisch gemahlen
Cayennepfeffer
400 g Vollkorn-Bandnudeln

Preiswert

Pro Portion etwa:
2500 kJ/480 kcal
23 g Eiweiß · 6 g Fett
82 g Kohlenhydrate
16 g Ballaststoffe

- Quellzeit: etwa 12 Stunden
- Zubereitungszeit: etwa 2 Stunden

1. Die Bohnen mit Wasser begießen und etwa 12 Stunden quellen lassen.

2. Die Bohnen abtropfen lassen. Den Knoblauch schälen und halbieren. Die Bohnen mit dem Knoblauch und der Gemüsebrühe in einen Topf geben und zum Kochen bringen. Die Bohnen zugedeckt bei mittlerer Hitze in 1 1/2–2 Stunden weich garen. Nach Bedarf etwas Wasser oder Brühe zugießen.

3. Die Tomaten häuten und klein würfeln. Den Sellerie und den Salbei waschen, putzen und beides in feine Streifen schneiden.

4. Das Öl in einem Topf erhitzen. Den Sellerie und den Salbei darin andünsten. Die Tomaten dazugeben und kurz anschwitzen. Die Tomaten mit Salz, Pfeffer und Cayennepfeffer abschmecken und zugedeckt bei mittlerer Hitze etwa 15 Minuten köcheln lassen.

5. Für die Nudeln reichlich Wasser mit Salz zum Kochen bringen. Die Nudeln darin »al dente« garen.

6. Die weißen Bohnen mit der Tomatensauce mischen.

7. Die Nudeln abtropfen lassen, dann mit der Sauce mischen und sofort servieren.

Nudeln mit Linsen und Lauch

Zutaten für 4 Personen:
1 Zwiebel · 1 Knoblauchzehe
1 EßI. Olivenöl, kaltgepreßt
150 g schwarze Puy-Linsen
(ersatzweise braune Linsen)
etwa 3/8 l Gemüsebrühe
400 g junger Lauch
400 g Vollkorn-Bandnudeln
Salz · 100 g Sahne
weißer Pfeffer, frisch gemahlen
Muskatnuß, frisch gerieben
1 Bund Schnittlauch

Preiswert

Pro Portion etwa:
2400 kJ/570 kcal
27 g Eiweiß · 14 g Fett
88 g Kohlenhydrate
14 g Ballaststoffe

- Zubereitungszeit: etwa 1 Stunde 10 Minuten

1. Die Zwiebel und den Knoblauch schälen und fein hacken. Das Öl in einem Topf erhitzen. Die Zwiebel und den Knoblauch darin glasig dünsten. Die Linsen hinzufügen und unter Rühren kurz anbraten.

2. Die Gemüsebrühe angießen. Die Linsen zugedeckt bei mittlerer Hitze etwa 40 Minuten garen, bis sie weich sind.

3. Den Lauch putzen und in feine Ringe schneiden.

4. Reichlich Wasser mit Salz zum Kochen bringen. Die Nudeln darin »al dente« garen.

5. Den Lauch mit der Sahne unter das Linsenragout mischen. Alles mit Salz, Pfeffer und Muskat abschmecken und zugedeckt etwa 5 Minuten garen, bis der Lauch bißfest ist. Den Schnittlauch waschen und in Röllchen schneiden.

6. Die Nudeln abtropfen lassen, sofort mit dem Linsenragout mischen und mit dem Schnittlauch bestreut servieren.

Im Bild vorne:
Nudeln mit Linsen und Lauch
Im Bild hinten: Nudeln mit weißen Bohnen und Salbei

Bucatini al cavolfiore

Dünne Makkaroni mit Blumenkohl

Egal welche Jahreszeit – Blumenkohl hat immer Saison! Mit diesem Gericht können Sie Ihre Rezepte um eine kulinarische Raffinesse erweitern.

Zutaten für 4 Personen:
1 kleiner Blumenkohl (600 g)
Salz
1 Zwiebel
2 Knoblauchzehen
5 Sardellenfilets
4 Eßl. Olivenöl, kaltgepreßt
1 Messerspitze Safran
1 Prise gemahlener Peperoncino (kleine, scharfe Pfefferschote), ersatzweise Cayennepfeffer
400 g Bucatini (dünne Makkaroni) oder Hörnchennudeln
80 g Pecorino (Schafkäse), frisch gerieben

Raffiniert

Pro Portion etwa:
2400 kJ/570 kcal
30 g Eiweiß · 19 g Fett
74 g Kohlenhydrate

- Zubereitungszeit: etwa 1 Stunde

1. Den Blumenkohl putzen, den Strunk schälen und von unten kreuzweise 2 cm tief einschneiden. Den Kohl in Salzwasser in etwa 15 Minuten knapp »al dente«, bißfest, kochen. Die Zwiebel und die Knoblauchzehen kleinhacken. Die Sardellenfilets fein wiegen oder mit der Gabel zerdrücken.

2. Das Öl erhitzen, die Zwiebel und den Knoblauch darin bei schwacher Hitze unter ständigem Rühren weich braten. Sie dürfen dabei aber auf keinen Fall braun werden. Die Sardellen dazugeben, 2–3 Minuten mitbraten, dabei mit einer Gabel cremig verrühren.

3. Den Blumenkohl abgießen, dabei die Kochflüssigkeit auffangen. Den Kohl in Röschen teilen und zu den Sardellen geben. Den Safran in etwas Kochwasser auflösen, mit dem Peperoncino würzen und zum Kohl geben. Zugedeckt bei schwacher Hitze etwa 5 Minuten ziehen lassen. Zwischendurch einmal wenden.

4. Die Nudeln in dem Blumenkohlwasser (notfalls mit dem Salzwasser auffüllen) »al dente«, bißfest, garen. Abtropfen lassen, dann in einer Kasserolle mit den Blumenkohlröschen mischen und auf der abgeschalteten Herdplatte zugedeckt noch etwa 5 Minuten ziehen lassen. Den Käse dazu reichen.

Nudeln mit Maroni und Wirsing

Zutaten für 4 Personen:
250 g Maroni (Eßkastanien)
250 g Wirsingblätter
1 Zwiebel
1 Knoblauchzehe
400 g Vollkorn-Bandnudeln
Salz
1 EBl. Sonnenblumenöl
1/8 l Gemüsebrühe
150 g Sahne
weißer Pfeffer, frisch gemahlen
Muskatnuß, frisch gemahlen

Raffiniert

Pro Portion etwa:
2500 kJ/600 kcal
19 g Eiweiß · 18 g Fett
91 g Kohlenhydrate
10 g Ballaststoffe

- Zubereitungszeit: etwa 50 Minuten

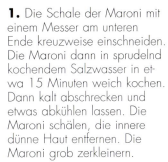

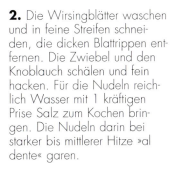

1. Die Schale der Maroni mit einem Messer am unteren Ende kreuzweise einschneiden. Die Maroni dann in sprudelnd kochendem Salzwasser in etwa 15 Minuten weich kochen. Dann kalt abschrecken und etwas abkühlen lassen. Die Maroni schälen, die innere dünne Haut entfernen. Die Maroni grob zerkleinern.

2. Die Wirsingblätter waschen und in feine Streifen schneiden, die dicken Blattrippen entfernen. Die Zwiebel und den Knoblauch schälen und fein hacken. Für die Nudeln reichlich Wasser mit 1 kräftigen Prise Salz zum Kochen bringen. Die Nudeln darin bei starker bis mittlerer Hitze »al dente« garen.

3. Inzwischen das Öl in einem Topf erhitzen. Die Zwiebel und den Knoblauch darin glasig dünsten. Den Wirsing dazufügen und kurz anbraten. Die Gemüsebrühe angießen und den Wirsing zugedeckt bei mittlerer Hitze etwa 5 Minuten garen.

4. Die Sahne und die Maroni hinzufügen und die Sauce bei starker Hitze unter ständigem Rühren cremig einkochen lassen. Die Sauce mit Salz, Pfeffer und Muskat abschmecken. Die Nudeln in einem Sieb abtropfen lassen, dann sofort mit der Sauce mischen und in vorgewärmten Tellern servieren.

Gefüllte Nudeln

sí-chuān-jiǎŏ-zi

Zutaten für 4 Personen:
350 g Mehl
400 g Hühnerbrustfilet
1 Eiweiß · 1 Eßl. Speisestärke
2 Eßl. eingelegter grüner Pfeffer (zerdrückt)
1/4 Teel. Fünf-Gewürz-Pulver · Salz
2 Knoblauchzehen
2 Frühlingszwiebeln · 1 Gewürzgurke
6 Eßl. neutrales Pflanzenöl
6 Eßl. helle Sojasauce
1 Eßl. Essig · 1 Teel. Chilisauce

Braucht etwas Zeit

Pro Portion etwa:
2100 kJ/500 kcal
33 g Eiweiß · 13 g Fett
60 g Kohlenhydrate

- Zubereitungszeit: etwa 2 Stunden

1. 300 g Mehl mit 175 ccm Wasser glatt verkneten, mit einem feuchten Tuch umhüllt 30 Minuten ruhen lassen.

2. Das Hühnerfleisch sehr klein würfeln. Mit dem Eiweiß, der Stärke und den Gewürzen vermischen.

3. Den Teig halbieren, zu 2–3 cm dicken Rollen formen. In je 15 Stücke schneiden, mit einem feuchten Tuch abdecken. Jedes Stück auf der bemehlten Arbeitsfläche zum dünnen Kreis ausrollen, etwas Füllung darauf setzen, zusammenklappen. Die Ränder befeuchten, festdrücken und an den Seiten etwas hochziehen.

4. Reichlich Salzwasser aufkochen, die Teigtaschen darin etwa 3 Minuten garen. Abtropfen lassen.

5. Den Knoblauch schälen und durchpressen. Die Frühlingszwiebeln putzen, waschen und in feine Ringe schneiden, die Gewürzgurke klein würfeln. Alles im erhitzten Öl im Wok anbraten. Die Sojasauce, den Essig, die Chilisauce und etwas Wasser einrühren, einmal aufkochen. Über die Teigtaschen träufeln.

Nudeln mit Gemüse

aiñ-caì-chaŏ-miàn

Zutaten für 4 Personen:
10 getrocknete chinesische Morcheln
5 getrocknete Tongupilze
1 Frühlingszwiebel
2 Knoblauchzehen
1 kleines Stück Ingwer
1 Möhre · 150 g Chinakohl
5 Strohpilze (aus der Dose)
Salz · 300 g chinesische Eiernudeln
3 Eßl. neutrales Pflanzenöl
50 g Bambussprossen (aus der Dose)
2 Eßl. Reiswein
3 Eßl. dunkle Sojasauce · 1 Eßl. Miso
50 g frische Bohnenkeime
1 Eßl. Speisestärke

Vegetarisch

Pro Portion etwa:
1900 kJ/450 kcal
19 g Eiweiß · 11 g Fett
64 g Kohlenhydrate

- Zubereitungszeit: etwa 45 Minuten

1. Die Morcheln und die Tongupilze getrennt in je 1 Tasse warmem Wasser etwa 10 Minuten einweichen.

2. Die Frühlingszwiebel kleinschneiden, den Knoblauch und den Ingwer schälen und hacken. Die Möhre schälen, waschen, fein stifteln. Den Chinakohl waschen, putzen und in Streifen schneiden.

3. Die Morcheln waschen, von holzigen Stellen befreien, in Stücke schneiden. Die Tongupilze ausdrücken (das Wasser aufbewahren), entstielen und in Streifen schneiden. Die Strohpilze halbieren.

4. Reichlich Salzwasser aufkochen, die Nudeln darin etwa 2 Minuten garen. Das Öl im Wok erhitzen, leicht salzen. Die Frühlingszwiebel, den Knoblauch und den Ingwer darin glasig werden lassen.

5. Die Pilze, die Möhre und die Bambussprossen etwa 2 Minuten mitbraten. Mit dem Reiswein, der Sojasauce und dem Miso würzen. Die Bohnenkeime und den Chinakohl hinzufügen, 1 Minute mitbraten. Das Einweichwasser der Tongupilze mit Speisestärke verquirlen, angießen. Aufkochen, abschmecken und zu den Nudeln servieren.

Im Bild hinten: Gefüllte Nudeln
Im Bild vorne: Nudeln mit Gemüse

Fettuccine alla mozzarella

Nudeln mit Mozzarella und Tomaten

Zutaten für 2 Personen:
1 kleine Zwiebel
1 Eßl. Olivenöl, kaltgepreßt
300 g Tomaten · Salz
schwarzer Pfeffer, frisch gemahlen
1 Eßl. frischer Oregano (ersatzweise
1/2 Teel. getrockneter Oregano)
1/2 Mozzarella (etwa 75 g)
100 g schmale Nudeln, nach Belieben
1 Teel. Butter
2 Eßl. Parmesan, frisch gerieben

Gelingt leicht

Pro Portion etwa:
1600 kJ/390 kcal
17 g Eiweiß · 18 g Fett
40 g Kohlenhydrate

- Zubereitungszeit: etwa 45 Minuten

1. Die Zwiebel schälen und fein hacken, mit dem Öl in einer Pfanne leicht andünsten. Die Tomaten nach Belieben schälen. Dazu kurz in heißes Wasser tauchen, abschrecken, häuten, Fruchtfleisch in Stücke schneiden und zu den Zwiebeln geben, mit Salz, Pfeffer und dem Oregano würzen und zugedeckt etwa 15 Minuten köcheln lassen. Den Mozzarella in kleine Würfel schneiden.

2. In einem Topf die Nudeln in reichlich Salzwasser kochen, bis sie noch Biß haben, abgießen und gut abtropfen lassen.

Die Butter in einem zweiten Kochtopf schmelzen, die Nudeln dazugeben und unter ständigem Rühren 1 Eßlöffel geriebenen Parmesan und die Hälfte Mozzarella hinzufügen.

3. Die Nudeln auf vorgewärmten Tellern anrichten, mit dem zweiten Eßlöffel Parmesan bestreuen, die Tomatensauce darüber geben, restlichen Mozzarella darüber verteilen. Sofort servieren.

Lasagne di verdura

Gemüselasagne

Zutaten für 2 Personen:
Für die Gemüsesauce:
1 Teel. neutrales Öl · 1 Zwiebel
1 Knoblauchzehe · 2 Tomaten
200 g Gemüse (zum Beispiel Paprika und Zucchini)
1/2 Bund Basilikum
Oregano, getrockne
1 kleiner Zweig Rosmarin · Salz
schwarzer Pfeffer, frisch gemahlen
Für die Bechamelsauce:
2 Eßl. Butter · 1 gehäufter Eßl. Mehl
200 ml Milch
Muskatnuß, frisch gerieben
Für die Lasagne:
1 Teel. neutrales Öl
150 g Lasagnenudeln ohne Ei (vorgegart; Reformhaus)
3 Eßl. Parmesan, frisch gerieben

Vegetarisch

Pro Portion etwa:
1900 kJ/440 kcal
20 g Eiweiß · 29 g Fett
25 g Kohlenhydrate

- Zubereitungszeit: etwa 1 Stunde

1. Eine Pfanne mit dem Öl auspinseln. Die Zwiebel und die Knoblauchzehe schälen und hacken. Zusammen im heißen Öl andünsten.

2. Die Tomaten waschen und ohne den Stengelansatz in kleine Würfel schneiden. Das Gemüse waschen, putzen und kleinwürfeln. Beides in die Pfanne dazugeben und kurz mitdünsten.

3. Das Basilikum waschen, die Blättchen abzupfen. Das Gemüse mit einer Prise Oregano, Rosmarin, Salz und Pfeffer zugedeckt bei schwacher Hitze etwa 20 Minuten schmoren lassen. Basilikum dazugeben, abschmecken.

4. Für die Bechamelsauce 1 Eßlöffel Butter zerlassen, das Mehl darin leicht anrösten. Mit der Milch ablöschen. Bei schwacher Hitze aufkochen lassen, ständig rühren. Mit Salz und Muskat abschmecken, beiseite stellen. Den Backofen auf 200° vorheizen.

5. Eine Auflaufform mit dem Öl auspinseln. Die Zutaten abwechselnd in die Form schichten. Die oberste Schicht sollte Bechamelsauce sein. Mit dem Parmesan und Butterflöckchen belegen. Im Backofen (Mitte, Umluft 180°) etwa 30 Minuten backen.

Im Bild vorne: Nudeln mit Mozzarella und Tomaten
Im Bild hinten: Gemüselasagne

Tortellini alla panna

Tortellini in Sahnesauce

Zutaten für 4 Personen:
Salz
500 g Tortellini aus der Tüte (mit Fleischfüllung); bei Frischware 800 g nehmen
40 g Butter
250 g Sahne
Muskatnuß, frisch gerieben
etwa 80 g Parmesan, frisch gerieben

Schnell

Pro Portion etwa:
3300 kJ/790 kcal
25 g Eiweiß · 37 g Fett
80 g Kohlenhydrate

- Zubereitungszeit: etwa 30 Minuten

1. Die Tortellini in Salzwasser »al dente« garen. Dann mit der Schaumkelle herausnehmen.

2. In der Zwischenzeit in einer großen Kasserolle (später müssen auch die Tortellini noch darin Platz haben) die Butter und etwa 100 ccm Sahne erwärmen und mit Salz und Muskat würzen.

3. Die Tortellini hineingleiten lassen und unter Rütteln der Kasserolle mit der Sauce mischen. Löffelweise abwechselnd den Käse und die restliche Sahne nach und nach dazugeben. Dabei die Kasserolle immer bewegen, damit die Sauce glatt wird und sich gleichmäßig um die Tortellini legt.

Variante:
Tortellini con panna e noci
25–30 Walnußkerne ganz fein zerkleinern. Nach und nach etwa 250 g leicht angewärmte Sahne dazugießen. Dann 100 g sehr weiche, aber nicht zerlassene Butter so lange einrühren, bis eine glatte Creme entsteht. Salzen und pfeffern. Vorsichtig mit den heißen abgetropften Tortellini mischen.

Ravioli al pomodoro

Ravioli in Tomatensauce

Zutaten für 4 Personen:
1/2 Bund Basilikum
800 g Dosentomaten
8 Eßl. Olivenöl, kaltgepreßt · Salz
2 Prisen gemahlener Peperoncino (kleine, scharfe Pfefferschote), ersatzweise Cayennepfeffer
1 Prise Zucker
1 Lorbeerblatt
500 g Ravioli aus der Tüte (mit Fleisch- oder Frischkäsefüllung); bei Frischware 800 g nehmen
80 g Parmesan, frisch gerieben

Für Gäste

Pro Portion etwa:
2300 kJ/550 kcal
26 g Eiweiß · 9 g Fett
92 g Kohlenhydrate

- Zubereitungszeit: etwa 1 Stunde

1. Die Zwiebel klein würfeln. Das Basilikum grob zerkleinern. Die Tomaten zerdrücken.

2. 5 Eßlöffel Öl erhitzen. Die Zwiebel darin bei mittlerer Hitze etwa 5 Minuten anbraten, dann die Tomaten dazugeben. Mit Salz, dem Peperoncino, dem Zucker, dem Lorbeerblatt und dem Basilikum würzen. Die Sauce offen eindicken lassen.

3. In einem großen Topf reichlich Salzwasser mit 1 Eßlöffel Olivenöl zum Kochen bringen, die Ravioli darin »al dente«, bißfest, garen. (Bißprobe!)

4. Das Lorbeerblatt aus der Sauce entfernen. Das restliche Öl untermischen, und die Sauce eventuell nachwürzen. Eine Schüssel vorwärmen.

5. Die Ravioli vorsichtig in der Schüssel mit der Sauce mischen oder beides getrennt servieren. Den Käse extra dazu reichen.

Im Bild oben: Tortellini alla panna
Im Bild unten: Ravioli al pomodoro

Huhn »lemonato« und Reis mit Reisnudeln

Kotópoulo lemónato

Zutaten für 4 Personen:
1 küchenfertige Poularde (ohne Innereien etwa 1,2 kg)
40 g Butter oder Butterschmalz
4 Schalotten oder kleine Zwiebeln
2 Möhren (etwa 150 g)
1 Stange Staudensellerie und etwas Blattgrün
1 Bund Basilikum
Salz
Pfeffer, frisch gemahlen
6 EBl. trockener Weißwein
4 EBl. Zitronensaft

Für Gäste · Raffiniert

Pro Portion etwa:
3800 kJ/900 kcal
57 g Eiweiß · 69 g Fett
7 g Kohlenhydrate

- Zubereitungszeit: etwa 1 1/2 Stunden

1. Die Poularde abspülen und mit Küchenpapier trockentupfen, dann mit der Geflügelschere in 14 Stücke teilen: zuerst die Flügel abschneiden, dann Beine und Keulen. Entlang dem Rückgrat und durch die Mitte des Brustkorbes schneiden. Dann jede Poulardenhälfte vierteln.

2. In einer Pfanne mit Deckel die Hälfte der Butter erhitzen und alle Poulardenstücke portionsweise darin von allen Seiten schön knusprig anbraten. Die angebratenen Stücke beiseite stellen.

3. Die Schalotten oder die Zwiebeln schälen und würfeln. Die Möhren schälen und in feine Scheibchen schneiden. Den Staudensellerie abspülen, das holzige Ende abschneiden und die Stange in Scheibchen schneiden, das Grün fein hacken.

4. Die restliche Butter oder das Butterschmalz in die Pfanne geben, erhitzen und darin das Gemüse und die Zwiebeln etwa 5 Minuten unter Rühren anschmoren. Die Poulardenteile zwischen das Gemüse legen.

5. Das Basilikum abspülen, trockenschütteln, einige Blättchen zum Garnieren beiseite legen, die übrigen über das Gemüse und die Poulardenteile streuen.

6. Die Poulardenteile und das Gemüse mit Salz und Pfeffer würzen, dann den Weißwein, den Zitronensaft und 1/8 l Wasser dazugießen. Die Pfanne zudecken und alles etwa 40 Minuten bei schwacher Hitze garen. Zwischendurch die Pfanne ein- bis zweimal schütteln.

7. Das Huhn in der Schmorpfanne mit den übrigen Basilikumblättchen garniert servieren. Dazu paßt Reis mit Reisnudeln (siehe Tip). Als Getränk können Sie einen trockenen griechischen Weißwein dazu reichen.

Tip!

Reisnudeln gibt es im griechischen oder türkischen Laden. In Griechenland werden sie unter den Reis gemischt, das schmeckt köstlich. Für 4 Personen etwa 100 g Reisnudeln in etwas Butter hellbraun rösten, 250 g Langkornreis dazugeben und unter Rühren glasig werden lassen. Mit 3/4 l Wasser aufgießen und mit 1 Teelöffel Salz würzen. Zugedeckt bei schwacher Hitze in 20–25 Minuten garen. Den Deckel abnehmen, den Reis ausdampfen lassen und servieren.

Reis mit Reisnudeln ist eine typisch griechische Beilage, die besonders gut zu Huhn »lemonato« paßt.

Bahmi Goreng

Chinesische Spaghetti mit Hähnchenfleisch und Eierkuchenstreifen, ein Klassiker mit neuer Gewürzmischung.

Zutaten für 4 Personen:
Salz
350 g chinesische Spaghetti (Mie-Nudeln oder Tagliatelle-Nester)
2 Zwiebeln
2 Möhren
300 g Weißkohl
2 Knoblauchzehen
1 Stück Ingwer (etwa 30 g)
300 g gegarte Hähnchenbrust (ohne Haut und Knochen)
4 Eßl. Erdnußöl
1 Teel. Szechuan-Pfeffer
1/2 Teel. Bockshornkleesamen (Asienladen oder Reformhaus)
200 g Erbsen (tiefgekühlt)
400 ml Hühnerbrühe
Pfeffer, frisch gemahlen
1 Eßl. Sambal Manis (milde, süße Chilipaste)
1 Eßl. Butter
2 Eier
2 Eßl. frisch gehackte glatte Petersilie

Für Gäste

Pro Portion etwa:
2600 kJ/620 kcal
38 g Eiweiß · 18 g Fett
78 g Kohlenhydrate

- Zubereitungszeit: etwa 45 Minuten

1. Reichlich Salzwasser zum Kochen bringen. Die Nudeln darin etwa 5 Minuten garen. Sofort abgießen, abschrecken und abtropfen lassen.

2. Die Zwiebeln pellen, die Möhren schälen, den Weißkohl waschen und abtropfen lassen, den Strunk entfernen. Alles in etwa 1/2 cm breite Streifen schneiden. Die Knoblauchzehen pellen, den Ingwer schälen, beides in feine Würfel schneiden. Die Hähnchenbrust in etwa 1 cm breite Streifen schneiden.

3. In einem Wok oder in einer Pfanne das Erdnußöl erhitzen. Zwiebeln, Möhren, Kohl und Knoblauch darin etwa 3 Minuten unter Rühren anbraten. Den Szechuan-Pfeffer und die Bockshornkleesamen dazugeben und mitrösten.

4. Ingwer, Hähnchenbruststreifen und Erbsen dazugeben. Die Brühe angießen, die vorgekochten Nudeln unterrühren. Alles noch etwa 5 Minuten garen. Mit Salz, Pfeffer und Sambal Manis abschmecken und noch etwas einkochen lassen.

5. Inzwischen die Butter in einer Pfanne zerlassen. Die Eier mit einigen Tropfen Wasser verquirlen und in die Pfanne geben, stocken lassen. Das Omelett etwas abkühlen lassen und in etwa 1 cm breite Streifen schneiden.

6. Das Bahmi Goreng auf einer Platte anrichten, die Eierkuchenstreifen darauf legen (noch schöner sieht es aus, wenn man sie kreuzweise auflegt) und mit Petersilie bestreut servieren.

Tip!

Szechuan-Pfeffer gehört zu den ältesten Gewürzen Chinas. Sein holziger Geschmack erinnert an Kardamom, Muskat und Pfeffer, auch etwas an Limetten. Mit diesem Pfeffer, den es bei uns meist geschrotet gibt, würzt man Geflügelgerichte, gebratenen oder geschmorten Fisch, Kalb- oder Lammfleisch und Gemüse oder frische Salate.
Ganze Pfefferbeeren in einer trockenen Pfanne bei schwacher Hitze so lange rösten, bis sie stark duften und sich dunkel verfärben. Abgekühlt in ein dunkles Glas füllen, verschließen und erst zum Würzen im Mörser zerstoßen.
Für chinesisches Gewürzsalz 4 Eßlöffel grobes Meersalz mit 2 Eßlöffeln Szechuan-Pfeffer in einer trockenen Pfanne bei schwacher Hitze so lange rösten, bis sich der Pfeffer dunkel färbt. Abkühlen lassen und im Mörser fein mahlen. In kleinen Schälchen zum Dippen auf den Tisch stellen. Das paßt zu rohem oder gebackenem Gemüse, gebratenem Fleisch und Geflügel.

Feuerwerk der Gewürze: Bahmi Goreng, eine Spezialität aus China. Mit saftig-zartem Hähnchenfleisch, Gemüse und Mie-Nudeln.

Paglia e fieno

Schmale bunte Bandnudeln mit Schinken und Sahne

Zutaten für 4 Personen:
150 g magerer, gekochter Schinken
Salz
400 g bunte schmale Bandnudeln
80 g Butter
200 g Sahne
100 g Parmesan, frisch gerieben
weißer Pfeffer, frisch gemahlen
Muskatnuß, frisch gerieben

Gelingt leicht

Pro Portion etwa:
3400 kJ/810 kcal
31 g Eiweiß · 47 g Fett
69 g Kohlenhydrate

- Zubereitungszeit: etwa 20 Minuten

1. Den Schinken in ganz kleine Würfel schneiden. Die Nudeln in Salzwasser »al dente« garen. Dann abtropfen lassen.

2. In einer großen Kasserolle (möglichst ein »gutes Stück«, damit man sie auch zu Tisch bringen kann) die Butter schmelzen, die Sahne dazugeben. Den Parmesan gleichmäßig unter die leicht erwärmte Buttersahne rühren. Mit Salz, Pfeffer und Muskatnuß würzen.

3. Den Schinken und die Nudeln in die Sauce geben und gut untermischen. Zugedeckt bei ganz schwacher Hitze 1–2 Minuten ziehen lassen, dann in der Kasserolle servieren.

Pappardelle all'aretina

Bandnudeln mit Entenragout

Zutaten für 4 Personen:
1 kleine bratfertige Ente
1 Zwiebel
1 Knoblauchzehe
1 Möhre
1 Stange Bleichsellerie
100 g durchwachsener Speck ohne Schwarte
1 Bund Petersilie
4 Salbeiblätter
je 1 Zweig Rosmarin und Thymian
3 Eßl. Olivenöl, kaltgepreßt
1 Lorbeerblatt
100 ccm trockener Weißwein
1 Eßl. Tomatenmark
100 ccm Fleischbrühe
Salz
schwarzer Pfeffer, frisch gemahlen
400 g Pappardelle (breite Bandnudeln)
60 g Parmesan, frisch gerieben

Für Gäste

Pro Portion etwa:
7000 kJ/1700 kcal
100 g Eiweiß · 110 g Fett
72 g Kohlenhydrate

- Zubereitungszeit: etwa 2 1/2 Stunden

1. Die Ente in 8–10 Stücke teilen. Die Zwiebel, den Knoblauch, die Möhre und den Sellerie mit dem Speck sehr fein hacken. Die Kräuter fein wiegen oder im Mörser zerstoßen.

2. In einer sehr großen Kasserolle (alle Enteteile müssen nebeneinander darin Platz haben; notfalls mit 2 Kasserollen arbeiten) das Öl erhitzen, das feingehackte Gemüse und den Speck darin etwa 5 Minuten unter Rühren bei mittlerer Hitze anbraten. Dann die Kräuter und das Lorbeerblatt dazugeben. Die Entenstücke darauf verteilen und bei mittlerer bis starker Hitze rundum etwa 10 Minuten goldgelb anbraten.

3. Den Weißwein angießen und das Fleisch so lange wenden, bis der Wein zur Hälfte verdampft ist. Das Tomatenmark in der Brühe glattrühren, dann über das Fleisch gießen. Alles mit Salz und Pfeffer würzen, durchrühren und zugedeckt bei schwacher Hitze 1 1/4 – 1 1/2 Stunden schmoren lassen.

4. Dann die Nudeln in Salzwasser »al dente«, bißfest, kochen und abtropfen lassen. Das Fleisch aus der Kasserolle nehmen und kurz warm halten. Die Nudeln in die Entensauce geben und untermischen. Die Fleischstücke über den Nudeln verteilen.

Im Bild oben: Entenragout zu Pappardelle all'aretina
Im Bild unten: Paglia e fieno

Penne arrabbiata

Zutaten für 4 Personen:
75 g geräucherter Bauchspeck in Scheiben
1 Zwiebel · 2 Knoblauchzehen
3 EßL. Olivenöl
2 getrocknete rote Chilischoten
1 Dose Pizza-Tomaten
(Abtropfgewicht 400 g)
50 ml trockener Rotwein (ersatzweise Tomatensaft)
Salz
350 g Penne · 3 Zweige Basilikum
1/2 Teel. Pimentkörner
Pfeffer, frisch gemahlen
75 g Pecorino, frisch gerieben

Schnell

Pro Portion etwa:
2300 kJ/550 kcal
20 g Eiweiß · 22 g Fett
67 g Kohlenhydrate

- Zubereitungszeit: etwa 30 Minuten

1. Den Speck in feine Streifen schneiden. Zwiebel und Knoblauch pellen und würzen. 2 Eßlöffel Öl erhitzen. Speck, Zwiebeln und Knoblauch darin anbraten. Die Chilis zerbröseln, mit Tomaten und Rotwein dazugeben. Zugedeckt bei schwacher Hitze etwa 15 Minuten köcheln.

2. Salzwasser mit 1 Eßlöffel Öl erhitzen. Die Nudeln darin bißfest garen. Das Basilikum waschen und fein hacken. Den Piment zerstoßen. Unter die Sauce rühren. Salzen, pfeffern.

3. Die Nudeln abgießen, abschrecken und abtropfen lassen. Mit der Sauce vermischen. Den Käse extra dazu servieren.

Nudeln mit Koriander

Zutaten für 4 Personen:
160 g getrocknete grüne Linsen
2 Zwiebeln · 2 Knoblauchzehen
20 g fetter Speck
60 g Schinkenspeck
6 Stangen Staudensellerie
8 EßL. Olivenöl · 1 l Fleischbrühe
200 ml trockener Rotwein (ersatzweise Fleischbrühe)
4 EßL. Aceto balsamico (Balsamessig)
Salz · Pfeffer, frisch gemahlen
3 getrocknete rote Chilischoten
7 Pimentkörner
1 Teel. Korianderkörner
500 g Tomaten · 300 g Spaghetti
2 EßL. Tomatenmark
2 EßL. frisch gehackte glatte Petersilie

Spezialität aus Apulien

Pro Portion etwa:
3200 kJ/760 kcal
22 g Eiweiß · 22 g Fett
83 g Kohlenhydrate

- Zubereitungszeit: etwa 1 Stunde
- Einweichzeit: mindestens 8 Stunden, besser über Nacht

1. Die Linsen abspülen und in reichlich kaltem Wasser mindestens 8 Stunden, besser über Nacht einweichen. Am nächsten Tag in ein Sieb gießen und abtropfen lassen.

2. Zwiebeln und Knoblauch pellen. Speck, Schinkenspeck, Zwiebeln und Knoblauch fein würfeln. Den Staudensellerie waschen. 2 Stangen in Streifen schneiden.

3. In einem großen Topf 2 Eßlöffel Öl erhitzen, die Speckwürfel darin anbraten. Zwiebel, Knoblauch und Sellerie dazugeben und mitbraten. Die Linsen und die Brühe dazugeben. Alles zugedeckt 30–40 Minuten bei schwacher Hitze köcheln lassen. Den Wein und den Aceto balsamico darunterrühren. Eventuell noch etwas Wasser dazugießen, das Gemüse soll suppig sein. Chilis, Piment und Koriander zerstoßen, in die Suppe rühren. Salzen und pfeffern.

4. Die restlichen Selleriestangen in Streifen schneiden, die Tomaten würfeln. Die Spaghetti in etwa 3 cm lange Stücke brechen. Alles zu den Linsen geben. Das Tomatenmark einrühren. Alles noch etwa 10 Minuten köcheln lassen. Mit Salz und Pfeffer abschmecken, mit dem restlichen Olivenöl beträufeln und mit der Petersilie bestreut servieren.

Im Bild vorne: Penne arrabbiata
Im Bild hinten:
Nudeln mit Koriander

Eiernudeln mit Sojabohnensprossen

Bamie Pad

Zutaten für 4 Personen:
300 g chinesische Eiernudeln
200 g Sojabohnensprossen
2 Frühlingszwiebeln
3 Knoblauchzehen
50 g roher Schinken
3 EBl. Öl · 2 EBl. Fischsauce
2 EBl. Austernsauce · 1 EBl. Zucker

Schnell • Gelingt leicht

Pro Portion etwa:
1700 kJ/400 kcal
16 g Eiweiß · 15 g Fett
61 g Kohlenhydrate

- Zubereitungszeit: etwa 20 Minuten

1. Die Nudeln in kochendem Wasser etwa 4 Minuten (oder nach Packungsvorschrift) garen. Abgießen, mit kaltem Wasser kurz abspülen und gründlich abtropfen lassen.

2. Die Sojabohnensprossen waschen. Die Frühlingszwiebeln putzen, der Länge nach halbieren, waschen und in etwa 3 cm lange Stücke schneiden. Den Knoblauch schälen und fein hacken. Den Schinken in kleine Würfel schneiden.

3. Das Öl in einer Pfanne erhitzen. Den Knoblauch und den Schinken darin bei mittlerer Hitze etwa 1 Minute braten. Die abgetropften Nudeln hinzugeben, gut untermischen und 1 weitere Minute braten lassen.

4. Die Sojabohnensprossen, die Frühlingszwiebeln, die Fischsauce, die Austernsauce und den Zucker hinzufügen, alles sorgfältig vermischen und nur so lange garen, bis die Zutaten heiß sind. Die Sojabohnensprossen sollten noch knackig sein. Sofort servieren.

Reisnudeln mit Hackfleisch

Rad Nah Muh Saab

Zutaten für 4 Personen:
300 g Reisnudeln (2–3 cm breit)
2 mittelgroße Zwiebeln
2 Tomaten · 2 Knoblauchzehen
1 Bund Schnittlauch
6 EBl. Öl · 2 EBl. dunkle Sojasauce
400 g gemischtes Hackfleisch
3 EBl. Fischsauce
2 EBl. Wein- oder Reisessig
2 EBl. Zucker · 1 EBl. Speisestärke
schwarzer Pfeffer, frisch gemahlen

Preiswert

Pro Portion etwa:
3000 kJ/710 kcal
32 g Eiweiß · 37 g Fett
66 g Kohlenhydrate

- Zubereitungszeit: etwa 40 Minuten

1. Die Nudeln in kochendem Wasser etwa 3 Minuten garen. Abgießen, mit kaltem Wasser kurz abspülen und gründlich abtropfen lassen.

2. Die Zwiebeln schälen, die Tomaten waschen und von den Stielansätzen befreien. Beides in grobe Würfel schneiden. Den Knoblauch schälen und fein hacken. Den Schnittlauch waschen und in feine Stücke schneiden.

3. 3 Eßlöffel Öl in einer großen Pfanne erhitzen und die Reisnudeln mit der Sojasauce darin etwa 1 Minute unter Rühren bei starker Hitze braten. Auf 4 Teller verteilen und warm stellen.

4. Das restliche Öl in der Pfanne erhitzen. Den Knoblauch darin goldgelb braten. Das Hackfleisch und die Zwiebeln hinzugeben und etwa 2 Minuten bei mittlerer Hitze braten. Die Tomaten, die Fischsauce, den Essig, den Zucker und etwa 1/4 l Wasser hinzugeben. Nochmals 1 Minute kochen lassen.

5. Die Speisestärke mit wenig Wasser anrühren und unter die Sauce mischen, sie soll leicht dickflüssig werden. Die Sauce über die warmgestellten Nudeln gießen und mit Pfeffer und dem Schnittlauch bestreuen.

Tip!

Würzen Sie nach Belieben mit Chilipulver am Tisch.

Im Bild oben:
Eiernudeln mit Sojabohnensprossen
Im Bild unten:
Reisnudeln mit Hackfleisch

Spaghetti alla carbonara

Spaghetti mit Speck und Eiern

Zutaten für 4 Personen:
3 Knoblauchzehen
150 g durchwachsener Räucherspeck ohne Schwarte
2 Eßl. Schweineschmalz
400 g Spaghetti
Salz
3 Eier
je 50 g Pecorino (Schafkäse) und Parmesan, frisch gerieben
weißer Pfeffer, frisch gemahlen

Gelingt leicht

Pro Portion etwa:
3700 kJ/880 kcal
36 g Eiweiß · 53 g Fett
70 g Kohlenhydrate

- Zubereitungszeit: etwa 40 Minuten

1. Den Knoblauch schälen. Den Speck fein würfeln.

2. In einer großen breiten Pfanne das Schmalz erhitzen. Den Knoblauch darin bei mittlerer Hitze schön braun braten. Dann aus der Pfanne nehmen. Nun die Speckwürfel knusprig braten und warm halten.

3. Die Nudeln in Salzwasser »al dente«, bißfest, kochen.

4. Die Eier mit dem Käse, Salz und Pfeffer mit dem Schneebesen kräftig verschlagen.

5. Die Spaghetti abtropfen lassen. In der Pfanne mit dem Speck mischen. Dann die Pfanne vom Herd nehmen, die Eimasse hineingeben und schnell und gründlich mit 2 Gabeln durchrühren, bis alle Nudeln mit der Eiercreme überzogen sind. Die Spaghetti alla carbonara dann sofort in der Pfanne zu Tisch bringen.

Bucatini alla calabrese

Dünne Makkaroni mit Schinken und Tomaten

Zutaten für 4 Personen:
3 Knoblauchzehen
1 Möhre
1 Stange Bleichsellerie
etwa 12 große Basilikumblätter
150 g nicht zu magerer roher Schinken ohne Schwarte
400 g reife Fleischtomaten
50 g Schweineschmalz · Salz
1 Prise gemahlener Peperoncino (kleine, scharfe Pfefferschote), ersatzweise Cayennepfeffer
400 g Bucatini (dünne Makkaroni), ersatzweise Spaghetti
je 50 g Parmesan und Pecorino (Schafkäse), frisch gerieben

Gelingt leicht

Pro Portion etwa:
3100 kJ/740 kcal
31 g Eiweiß · 35 g Fett
74 g Kohlenhydrate

- Zubereitungszeit: etwa 1 Stunde

1. Die Knoblauchzehen durchpressen. Die Möhre und den Sellerie ganz fein hacken. Die Basilikumblätter grob zerkleinern. Den Schinken in kleine Würfel schneiden.

2. In einer großen Kasserolle (später müssen auch die Nudeln noch darin Platz haben) das Schmalz erhitzen. Den Knoblauch, die Möhre und den Sellerie darin bei mittlerer Hitze unter Rühren in 8–10 Minuten weich braten.

3. Inzwischen die Tomaten überbrühen, häuten und vierteln. Dabei die Stielansätze und die Kerne entfernen. Das Fruchtfleisch grob zerkleinern.

4. Die Schinkenwürfel zum Gemüse geben und etwa 5 Minuten bei etwas reduzierter Hitze mitbraten. Die Tomaten untermischen. Alles mit Salz, dem Peperoncino und dem Basilikum würzen. Die Sauce 15–20 Minuten bei schwacher Hitze zugedeckt köcheln lassen.

5. Inzwischen die Nudeln in reichlich Salzwasser »al dente«, bißfest, kochen. In ein Sieb abgießen, abtropfen lassen und in der Kasserolle gründlich mit der Sauce verrühren. In eine Schüssel umfüllen. Den geriebenen Käse extra dazu reichen.

Im Bild oben:
Spaghetti alla carbonara
Im Bild unten: Bucatini alla calabrese

Rigatoni con ragù di maiale

Hohlnudeln mit Schweinefleischragout

Zutaten für 4 Personen:
400 g Dosentomaten
1 Bund Basilikum · 2 Zwiebeln
400 g Schweineschulter
2 Eßl. Schweineschmalz · Salz
1 Prise gemahlener Peperoncino
(kleine, scharfe Pfefferschote),
ersatzweise Cayennepfeffer
400 g Rigatoni (große Nudelröhren),
ersatzweise Makkaroni
1 Eßl. Öl
60 g Pecorino (Schafkäse), frisch gerieben

Pro Portion etwa:
3400 kJ/810 kcal
38 g Eiweiß · 40 g Fett
74 g Kohlenhydrate

- Zubereitungszeit: etwa 1 3/4 Stunden

1. Die Tomaten durch ein Sieb passieren. Das Basilikum grob zerkleinern. Die Zwiebeln fein hacken. Das Fleisch in 1 cm große Würfel schneiden.

2. Das Schweineschmalz erhitzen. Die Zwiebeln darin etwa 5 Minuten bei mittlerer Hitze anbraten. Das Fleisch portionsweise dazugeben und bei starker Hitze unter Rühren leicht anbräunen. Die Tomaten und das Basilikum dazugeben. Das Ragout mit Salz und dem Peperoncino würzen. Zugedeckt bei schwacher Hitze etwa 1 Stunde garen. Bei Bedarf etwas heißes Wasser angießen.

3. Die Rigatoni in Salzwasser mit dem Öl »al dente«, bißfest, kochen. Abtropfen lassen und mit dem Ragout servieren. Den Pecorino dazu reichen.

Pasta alla bolognese

Nudeln mit Fleischragout

Zutaten für 4 Personen:
1 kleine Zwiebel
1 kleine Möhre
1 Stange Bleichsellerie
50 g durchwachsener Räucherspeck ohne Schwarte
400 g Dosentomaten
4 Eßl. Olivenöl
20 g Butter
200 g Rinderhackfleisch
100 g Schweinehackfleisch
50 ccm trockener Rotwein
5 Eßl. Fleischbrühe
Salz
schwarzer Pfeffer, frisch gemahlen
1 Gewürznelke
1 Lorbeerblatt
Muskatnuß, frisch gerieben
400 g Spaghetti
80 g Parmesan, frisch gerieben

Braucht etwas Zeit

Pro Portion etwa:
3500 kJ/830 kcal
39 g Eiweiß · 43 g Fett
73 g Kohlenhydrate

- Zubereitungszeit: etwa 1 3/4 Stunden

1. Die Zwiebel und die Möhre schälen. Mit dem geputzten Sellerie fein hacken. Den Speck fein schneiden. Die Tomaten in einem Sieb etwas abtropfen lassen, dann zerdrücken. Den Saft dabei auffangen.

2. Das Öl und die Butter erhitzen. Die Zwiebel darin etwa 5 Minuten anbraten. Dann die Möhre, den Sellerie und den Speck noch etwa 5 Minuten mitbraten.

3. Das Hackfleisch dazugeben und unter Rühren bei starker Hitze etwa 5 Minuten braten. Mit dem Wein ablöschen. Diesen verdampfen lassen. Die Brühe angießen und etwas einkochen. Die Tomaten untermischen.

4. Den »sugo« mit Salz, Pfeffer, der Nelke, dem Lorbeerblatt und dem Muskat würzen. Durchrühren und bei ganz schwacher Hitze noch etwa 1 Stunde schmoren lassen. Bei Bedarf etwas Tomatensaft angießen.

5. Die Nudeln in Salzwasser »al dente« kochen und abtropfen lassen. In Teller verteilen. Das Ragout und den geriebenen Käse darübergeben.

Im Bild oben:
Ragout zu Pasta alla bolognese
Im Bild unten:
Rigatoni con ragù di maiale

Glasnudelpfanne mit Rindfleisch

Zutaten für 2 Personen:
100 g Glasnudeln
1 Bund Frühlingszwiebeln
1 mittelgroße rote Paprikaschote
1 Stück frischer Ingwer (etwa haselnußgroß)
1 Knoblauchzehe
250 g Rinderrouladen oder Rinderlende
2 Eßl. Erdnußöl
3 Eßl. Sojasauce
100 ml Gemüsebrühe (Fertigprodukt oder selbstgemacht)
Salz
weißer Pfeffer, frisch gemahlen
1–2 getrocknete Chilischoten

Raffiniert • Würzig

Pro Portion etwa:
2100 kJ/500 kcal
35 g Eiweiß · 23 g Fett
41 g Kohlenhydrate

- Zubereitungszeit: etwa 30 Minuten

1. Die Glasnudeln in lauwarmem Wasser einweichen.

2. Die Frühlingszwiebeln putzen, waschen und mit dem zarten Grün in feine Ringe schneiden. Die Paprikaschote waschen, halbieren, vom Kerngehäuse und den weißen Trennwänden befreien und in feine Streifen schneiden. Den Ingwer und den Knoblauch schälen und fein hacken. Das Rindfleisch in schmale Streifen schneiden.

3. Das Öl in einer Pfanne erhitzen. Den Ingwer und den Knoblauch darin anbraten. Das Gemüse und das Fleisch hinzufügen und bei starker Hitze unter Rühren etwa 2 Minuten anbraten.

4. Die Sojasauce und die Brühe dazugeben. Die Glasnudeln daruntermischen. Alles mit Salz und Pfeffer würzen. Die Chilischoten darüber krümeln. Den Pfanneninhalt unter Rühren etwa 2 Minuten garen, bis die Glasnudeln weich sind.

Bandnudeln mit Hähnchenragout

Zutaten für 4 Personen:
Salz
150 g Champignons
300 g Hähnchenbrustfilet
1/2 Bund Petersilie
400 g Bandnudeln
1 Eßl. Butterschmalz
50 g Sahne
50 ml trockener Weißwein
1 Teel. Zitronensaft
weißer Pfeffer, frisch gemahlen
Cayennepfeffer

Gelingt leicht

Pro Portion etwa:
2100 kJ/500 kcal
32 g Eiweiß · 12 g Fett
71 g Kohlenhydrate

- Zubereitungszeit: etwa 20 Minuten

1. Für die Nudeln in einem großen Topf reichlich Wasser mit 1 kräftigen Prise Salz zum Kochen bringen.

2. Während das Wasser heiß wird, die Pilze putzen, kurz abspülen und vierteln. Das Hähnchenfleisch waschen, trockentupfen und klein würfeln. Die Petersilie waschen und fein hacken.

3. Die Nudeln im kochenden Wasser nach Packungsanweisung in etwa 8 Minuten bißfest garen.

4. Inzwischen das Butterschmalz in einer Pfanne erhitzen. Das Hähnchenfleisch darin bei starker Hitze rundherum anbraten. Die Pilze und die Petersilie hinzufügen und mitbraten, bis die Flüssigkeit, die sich dabei bildet, wieder verdampft ist.

5. Die Sahne, den Wein, den Zitronensaft und zwei Schöpflöffel vom Nudelkochwasser dazugeben. Das Ragout mit Salz, Pfeffer und Cayennepfeffer pikant abschmecken und offen einige Minuten bei mittlerer Hitze köcheln lassen.

6. Die Nudeln in ein Sieb abgießen und sofort mit dem Hähnchenragout mischen.

Im Bild oben:
Glasnudelpfanne mit Rindfleisch
Im Bild unten:
Bandnudeln mit Hähnchenragout

Putencurry mit Banane und Reisnudeln

Zutaten für 2 Personen:
1 kleine Zwiebel
2 Putenschnitzel von je etwa 180 g
1 Banane
125 g Reisnudeln
1 EßI. Butterschmalz
Salz
schwarzer Pfeffer, frisch gemahlen
1 EßI. Currypulver
3 EßI. Crème fraîche
1 Teel. Zitronensaft
2 EßI. Kokosflocken

Raffiniert

Pro Portion etwa:
2900 kJ/690 kcal
43 g Eiweiß · 28 g Fett
74 g Kohlenhydrate

- Zubereitungszeit: etwa 25 Minuten

1. Die Zwiebel schälen und fein hacken. Die Putenschnitzel waschen, trockentupfen und in fingerbreite Streifen schneiden. Die Banane schälen und in dicke Scheiben schneiden.

2. Reichlich Salzwasser in einem Topf zum Kochen bringen. Die Reisnudeln darin 20–25 Minuten garen. Dann in ein Sieb schütten und gut abtropfen lassen.

3. Das Butterschmalz in einer breiten Pfanne erhitzen und die Putenstreifen darin anbraten. Die Zwiebeln dazugeben und weich dünsten.

4. Die Bananenscheiben zum Fleisch geben und kurz mitdünsten. Den Curry darüber stäuben und anschwitzen. Alles mit Salz und Pfeffer würzen. Die Crème fraîche dazugeben. Das Putengeschnetzelte mit dem Zitronensaft würzen.

5. Die Kokosflocken in einer beschichteten Pfanne ohne Fett hellbraun rösten, unter die abgetropften Reisnudeln mischen und mit dem Putengeschnetzelten auf zwei Tellern anrichten.

Kalbsragout mit Egerlingen und Spätzle

Zutaten für 2 Personen:
150 g Egerlinge
2 Kalbsschnitzel von je etwa 180 g
1 EßI. Butterschmalz
Salz
weißer Pfeffer, frisch gemahlen
3 EßI. trockner Weißwein
125 g Crème fraîche
1 Handvoll Kerbel

Gelingt leicht

Pro Portion etwa:
2100 kJ/500 kcal
41 g Eiweiß · 36 g Fett
3 g Kohlenhydrate

- Zubereitungszeit: etwa 30 Minuten

1. Die Pilze putzen, in ein Sieb geben und unter fließendem kaltem Wasser abbrausen. Dabei am Sieb rütteln – so werden die Pilze schön sauber. Die Kalbsschnitzel erst längs halbieren, dann quer in schmale Streifen schneiden.

2. Das Butterschmalz in einer Pfanne zerlassen. Das Fleisch darin rundum kräftig anbraten. Aus der Pfanne nehmen, mit Salz und Pfeffer würzen und zugedeckt beiseite stellen.

3. Die Pilze im verbliebenen Bratfett unter Rühren bei mittlerer Hitze braten, bis fast alle Flüssigkeit verdampft ist.

4. Den Weißwein dazugeben und fast einkochen lassen. Die Crème fraîche unterrühren und alles aufkochen. Das Fleisch in die Sauce geben und darin etwa 2 Minuten erwärmen. Mit Salz und Pfeffer würzen.

5. Inzwischen den Kerbel waschen, die Blättchen abknipsen und in das Ragout streuen. Dazu etwa 200 g Spätzle nach Packungsanweisung kochen.

Spätzle mit Rahmschnitzel

Zutaten für 4 Personen:
4 Kalbsschnitzel von je etwa 180 g
Salz
schwarzer Pfeffer, frisch gemahlen
100 g durchwachsener Räucherspeck
1 Zwiebel · 60 g Butterschmalz
2–3 Eßl. Tomatenmark
100 ml trockener Weißwein
200 g Sahne · 1 Prise Zucker
Saft von 1/2 Zitrone
Zum Wenden: Mehl

Gelingt leicht • Schnell

Pro Portion etwa:
2700 kJ/640 kcal
41 g Eiweiß · 50 g Fett
4 g Kohlenhydrate

- Zubereitungszeit: etwa 30 Minuten

1. Die Schnitzel dünn ausklopfen. Mit Salz und Pfeffer würzen und in Mehl wenden. Den Räucherspeck in kleine Würfel schneiden. Die Zwiebel schälen und fein hacken.

2. Das Butterschmalz in einer großen Pfanne erhitzen. Die Schnitzel darin auf beiden Seiten etwa 2 Minuten bei starker Hitze braten, herausnehmen und zugedeckt warm stellen.

3. Im verbliebenen Fett die Speck- und Zwiebelwürfel bei schwacher Hitze andünsten. Das Tomatenmark und den Weißwein unterrühren und die Sauce einige Minuten köcheln lassen. Die Sahne dazugeben und die Sauce mit Zucker und dem Zitronensaft würzen.

4. Die Schnitzel mit dem ausgetretenen Fleischsaft in die Sauce geben und kurz darin erwärmen.
Dazu etwa 400 g Spätzle nach Packungsanweisung kochen.

Kalbshaxe mit Spätzle

Zutaten für 4 Personen:
2 mittelgroße Zwiebeln
1 große Möhre
1 Stück Sellerieknolle (etwa 100 g)
1 kleine Petersilienwurzel
1 Knoblauchzehe
1 1/2 kg Kalbshaxe (vom Metzger in etwa 4 cm dicke Scheiben sägen lassen)
Salz
schwarzer Pfeffer, frisch gemahlen
4 Eßl. Öl · 1 Eßl. Tomatenmark
300 ml trockener Rotwein
2 Lorbeerblätter
1 Prise Pimentpulver
2 Gewürznelken
3/4 l Fleisch- oder Gemüsebrühe
1 Prise Zucker
Zum Wenden: Mehl

Für Gäste

Pro Portion etwa:
1800 kJ/430 kcal
55 g Eiweiß · 15 g Fett
7 g Kohlenhydrate

- Zubereitungszeit: etwa 2 1/2 Stunden (davon 2 Stunden Schmorzeit)

1. Die Zwiebeln, die Möhre, die Sellerieknolle und die Petersilienwurzel schälen und klein würfeln. Den Knoblauch schälen und fein hacken.

2. Die Kalbshaxenscheiben kalt abwaschen und trockentupfen. Mit Salz und Pfeffer würzen und in Mehl wenden.

3. Das Öl in einem großen Topf erhitzen. Die Kalbshaxenscheiben darin auf beiden Seiten bei starker Hitze kräftig anbraten.

4. Das vorbereitete Gemüse und das Tomatenmark zum Fleisch geben und unter ständigem Rühren mitrösten. Den Rotwein nach und nach dazugeben. Die Lorbeerblätter zerdrücken und mit dem Pimentpulver und den Gewürznelken zum Fleisch geben. Zuletzt die Brühe angießen.

5. Alles aufkochen. Dann die Kalbshaxen zugedeckt bei schwacher Hitze etwa 2 Stunden schmoren lassen.

6. Die Kalbhaxen aus der Sauce nehmen und zugedeckt warm stellen. Die Sauce durch ein Sieb passieren und erneut aufkochen. Mit Zucker, Salz und Pfeffer würzen.

7. Das Kalbfleisch von den Knochen lösen und der Länge nach in Scheiben schneiden. Auf vorgewärmte Teller verteilen und mit der Sauce überziehen. Dazu etwa 400 g Spätzle nach Packungsanweisung kochen.

Kalbfleischragout mit Reis und Reisnudeln

Stifádo

Zutaten für 4 Personen:
800 g Kalbfleisch (Schulter, Nacken)
800 g Schalotten
3 Knoblauchzehen
6 Eßl. Olivenöl
2 Fleischtomaten
1 Zimtstange
2 Lorbeerblätter
1 Prise Muskatnuß, frisch gerieben
1/4 l Rotwein
1 Eßl. Rotweinessig
Salz · Pfeffer, frisch gemahlen
100 g Reisnudeln
250 g Langkornreis

Raffiniert

Pro Portion etwa:
3600 kJ/860 kcal
51 g Eiweiß · 29 g Fett
86 g Kohlenhydrate

• Zubereitungszeit: etwa 2 Stunden

1. Das Kalbfleisch in Würfel schneiden. Die Schalotten und die Knoblauchzehen schälen und in Scheibchen schneiden, die Zwiebeln ganz lassen.

2. In einem Schmortopf das Olivenöl erhitzen und das Fleisch portionsweise darin anbraten, herausnehmen und beiseite stellen.

3. Im verbliebenen Bratfett die Schalotten und den Knoblauch kurz anbraten. Die Fleischtomaten häuten, klein würfeln, dabei die Stielansätze und die Kerne entfernen und zu den Zwiebeln geben.

4. Das Kalbfleisch zurück in den Topf geben und die Gewürze, den Rotwein und den Essig dazugeben, alles verrühren, salzen und pfeffern.

5. Das Kalbfleisch zugedeckt etwa 1 1/2 Stunden bei schwacher Hitze schmoren. Wenn zuviel Wasser verdampft, eventuell noch etwas heißes Wasser nachgießen. Mit Salz und Pfeffer abschmekken und servieren.

6. Den Reis mit Reisnudeln zubereiten wie im Tip auf Seite 144 beschrieben.

Lammfleisch mit Nudeln

Arní mé kritharáki giouvétsi

Zutaten für 4 Personen:
700 g Lammfleisch aus der Keule
40 g Butter
3 Fleischtomaten
1 Eßl. Tomatenmark
Salz
Pfeffer, frisch gemahlen
1 Teel. Paprikapulver, edelsüß
3/4 l gekörnte Brühe (Instant)
200 g Reisnudeln (griechisches Spezialgeschäft, ersatzweise kleingebrochene Spaghetti aus Hartweizengrieß)
100 g Kasséri-Käse oder Greyerzer, frisch gerieben

Gelingt leicht

Pro Portion etwa:
4700 kJ/1100 kcal
91 g Eiweiß · 65 g Fett
46 g Kohlenhydrate

• Zubereitungszeit: etwa 2 Stunden

1. Das Lammfleisch in 2–3 cm große Würfel schneiden. Die Butter erhitzen und die Lammfleischwürfel darin anbraten.

2. Die Fleischtomaten häuten und kleinschneiden, dabei die Stielansätze und die Kerne entfernen, zum Lammfleisch geben und kurz mitschmoren. Den Backofen auf 225° vorheizen.

3. Alles in eine feuerfeste Form geben. Das Tomatenmark in einer Tasse mit etwas Wasser verrühren und dazugießen. Das Fleisch mit Salz, reichlich Pfeffer und dem Paprikapulver würzen.

4. Das Fleisch im Backofen (Mitte) etwa 1 Stunde offen garen. Dann die Brühe dazugießen und die Reisnudeln dazugeben. Das Gericht in etwa 30 Minuten fertiggaren, zwischendurch umrühren und eventuell noch etwas Brühe dazugießen. Mit dem Käse bestreuen und servieren. Dazu passen frisches Fladen- oder Weißbrot, ein grüner Salat und ein Bier.

Bild oben: Kalbfleischragout mit Reis und Reisnudeln
Bild unten: Lammfleisch mit Nudeln

Rindersteaks in Preiselbeersahne

Zutaten für 4 Personen:

4 Rindersteaks (je etwa 180 g)

2–3 Eßl. neutrales Öl

Salz

80 ml trockener Weißwein oder Rinderfond

2 Eßl. eingelegte grüne Pfefferkörner

2 Eßl. Preiselbeeren (aus dem Glas)

150 g Sahne

Etwas teurer

Pro Portion etwa:
2100 kJ/500 kcal
38 g Eiweiß · 30 g Fett
2 g Kohlenhydrate

- Zubereitungszeit: etwa 25 Minuten

1. Die Rindersteaks mit dem Handballen etwas flacher drücken. Den Backofen auf 50° vorheizen.

2. Das Öl in einer Pfanne erhitzen. Die Steaks hineingeben und bei starker Hitze auf beiden Seiten kräftig anbraten. Dann die Hitze reduzieren und die Steaks auf jeder Seite in etwa 4 Minuten fertigbraten.

3. Die Steaks aus der Pfanne nehmen, salzen und zugedeckt im Backofen warm halten. Den Bratensatz mit dem Wein oder dem Fond loskochen. Den Pfeffer, die Preiselbeeren und die Sahne dazugeben und alles einmal gründlich aufkochen lassen.

4. Die Sauce mit Salz abschmecken und zu den Steaks servieren. Dazu passen Bandnudeln.

Hirschgulasch mit Reherl

Wenn Sie den Alkohol weglassen möchten, nehmen Sie einfach mehr Brühe. Dazu passen Teigwaren aller Art, zum Beispiel Spätzle oder Bandnudeln.

Zutaten für 4 Personen:
1 kg Hirschfleisch
100 g geräucherter Speck
1 1/2 mittelgroße Zwiebeln
1 Teel. Butterschmalz
Paprikapulver, edelsüß
2 Eßl. Wacholderschnaps
100 ml Rotwein
1/4 l Brühe
Salz
1 Teel. getrockneter Thymian
einige Wacholderbeeren
schwarzer Pfeffer, frisch gemahlen
1 Kräutersträußchen
150 g frische Pfifferlinge
1 Eßl. Butter
weißer Pfeffer, frisch gemahlen
2 Eßl. Petersilie, frisch gehackt
3 Eßl. Preiselbeeren aus dem Glas
200 g Sauerrahm

Für Gäste • Spezialität

Pro Portion etwa:
2500 kJ/600 kcal
57 g Eiweiß · 34 g Fett
9 g Kohlenhydrate

- Zubereitungszeit: etwa 2 Stunden

1. Das Hirschfleisch in Würfel von etwa 2 x 2 cm schneiden. Den Speck fein würfeln. 1 Zwiebel schälen und hacken. Das Butterschmalz in einem breiten Topf erhitzen und den Speck und die Zwiebel darin anbraten. Nach einigen Minuten das Fleisch einlegen und von allen Seiten kräftig anbraten.

2. Leicht mit Paprikapulver überpudern und sofort mit dem Wacholderschnaps und dem Rotwein ablöschen. Öfter umrühren und mit der Brühe aufgießen. Mit Salz, dem Thymian, den Wacholderbeeren und Pfeffer würzen. Das Kräutersträußchen einlegen. Das Gulasch bei schwacher Hitze zugedeckt etwa 1 Stunde garen.

3. Nach etwa 40 Minuten die Pfifferlinge verlesen, säubern und größere eventuell halbieren. Die halbe Zwiebel schälen und hacken. Die Butter erhitzen und die Zwiebel und die Pilze einstreuen, leicht salzen und pfeffern. 10–15 Minuten bei mittlerer Hitze dünsten. Zuletzt die Petersilie unterheben.

4. Das Fleisch herausnehmen und in eine vorgewärmte Schüssel legen. Das Kräutersträußchen und die Wacholderbeeren entfernen. Den Fond einige Male aufkochen, dann die Hitze zurückdrehen. Mit den Preiselbeeren und dem Sauerrahm verfeinern. Eventuell nachwürzen und über das Fleisch gießen. Die Pfifferlinge obenauf setzen.

Rehragout mit Steinpilzen

Zutaten für 4 Personen:
600 g Rehschulter oder -keule ohne Knochen
1 Bund Suppengrün
1 kleine Knoblauchzehe
4 Wacholderbeeren
8 schwarze Pfefferkörner
1/4 Teel. Rosmarinnadeln
1/4 Teel. getrockneter Thymian
1/4 l kräftiger Rotwein
3 cl Cognac oder Weinbrand
4 Eßl. Olivenöl
25 g getrocknete Steinpilze
200 g kleine Schalotten
30 g Butterschmalz
Salz
weißer Pfeffer, frisch gemahlen
1/8 l dunkler Wildfond
2–3 Eßl. Crème fraîche
2 Eßl. Petersilie, frisch gehackt

Gelingt leicht

Pro Portion etwa:
1800 kJ/430 kcal
31 g Eiweiß · 22 g Fett
11 g Kohlenhydrate

- Marinierzeit/Einweichzeit: 12 Stunden
- Zubereitungszeit: etwa 40 Minuten

1. Das Rehfleisch gründlich waschen, trockentupfen und, wenn nötig, häuten. In mundgerechte Würfel schneiden und in eine Steingutschüssel legen.

2. Das Suppengrün putzen, waschen und fein würfeln. Die Knoblauchzehe schälen und vierteln. Die Wacholderbeeren und die Pfefferkörner im Mörser leicht zerstoßen. Mit dem Suppengrün, dem Knoblauch, dem Rosmarin und dem Thymian unter das Fleisch mischen.

3. 1/8 l Rotwein mit 1 Eßlöffel Cognac oder Weinbrand und dem Öl verrühren. Das Fleisch damit übergießen und zudecken. Die Steinpilze in 1/4 l Wasser geben. Beides über Nacht stehen lassen.

4. Die Schalotten schälen. Die Steinpilze aus dem Einweichwasser nehmen, abtropfen lassen und grob hacken. Das Einweichwasser durch ein Filterpapier gießen und beiseite stellen.

5. Das Fleisch aus der Marinade heben und sehr sorgfältig mit Küchenpapier abtupfen, dabei alle Gewürze und Gemüseteile entfernen. Die Marinade durchsieben, dabei den Siebinhalt kräftig ausdrücken und beiseite stellen.

6. Das Butterschmalz in einem Schmortopf erhitzen. Die Schalotten hineingeben und bei schwacher Hitze rundherum braten, bis sie weich sind. Dann herausnehmen. Das Fleisch in das Fett geben und unter häufigem Wenden in etwa 10 Minuten garen. Dann ebenfalls herausnehmen, salzen und pfeffern.

7. Den Siebinhalt im Bratfett kräftig anbraten. Mit dem Pilzwasser, der Marinade, dem restlichen Wein und dem Wildfond aufgießen. Alles im offenen Topf bei starker Hitze um ein Drittel einkochen lassen.

8. Die Flüssigkeit durch ein Spitzsieb in einen anderen Topf gießen. Die Crème fraîche hinzufügen und unter Rühren aufkochen. Das Fleisch, die Schalotten und die Pilze in der Sauce erhitzen. Das Ragout mit Salz und Pfeffer nachwürzen. Mit der Petersilie bestreut servieren.

Tip!

Als Beilage zu vielen Wildgerichten passen sehr gut »abgeschmälzte« Bandnudeln. Erhitzen Sie in einer Pfanne 30 g Butter und geben Sie 2 Eßlöffel Semmelbrösel hinzu. Sobald die Brösel hellbraun gebraten sind, nehmen Sie die Pfanne von der Herdplatte, geben die gekochten Nudeln hinein und wenden sie sorgfältig, bis sich die Brösel gleichmäßig verteilt haben.

Variante:
Hirschragout mit getrockneten Feigen
Wie oben beschrieben können Sie das Ragout aus der gleichen Menge Hirschfleisch zubereiten. Statt der Steinpilze verwenden Sie 4–5 Feigen, die Sie in große Würfel schneiden.

Nudeln mit Kaninchenragout

Zutaten für 2 Personen:
Für das Ragout:
1/2 Kaninchen (etwa 600 g)
1 Stange Staudensellerie
1 Möhre
1 Knoblauchzehe
je 1 Zweig Rosmarin, Thymian und Salbei
1 EBl. Olivenöl
1/8 trockener Weißwein
Salz
weißer Pfeffer, frisch gemahlen
1 winzige Prise Zimtpulver
1 Teel. kleine Kapern
1/2 EBl. Pinienkerne
Für die Nudeln:
100 g Hartweizengrieß
100 g Mehl
Salz
2 Eier

Braucht etwas Zeit

Pro Portion etwa:
4200 kJ/1000 kcal
81 g Eiweiß · 35 g Fett
81 g Kohlenhydrate

- Zubereitungszeit: etwa 40 Minuten
- Ruhezeit: etwa 30 Minuten

1. Das Kaninchen in vier Stücke schneiden. Den Sellerie und die Möhre waschen, putzen und würfeln. Die Tomate häuten und in Würfel schneiden. Die Zwiebel und den Knoblauch schälen und fein hacken. Die Kräuter waschen, von den Stielen zupfen.

2. Das Öl erhitzen. Die Kaninchenstücke darin rundherum kräftig anbraten. Den Sellerie, die Möhre, die Zwiebel und den Knoblauch hinzugeben und kurz mitbraten. Die Kräuter, die Tomaten und den Wein hinzufügen. Das Ragout mit Salz, Pfeffer und dem Zimt würzen, zugedeckt bei schwacher Hitze etwa 1 Stunde garen.

3. Das Kaninchenfleisch von den Knochen lösen und in kleine Stücke teilen. Wieder zurück in die Sauce geben. Beiseite stellen und abkühlen lassen.

4. Für die Nudeln den Grieß mit dem Mehl und 1/2 Teelöffel Salz in einer weiten Schüssel mischen. Die Eier hinzufügen und alles zu einem glatten, geschmeidigen Teig verkneten. Den Teig bei Zimmertemperatur etwa 30 Minuten ruhen lassen.

5. Den Teig noch einmal kurz und kräftig durchkneten und mit der Nudelmaschine so dünn wie möglich ausrollen. Den Teig auf einer leicht bemehlten Arbeitsfläche in 1-2 cm breite Streifen schneiden. Die Nudeln auf Küchentüchern ausbreiten und etwas antrocknen lassen.

6. Für die Nudeln reichlich Salzwasser zum Kochen bringen. Die Nudeln darin in etwa 3 Minuten »al dente« kochen.

7. Währenddessen das Kaninchenragout wieder erwärmen. Die Pinienkerne in einer Pfanne unter Rühren goldgelb rösten.

8. Die gegarten Nudeln in einem Sieb abtropfen lassen und in vorgewärmte Teller geben. Das Kaninchenragout darauf verteilen und mit den Pinienkernen bestreuen.

Tip!

Wesentlich weniger aufwendig ist das Gericht zubereitet, wenn Sie Nudeln aus der Packung (zum Beispiel Spaghetti oder Bandnudeln) nehmen.

Tagliatelle al cervo

Bandnudeln mit Hirschragout

Zutaten für 4 Personen:
1 Zwiebel
2 Knoblauchzehen
2 Möhren
1 Stange Bleichsellerie
75 g durchwachsener Speck ohne Schwarte
3–4 Eßl. Olivenöl
750 g Hirschragout
400 g Dosentomaten
Salz
schwarzer Pfeffer, frisch gemahlen
Muskatnuß, frisch gerieben
1 Lorbeerblatt
2 Gewürznelken
1 Messerspitze getrockneter Thymian
125 ccm Fleischbrühe
400 g Tagliatelle (Bandnudeln)
1 Eßl. Butter
3 Eßl. Parmesan, frisch gerieben

Exklusiv

Pro Portion etwa:
3700 kJ/880 kcal
61 g Eiweiß · 37 g Fett
75 g Kohlenhydrate

- Zubereitungszeit: etwa
  2 1/2 – 3 Stunden

1. Die Zwiebel, den Knoblauch, die Möhren, den Sellerie und den Speck fein hacken.

2. Das Fleisch in 2–3 cm große Würfel schneiden. Das Öl erhitzen. Das Fleisch darin bei starker Hitze portionsweise anbraten, dann herausnehmen. Das Gemüse und den Speck etwa 10 Minuten in Öl braten. Die Tomaten mit dem Saft dazugeben und mit einer Gabel zerdrücken. Mit Salz, Pfeffer, Muskat, dem Lorbeerblatt, den Nelken und dem Thymian würzen. Das Fleisch darauf legen. Die heiße Brühe dazugießen. Das Ragout zugedeckt bei schwacher Hitze in 1 1/2 – 2 Stunden garen.

3. Die Nudeln in Salzwasser »al dente« kochen. Dann abtropfen lassen und mit der Butter vermischen. Mit dem Ragout und dem Parmesan servieren.

Maccheroni con ragù d'agnello

Makkaroni mit Lammragout

Zutaten für 4 Personen:
750 g Lammschulter ohne Knochen
1 Zwiebel
2 Stangen Bleichsellerie
800 g Dosentomaten
6 Eßl. Olivenöl
1/8 l trockener Weißwein · Salz
2 Prisen gemahlener Peperoncino (kleine, scharfe Pfefferschote), ersatzweise Cayennepfeffer
2 Lorbeerblätter · 400 g Makkaroni
50 g Pecorino (Schafkäse), frisch gerieben

Für Gäste

Pro Portion etwa:
5100 kJ/1200 kcal
49 g Eiweiß · 77 g Fett
76 g Kohlenhydrate

- Zubereitungszeit: etwa
  2 Stunden

1. Das Fleisch in 1 cm große Würfel schneiden. Die Zwiebel und den Sellerie kleinhacken. Die Tomaten etwas abtropfen lassen, den Saft dabei auffangen. Das Fruchtfleisch grob zerkleinern.

2. 5 Eßlöffel Öl erhitzen, die Lammwürfel darin bei starker Hitze rundum braun anbraten. Dann die Zwiebel und den Sellerie bei mittlerer Hitze etwa 5 Minuten mitbraten. Den Wein angießen und unter Rühren verdampfen lassen. Die Tomaten ohne den Saft dazugeben. Mit Salz, dem Peperoncino und den Lorbeerblättern würzen. Zugedeckt bei schwacher Hitze etwa 1 1/2 Stunden garen. Bei Bedarf etwas Tomatensaft dazugießen.

3. Die Nudeln in 4–5 cm lange Stücke brechen. In Salzwasser mit dem restlichen Öl »al dente«, bißfest, kochen und abtropfen lassen. Mit dem Ragout und dem Käse servieren.

Bild oben: Tagliatelle al cervo
Bild unten:
Maccheroni con ragù d'agnello

Spaghetti al tonno e pomodori

Spaghetti mit Thunfischragout

Italiener essen gerne Fisch. An der Küste ist es kein Problem, Meeresbewohner aller Art zu bekommen. Die Menschen im Landesinneren jedoch mußten sich zum Thema Fischkonserven etwas einfallen lassen. So sind die zahlreichen Rezepte für »sugo al tonno«, Thunfischragout, entstanden.

Zutaten für 4 Personen:
2 Knoblauchzehen
4 Sardellenfilets
200 g Thunfisch in Öl
(Nettoeinwaage)
400 g Dosentomaten
3 EBl. natives Olivenöl extra
1 Messerspitze gemahlener Peperoncino (kleine, scharfe Pfefferschote), ersatzweise Cayennepfeffer
Salz
Nach Belieben 2–3 EBl. Gemüsebrühe
1 Bund Petersilie
400 g Spaghetti

Preiswert

Pro Portion etwa:
2400 kJ/570 kcal
29 g Eiweiß · 19 g Fett
71 g Kohlenhydrate

- Zubereitungszeit: etwa 50 Minuten

1. Die Knoblauchzehen schälen und mit den Sardellenfilets fein hacken. Den Thunfisch abtropfen lassen und mit einer Gabel breiig zerdrücken. Die Tomaten grob zerkleinern.

2. Das Olivenöl erhitzen. Den Knoblauch und die Sardellen darin bei schwacher Hitze etwa 5 Minuten braten. Den Thunfisch dazugeben, mit dem Peperoncino und etwas Salz würzen. Etwa 5 Minuten weiterbraten. Die Tomaten dazugeben. Alles bei mittlerer Hitze etwa 20 Minuten offen eindicken lassen.

3. Wenn die Sauce zu dick wird, eventuell mit der Brühe verdünnen. Die Petersilie waschen, trockenschwenken und fein hacken. Die gehackten Kräuter kurz vor Ende der Garzeit unter die Thunfischsauce mischen. Die Sauce nochmals abschmecken.

4. In einem großen Topf die Spaghetti in reichlich Salzwasser »al dente«, bißfest, kochen. In ein Sieb gießen und gut abtropfen lassen. Die Nudeln mit der Sauce vermischen. Zugedeckt bei abgeschalteter Herdplatte noch 2–3 Minuten ziehen lassen. Ohne Käse servieren. Sie können Nudeln und Sauce auch getrennt reichen.

Spaghetti alla puttanesca

Spaghetti in pikanter Tomaten-Sardellen-Sauce

Diese Spezialität stammt ursprünglich von der Insel Ischia. Sie ist einfach, raffiniert und ungewöhnlich köstlich! Deshalb hat sich dieses Gericht längst von der Insel aus über das gesamte italienische Festland verbreitet. Wenn Sie's noch nicht kennen, sollten Sie es einfach mal probieren!

Zutaten für 4 Personen:
3 Knoblauchzehen
8–10 Sardellenfilets
150 g schwarze Oliven
1–2 EßI. Kapern
500 g reife Fleischtomaten
6–8 EßI. Olivenöl, kaltgepreßt
Salz
1 Messerspitze gemahlener Peperoncino (kleine, scharfe Pfefferschote), ersatzweise Cayennepfeffer
400 g Spaghetti

Raffiniert

Pro Portion etwa:
3000 kJ/710 kcal
26 g Eiweiß · 38 g Fett
75 g Kohlenhydrate

- Zubereitungszeit: etwa 1 Stunde

1. Die Knoblauchzehen schälen und in dünne Scheibchen schneiden. Die Sardellenfilets fein hacken oder wiegen. Die Oliven entkernen und grob hacken. Die Kapern ebenfalls fein hacken.

2. Die Tomaten kurz mit kochendem Wasser überbrühen, häuten und vierteln. Dabei die Stielansätze und die Kerne entfernen. Das Fruchtfleisch grob zerkleinern.

3. Das Öl erhitzen. Den Knoblauch bei schwacher Hitze kurz anbraten. Die Sardellen dazugeben und zu Brei zerdrücken. Die Oliven, die Kapern und die Tomaten dazugeben. Mit wenig Salz und dem Peperoncino würzen. Zugedeckt etwa 30 Minuten bei schwacher Hitze schmoren.

4. Inzwischen in einem großen Topf reichlich Salzwasser zum Kochen bringen und darin die Spaghetti »al dente«, bißfest, kochen. Die Nudeln in ein Sieb gießen und gut abtropfen lassen. Eine Schüssel vorwärmen. Die Nudeln darin gründlich mit der Sauce mischen. Ohne Käse servieren.

Nudeln mit Krabben-Kräutersahne

Zutaten für 4 Personen:
60 g Lauch (etwa 1/4 Lauchstange)
3 Knoblauchzehen
2 frische rote Peperoni
1 Bund gemischte Kräuter (mit Oregano, Thymian, Basilikum)
350 g Dinkel-Bandnudeln
3 Eßl. Olivenöl
1 Eßl. Mehl
1/8 l trockener Weißwein
200 g Sahnedickmilch oder Schmand
200 g Nordseekrabben
Salz · Pfeffer, frisch gemahlen
100 g Pecorino, frisch gerieben

Geht schnell

Pro Portion etwa:
2400 kJ/570 kcal
32 g Eiweiß · 19 g Fett
62 g Kohlenhydrate

- Zubereitungszeit: etwa 30 Minuten

1. Den Lauch waschen, putzen und ganz klein würfeln. Die Knoblauchzehen schälen und fein hacken. Die Peperoni waschen, längs aufschlitzen und unter fließendem Wasser die Kerne mit einem Messer auskratzen, die Schoten fein würfeln. Die Kräuter waschen, trockenschütteln und ohne die harten Stiele fein hacken.

2. Die Bandnudeln in reichlich Salzwasser in etwa 9 Minuten bißfest kochen. Inzwischen Lauch- und Knoblauchwürfel in dem Olivenöl anbraten. Das Mehl darüber streuen und mit dem Weißwein und der Sahnedickmilch aufgießen. Peperoni, die Krabben und die gehackten Kräuter einrühren, mit Salz und Pfeffer abschmecken. Die Nudeln abgießen, mit der Sauce mischen und mit dem geriebenen Pecorino bestreut servieren.

Spaghetti mit Meeresfrüchten

Zutaten für 4 Personen:
400 g Miesmuscheln oder Vongole
4 Riesengarnelen
2 Knoblauchzehen
2 Eßl. Olivenöl
250 ml Weißwein · Salz
weißer Pfeffer, frisch gemahlen
4 kleine Schollenfilets
100 g kleine Garnelen
350 g Spaghetti
75 g Doppelrahm-Frischkäse
3 Eßl. Milch
3 Zweige frisches Basilikum

Aufwendig

Pro Portion etwa:
3000 kJ/710 kcal
71 g Eiweiß · 16 g Fett
64 g Kohlenhydrate

- Zubereitungszeit: etwa 1 Stunde

1. Die Muscheln waschen, die Bärte abziehen. Beschädigte und geöffnete Muscheln wegwerfen.

2. Die Riesengarnelen längs halbieren, den Darm auf der Rückseite entfernen. Die Knoblauchzehen schälen und fein hacken. Die Garnelen mit Knoblauch in heißem Olivenöl kurz anbraten, herausnehmen. Den Wein angießen, aufkochen, salzen, pfeffern und die Muscheln darin etwa 5 Minuten garen, bis sie sich geöffnet haben. Aus dem Topf heben, das Muschelfleisch auslösen, geschlossene Schalen aber wegwerfen.

3. Die Schollenfilets schräg in Streifen schneiden, mit den Garnelen im gleichen Sud etwa 3 Minuten garen, herausheben. Den Sud vom Bodensatz abgießen und auf die Hälfte einkochen.

4. Die Spaghetti in reichlich kochendem Salzwasser in etwa 9 Minuten »al dente« kochen. Den Frischkäse zerdrücken und mit der Milch glattrühren. Das Basilikum waschen, trockenschütteln und fein hacken. Meeresfrüchte in der Sauce erwärmen, Frischkäsecreme und das Basilikum einrühren. Über die abgegossenen Spaghetti verteilen und servieren.

Im Bild oben:
Spaghetti mit Meeresfrüchten
Im Bild unten:
Nudeln mit Krabben-Kräutersahne

Spaghetti con i gamberetti

Spaghetti mit Garnelen

Zutaten für 4 Personen:
350 g ausgelöste Garnelen, frisch oder tiefgefroren
3 Knoblauchzehen
5 Zweige Basilikum
1/2 Bund Petersilie
300 g reife Fleischtomaten
100 g Butter
Salz
weißer Pfeffer, frisch gemahlen
400 g dünne Spaghetti oder Bucatini (dünne Makkaroni)
1 Eßl. Olivenöl

Für Gäste

Pro Portion etwa:
2600 kJ/620 kcal
27 g Eiweiß · 25 g Fett
72 g Kohlenhydrate

- Zubereitungszeit: etwa 45 Minuten

1. Die tiefgekühlten Garnelen auftauen lassen. Den Knoblauch ganz fein hacken. Das Basilikum und die Petersilie ebenfalls getrennt fein hacken. Die Tomaten überbrühen, häuten und vierteln. Das Fruchtfleisch ohne Stielansätze und Kerne fein hacken.

2. Die Garnelen waschen und grob zerkleinern. Die Butter nicht zu stark erhitzen. Den Knoblauch darin unter Rühren etwa 5 Minuten bei schwacher Hitze braten, bis er ganz leicht gelb wird. Die Garnelen hinzufügen; ein paarmal umrühren. Die Tomaten und das Basilikum dazugeben. Alles salzen und pfeffern und etwa 15 Minuten zugedeckt bei schwacher Hitze köcheln lassen.

3. Die Nudeln in Salzwasser und dem Öl »al dente«, bißfest, garen. Abtropfen lassen und mit der Petersilie und dem Garnelensugo vermischen oder beides getrennt servieren.

Spaghetti al sugo di pesce

Spaghetti mit sizilianischem Fischsugo

Zutaten für 4 Personen:
450 g Goldbarschfilet
Saft von 1 Zitrone
2 Knoblauchzehen
50 g grüne Oliven ohne Stein
3 Sardellenfilets
1 Eßl. Kapern
1 Bund Petersilie
400 g Dosentomaten
5 Eßl. natives Olivenöl extra
1/8 l trockener Weißwein
Salz
2 Prisen gemahlener Peperoncino (kleine, scharfe Pfefferschote), ersatzweise Cayennepfeffer
400 g Spaghetti
1 Eßl. Olivenöl

Raffiniert

Pro Portion etwa:
2700 kJ/640 kcal
39 g Eiweiß · 20 g Fett
74 g Kohlenhydrate

- Zubereitungszeit: etwa 1 Stunde

1. Die Fischfilets mit dem Zitronensaft beträufeln. Den Knoblauch durchpressen. Die Oliven grob zerkleinern. Die Sardellen, die Kapern und die Petersilie kleinhacken. Die Tomaten etwas abtropfen lassen, den Saft dabei auffangen. Die Tomaten dann durch ein Sieb passieren.

2. Das Öl erhitzen. Den Knoblauch, die Oliven, die Sardellen und die Kapern etwa 5 Minuten darin bei schwacher Hitze anbraten. Mit dem Wein ablöschen und die Flüssigkeit unter Rühren bei mittlerer Hitze verdampfen lassen. Die passierten Tomaten dazugeben. Mit Salz und dem Peperoncino würzen und etwa 15 Minuten zugedeckt köcheln lassen. Bei Bedarf etwas Tomatensaft zugeben. Die Petersilie unterziehen. Die Fischfilets leicht salzen. In die Sauce geben und zugedeckt bei schwacher Hitze etwa 10 Minuten garen. Zwischendurch einmal wenden.

3. Die Spaghetti in Salzwasser und dem Öl »al dente«, bißfest, kochen und abtropfen lassen.

4. Das Fischfilet mit zwei Gabeln zerzupfen und durchmischen. Die Nudeln gründlich mit dem »sugo« vermengen oder beides getrennt servieren.

Bild oben: Spaghetti con i gamberetti
Bild unten:
Spaghetti al sugo di pesce

Conchiglie al pesce

Muschelnudeln mit Fischsauce

Zutaten für 4 Personen:
1 Möhre
2 Zwiebeln
3 Petersilienzweige
1/2 Lorbeerblatt
4 Pfefferkörner
Salz
1 Teel. Zitronensaft
500 g Kabeljau im Stück
3 Knoblauchzehen
5 Sardellenfilets
8 Eßl. Olivenöl, kaltgepreßt
1 1/2 Eßl. Tomatenmark
Salz · 1 Eßl. Olivenöl
400 g Conchiglie (Muschelnudeln)
3 Eßl. trockener Marsala
weißer Pfeffer, frisch gemahlen

Raffiniert

Pro Portion etwa:
2800 kJ/670 kcal
41 g Eiweiß · 22 g Fett
75 g Kohlenhydrate

- Zubereitungszeit: etwa 1 1/2 Stunden

1. Die Möhre schälen und in Scheiben schneiden. 1 Zwiebel ebenfalls schälen und in Achtel schneiden. Die Petersilienzweige waschen.

2. In einem mittelgroßen Topf die Möhrenscheiben, die Zwiebelachtel, die Petersilie, das Lorbeerblatt und die Pfefferkörner etwa 20 Minuten in 1 l Wasser zugedeckt kochen lassen. Salzen und den Zitronensaft hinzufügen.

3. Dann den Fisch zugedeckt in dem Sud bei schwacher Hitze garziehen lassen, bis man die Flossen herausziehen kann (das dauert etwa 20 Minuten). Das Fischstück aus dem Sud heben und etwas abkühlen lassen. Den Sud durch ein Sieb gießen und etwa 1/8 l abmessen.

4. Die restliche Zwiebel schälen und fein hacken. Die Knoblauchzehen schälen und in dünne Scheiben schneiden. Die Sardellen klein hacken.

5. Das Fischfleisch ohne Haut, Flossen und Gräten fein hacken.

6. In einer großen Kasserolle 5 Eßlöffel Olivenöl erhitzen, die Zwiebel darin unter Rühren bei mittlerer Hitze in etwa 5 Minuten weich braten (sie darf dabei aber nicht braun werden). Dann den zerkleinerten Fisch dazugeben und etwa 5 Minuten mitbraten. Das Tomatenmark in dem 1/8 l Fischsud glattrühren, dann in die Kasserolle gießen. Die Sauce bei ganz schwacher Hitze zugedeckt etwa 10 Minuten ziehen lassen.

7. Inzwischen in einer kleinen Pfanne das restliche Olivenöl erhitzen. Die Knoblauchscheiben darin bei schwacher Hitze so lange braten, bis sie ganz leicht gelb werden. Dann die Sardellenfilets dazugeben und mit einer Gabel so lange rühren, bis sie cremig werden.

8. Reichlich Salzwasser mit dem 1 Eßlöffel Öl zum Kochen bringen und darin die Nudeln »al dente«, bißfest, garen. Dann gut abtropfen lassen.

9. Die Sardellensauce zu der Fischsauce geben. Den Marsala dazugießen. Die Sauce mit Salz und Pfeffer kräftig abschmecken und gut durchrühren.

10. Die Nudeln in der Kasserolle mit der Fischsauce vermischen und zugedeckt bei abgeschalteter Herdplatte noch 2–3 Minuten ziehen lassen. Nicht ganz original, aber optisch hübsch sieht das Gericht aus, wenn Sie Nudeln und Sauce getrennt servieren. Zu diesem Gericht reicht man keinen Käse.

Fisch paßt nicht nur zu Kartoffeln! In trautem Verein mit Nudeln sorgt er für neue köstliche Geschmackserlebnisse. Der Beweis: Conchiglie al pesce

Spaghetti con le seppie

Spaghetti mit Tintenfischsauce

Tintenfische schmecken nicht nur gegrillt oder fritiert, sie können einem schlichten Nudelgericht auch kulinarische Extravaganz verleihen.

Zutaten für 4 Personen:
500 g frische oder tiefgefrorene, küchenfertig vorbereitete Tintenfische (Sepie oder Calamari)
400 g Dosentomaten
1 Zwiebel
2 Knoblauchzehen
1 Stange Bleichsellerie · 1 Möhre
1 Bund Petersilie
1 Zweig Rosmarin (ersatzweise
1 Prise getrockneter Rosmarin)
5 Eßl. Olivenöl, kaltgepreßt
3 Eßl. Schweineschmalz
4–6 Eßl. trockener Weißwein oder Gemüsebrühe
Salz
schwarzer Pfeffer, frisch gemahlen
400 g Spaghetti

Exklusiv

Pro Portion etwa:
3000 kJ/710 kcal
35 g Eiweiß · 27 g Fett
78 g Kohlenhydrate

- Zubereitungszeit: etwa 2 Stunden

1. Tiefgefrorene Tintenfische auftauen. Die Tintenfische waschen und von den Chitinstreifen befreien. Die Fangarme in Stücke, die Körper in etwa 1/2 cm breite Streifen oder Ringe schneiden.

2. Die Tomaten in ein Sieb geben, leicht abtropfen lassen, dann durch ein Sieb passieren. Oder die Tomaten im Mixer oder mit dem Pürierstab fein pürieren.

3. Die Zwiebel schälen und fein hacken. Die Knoblauchzehen schälen und durch die Presse drücken. Den Sellerie putzen, eventuell von harten Außenfäden befreien, waschen und in dünne Scheibchen schneiden. Die Möhre waschen, schälen und grob raspeln. Die Petersilie waschen, trockenschwenken und kleinschneiden. Den Rosmarin waschen, die Nadeln abzupfen und fein wiegen oder schneiden.

4. In einer Kasserolle 4 Eßlöffel Olivenöl und das Schweineschmalz erhitzen. Die Zwiebel, den Knoblauch, den Sellerie und die Möhre darin bei mittlerer Hitze etwa 5 Minuten unter Rühren braten.

5. Dann die zerkleinerten Fangarme dazugeben und bei schwacher Hitze zugedeckt so lange mitbraten, bis sie fast weich sind (das dauert etwa 20 Minuten; die Dauer hängt von der Größe der Tintenfische ab). Ab und zu etwas Weißwein angießen.

6. Die Petersilie und den Rosmarin hinzufügen und etwa 5 Minuten offen mitbraten. Die Tintenfischstreifen oder -ringe untermischen und unter Umrühren ebenfalls 4–5 Minuten mitbraten. Dann die Tomaten dazugeben. Alles mit Salz und reichlich Pfeffer würzen. Die Tintenfische zugedeckt bei schwacher Hitze je nach Qualität in 1/2 bis 1 Stunde weich dünsten (Bißprobe).

7. Inzwischen die Nudeln in reichlich Salzwasser und dem restlichen Öl »al dente«, bißfest, kochen, in ein Sieb abgießen und gut abtropfen lassen. Eine Schüssel vorwärmen.

8. Die Spaghetti in der Schüssel gründlich mit dem Tintenfischragout mischen oder Sauce und Spaghetti getrennt servieren. Zu diesem Gericht keinen Käse reichen.

In nördlichen Landen haben gute Tintenfischrezepte Seltenheitswert. Mit den Spaghetti con le seppie können Sie Ihr Rezeptrepertoire »aufpolieren«.

Spaghetti alle vongole

Spaghetti mit Venusmuscheln

Ein Lieblingsgericht vieler Italienurlauber. Frische Venusmuscheln können Sie jetzt auch bei uns öfter kaufen. Grund genug, um sich dieses famose Gericht auch ab und zu zu Hause zu gönnen.

Zutaten für 4 Personen:
1 kg Venusmuscheln (Vongole)
6 Eßl. Olivenöl, kaltgepreßt
1 kleine Zwiebel
3 Knoblauchzehen
etwa 12 große Basilikumblätter
350 g reife Fleischtomaten
1–2 Prisen gemahlener Peperoncino (kleine, scharfe Pfefferschote), ersatzweise Cayennepfeffer
Salz
400 g Spaghetti

Braucht etwas Zeit

Pro Portion etwa:
2300 kJ/550 kcal
22 g Eiweiß · 20 g Fett
72 g Kohlenhydrate

- Zubereitungszeit: etwa 1 3/4 Stunden

1. Die Venusmuscheln unter fließendem Wasser gründlich waschen. Alle Muscheln, deren Schalen geöffnet oder zerbrochen sind, wegwerfen. Die Vongole in einem Sieb gut abtropfen lassen. Die Muscheln mit einem Eßlöffel Öl in einen Topf geben und zudecken.

2. Bei starker Hitze so lange garen, bis sich fast alle Schalen geöffnet haben (etwa 10 Minuten). Den Topf zwischendurch kräftig rütteln, damit die Vongole gleichmäßig garen. Dann in einem Sieb abtropfen lassen (den Kochsaft auffangen). Geschlossene Muscheln wegwerfen.

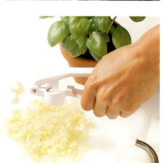

3. Die Zwiebel schälen und fein hacken. Den Knoblauch schälen und durch die Presse drücken. Die Basilikumblätter, wenn nötig, waschen, trockentupfen und kleinhacken.

4. Die Tomaten kurz mit kochendem Wasser überbrühen, häuten, vierteln, dabei die Stielansätze und die Kerne entfernen. Das Fruchtfleisch kleinhacken.

5. Das restliche Öl erhitzen. Die Zwiebel etwa 5 Minuten unter Rühren braten, den Knoblauch und das Basilikum etwa 2 Minuten mitbraten (der Knoblauch darf dabei nicht braun werden). Die Tomaten dazugeben und etwa 30 Minuten bei mittlerer Hitze zugedeckt köcheln lassen.

Variante:
Spaghetti alle vongole in bianco
6 Knoblauchzehen schälen und mit einer Gabel oder einer breiten Messerklinge zerdrücken. In einer großen Pfanne mit 6 Eßlöffeln Olivenöl und einem Stück Peperoncino bei mittlerer Hitze so lange braten, bis der Knoblauch beinahe schwarz ist. Dann den Knoblauch und den Peperoncino entfernen. Die Muscheln nach Rezept vorbereiten, dann in die Pfanne geben, zudecken und so lange erhitzen, bis sich fast alle Schalen geöffnet haben. Die Nudeln inzwischen »al dente« kochen und abgießen, dabei 4 Eßlöffel Kochwasser auffangen und zu den Muscheln gießen. Die Spaghetti in vorgewärmte Suppenteller geben. Die Muscheln in der Schale mit dem Kochsud darüber verteilen. 1 Bund grob gehackte Petersilie darüber streuen. Eine Pfeffermühle, eine Schüssel für die leeren Schalen und Fingerschälchen mit Papierservietten bereitstellen.

6. Den Muschelsud durch ein feines Haarsieb oder ein Tuch filtern, damit der Sand entfernt wird. Dann zur Tomatensauce gießen. Mit dem Peperoncino pikant abschmecken und bei Bedarf mit Salz würzen (das Muschelwasser ist bereits salzhaltig!).

7. In einem großen Topf die Spaghetti in reichlich Salzwasser »al dente«, bißfest, kochen. Inzwischen die Muscheln aus ihren Schalen lösen und das Muschelfleisch nach 2–3 Minuten in der Tomatensauce ziehen lassen. Eine Schüssel vorwärmen.

8. Die Nudeln in ein Sieb gießen und gut abtropfen lassen. Dann in der vorgewärmten Servierschüssel gründlich mit der Muschelsauce vermischen. (Zu diesem Gericht serviert man keinen Käse).

24x Knusprige Pasta
aus dem Ofen

Nudeln, Gemüse, Käse, dazu vielleicht etwas Schinken, Hackfleisch oder auch Sardellen, das ergibt Pasta-Auflauf, Pasta gratiniert, Pasta überbacken oder eine der vielen leckeren Lasagne-Variationen. Probieren Sie sich durch, vom Nudelauflauf mit Broccoli bis zur Lasagne alla contessa.

Nudelauflauf mit Broccoli

Zutaten für 4 Personen:
150 g Vollkorn-Hörnchennudeln
Salz
600 g Broccoli
150 g Tomaten
1 Bund Petersilie
weißer Pfeffer, frisch gemahlen
Muskatnuß, frisch gerieben
4 Eier
250 g Frischkäse
75 g Emmentaler, frisch gerieben

Gelingt leicht

Pro Portion etwa:
1600 kJ/380 kcal
30 g Eiweiß · 16 g Fett
30 g Kohlenhydrate
7 g Ballaststoffe

- Zubereitungszeit: etwa 1 1/2 Stunden

1. Für die Nudeln reichlich Wasser mit 1 kräftigen Prise Salz zum Kochen bringen. Die Nudeln darin knapp »al dente« garen. Die Nudeln abschrecken und abtropfen lassen.

2. Den Broccoli waschen. Die Röschen abschneiden, die Stiele schälen. Den Broccoli in reichlich sprudelnd kochendem Salzwasser etwa 2 Minuten blanchieren, dann abschrecken und abtropfen lassen.

3. Die Tomaten häuten und klein würfeln. Die Petersilie waschen und fein hacken.

4. Das Gemüse mit den Nudeln und der Petersilie mischen und mit Salz, Pfeffer und Muskat abschmecken.

5. Die Eier trennen. Die Eigelbe mit dem Frischkäse und dem Emmentaler gründlich verquirlen und unter die Gemüsemasse mischen. Die Eiweiße steif schlagen und unterheben.

6. Die Nudelmasse in eine feuerfeste Form füllen.

7. Die Form in den Backofen (Mitte) stellen. Den Auflauf bei 200° etwa 45 Minuten backen, bis er schön gebräunt ist.

Nudelauflauf mit Gemüse und Schafkäse

Zutaten für 4 Personen:
150 g Vollkorn-Bandnudeln
Salz
200 g Schafkäse
1 junger Zucchino
1 rote Paprikaschote
1 Bund Frühlingszwiebeln
100 g kleine Champignons
1 Eßl. Zitronensaft
weißer Pfeffer, frisch gemahlen
Cayennepfeffer
4 Eier
200 g Sahne
75 g Parmesan, frisch gerieben

Gelingt leicht

Pro Portion etwa:
2500 kJ/600 kcal
29 g Eiweiß · 39 g Fett
28 g Kohlenhydrate
5 g Ballaststoffe

- Zubereitungszeit: etwa 1 1/2 Stunden

1. Reichlich Wasser mit 1 kräftigen Prise Salz zum Kochen bringen. Die Nudeln in Stücke brechen und darin knapp »al dente« garen. Die Nudeln dann abschrecken und abtropfen lassen.

2. Den Schafkäse klein würfeln. Den Zucchino putzen und in dickere Stifte schneiden. Die Paprikaschote waschen, putzen und in kleine Würfel schneiden. Die Frühlingszwiebeln putzen und in feine Ringe schneiden. Die Champignons putzen, vierteln und mit dem Zitronensaft mischen.

3. Die Nudeln mit dem Schafkäse und dem Gemüse mischen und mit Salz, Pfeffer und Cayennepfeffer pikant abschmecken.

4. Die Eier trennen. Die Eigelbe mit der Sahne und dem Käse verquirlen und unter die Nudelmasse mischen. Die Eiweiße steif schlagen und vorsichtig unterheben.

5. Die Nudelmasse in eine feuerfeste Form füllen.

6. Die Form in den Backofen (Mitte) geben. Den Auflauf bei 200° etwa 45 Minuten garen, bis er schön gebräunt ist.

Im Bild vorne: Nudelauflauf mit Gemüse und Schafkäse
Im Bild hinten:
Nudelauflauf mit Broccoli

Crostata ai funghi

Gratin mit Bandnudeln und Pilzen

Zutaten für 4 Personen:
300 g Champignons
100 g Fontina (italienischer Schnittkäse)
Salz
140 g Butter
50 g Mehl
1/2 l Milch
weißer Pfeffer, frisch gemahlen
Muskatnuß, frisch gemahlen
350 g schmale Bandnudeln
2 Eigelb
3 Eßl. Parmesan, frisch gerieben

Gelingt leicht

Pro Portion etwa:
4200 kJ/1000 kcal
38 g Eiweiß · 63 g Fett
74 g Kohlenhydrate

- Zubereitungszeit: etwa 1 Stunde

1. Die Pilze wenn nötig abbrausen und trockentupfen, besser aber nur mit Küchenpapier sauberreiben. Die Pilze in Scheibchen schneiden. Den Fontinakäse ebenfalls in dünne Scheibchen schneiden oder hobeln. In einem großen Topf reichlich Salzwasser zum Kochen bringen.

2. 50 g Butter schmelzen. Das Mehl darin goldgelb anschwitzen lassen. Die Milch langsam hinzugießen, dabei mit dem Schneebesen kräftig rühren. Mit Salz, Pfeffer und Muskat würzen. Die Sauce kurz aufkochen, dann den Fontinakäse in der Sauce schmelzen lassen. Den Backofen auf 220° vorheizen.

3. Die Pilze in 30 g Butter bei schwacher Hitze offen in etwa 10 Minuten garen. Inzwischen die Nudeln im Salzwasser »al dente«, bißfest, kochen, dann gut abtropfen lassen. Im selben Kochtopf mit 50 g Butter, den Eigelben und einem Drittel der Sauce gründlich vermischen. Die Pilze mit etwas Saft gut unterziehen.

4. Eine feuerfeste Form mit der restlichen Butter ausstreichen. Die Nudelmasse einfüllen. Die restliche Béchamelsauce darüber gießen, die Oberfläche glattstreichen. Das Nudelgratin mit dem Parmesan bestreuen. Im Backofen (Mitte) in etwa 15 Minuten goldgelb überbacken.

Nudelauflauf

Pastítsio

Nudelfans schlägt bei diesem Auflauf das Herz höher. In Griechenland gehört er zum festen Repertoire der Alltagsküche und Tavernen. Servieren Sie ihn in Quadrate geschnitten und mit einem frischen bunten Salat!

Zutaten für 6 Personen:
250 g Makkaroni (möglichst aus Hartweizengrieß)
4 Eßl. Olivenöl
1 mittelgroße Zwiebel
600 g Rinderhackfleisch
3 Fleischtomaten (etwa 700 g)
1 Bund glatte Petersilie
Salz
Pfeffer, frisch gemahlen
je 1 Messerspitze Zimt- und Pimentpulver
1/4 l trockener Weißwein
40 g Butter
4 Eßl. Mehl
3/4 l Milch
1 Prise Muskatnuß, frisch gerieben
1 Eßl. Zitronensaft
3 Eier
100 g Kefalotiri-Käse oder Parmesan, frisch gerieben
Fett für die Form

Gelingt leicht

Pro Portion etwa:
5100 kJ/1200 kcal
61 g Eiweiß · 72 g Fett
72 g Kohlenhydrate

- Zubereitungszeit: etwa 1 Stunde 40 Minuten

1. Die Makkaroni in Salzwasser bißfest kochen. Das Olivenöl erhitzen. Die Zwiebel fein würfeln und darin andünsten. Das Hackfleisch dazugeben. Die Tomaten häuten, klein würfeln und untermischen. Die Petersilie fein hacken, mit den Gewürzen und dem Weißwein unterrühren und alles etwa 10 Minuten köcheln.

2. Die Butter erhitzen, das Mehl einrühren, anschwitzen und langsam die Milch dazugießen. Etwa 3 Minuten unter Rühren köcheln, mit Salz, Pfeffer, der Muskatnuß und dem Zitronensaft würzen, etwas abkühlen lassen, dann 2 Eier unterrühren. Den Backofen auf 180° vorheizen.

3. Eine feuerfeste Form aufsetzen. Die Hälfte der Makkaroni hineinschichten und etwas von dem Käse darüber streuen. Das übrige Ei unter das Hackfleisch rühren und die Mischung auf die Nudeln streichen. Die restlichen Makkaroni darüber legen, mit der Sauce begießen und mit dem restlichen Käse bestreuen.

4. Die Form in den Backofen (Mitte) schieben und das Gericht in etwa 40 Minuten fertigbacken, bis die Oberfläche schön gebräunt ist. Dann aus dem Backofen nehmen, den Auflauf in Quadrate schneiden und servieren. Dazu paßt ein leichter griechischer Weißwein oder ein Bier.

Gratinierte Nudeln mit Wirsing

Zutaten für 4 Personen:
200 g Vollkorn-Bandnudeln
Salz
400 g Wirsing
200 g kleine Champignons
1 Eßl. Zitronensaft
weißer Pfeffer, frisch gemahlen
Cayennepfeffer
200 g Sahne
1 Döschen gemahlener Safran
100 g Pecorino
1 Eßl. Butter

Gelingt leicht

Pro Portion etwa:
2000 kJ/480 kcal
21 g Eiweiß · 27 g Fett
37 g Kohlenhydrate
7 g Ballaststoffe

- Zubereitungszeit: etwa 1 1/4 Stunden

1. Die Nudeln in Stücke brechen, dann in reichlich sprudelnd kochendem Salzwasser etwa 3 Minuten knapp »al dente« garen. Die Nudeln in einem Sieb mit kaltem Wasser überspülen und gründlich abtropfen lassen.

2. Den Wirsing putzen, gründlich waschen und vom Strunk befreien. Den Wirsing in feine Streifen schneiden. Die Streifen in kochendem Salzwasser etwa 2 Minuten blanchieren, dann ebenfalls kalt abschrecken. Anschließend sehr gut abtropfen lassen.

3. Die Pilze putzen und eventuell kurz kalt abspülen, vierteln und mit dem Zitronensaft mischen.

4. Die Nudeln mit dem Wirsing und den Pilzen mischen und mit Salz, Pfeffer und Cayennepfeffer pikant abschmecken.

5. Die Masse in eine feuerfeste Form geben. Die Sahne mit dem Safran verrühren und darüber gießen.

6. Den Käse fein reiben und auf dem Gratin verteilen. Die Butter in Flöckchen schneiden und darauf legen.

7. Die Form in den Backofen (Mitte) geben. Den Ofen auf 220° schalten und das Gratin etwa 35 Minuten garen, bis es schön gebräunt ist.

Spaghettigratin mit Erbsen

Zutaten für 4 Personen:
200 g Vollkorn-Spaghetti
Salz
1/2 Bund frischer Estragon
500 g ausgepalte Erbsen, frisch oder tiefgefroren
weißer Pfeffer, frisch gemahlen
Muskatnuß, frisch gerieben
200 g Mozzarella
150 g Sahne
75 g Parmesan, frisch gerieben

Preiswert

Pro Portion etwa:
2400 kJ/570 kcal
32 g Eiweiß · 27 g Fett
47 g Kohlenhydrate
11 g Ballaststoffe

- Zubereitungszeit: etwa 1 Stunde

1. Die Nudeln in Stücke brechen, dann in reichlich kochendem Salzwasser etwa 3 Minuten garen. Kalt abschrecken und abtropfen lassen.

2. Den Estragon waschen, trockenschwenken und ohne die groben Stiele fein hacken.

3. Die Nudeln mit den Erbsen und dem Estragon mischen und mit Salz, Pfeffer und Muskat abschmecken. Den Mozzarella abtropfen lassen und klein würfeln. Mit der Sahne unter die Nudelmasse mischen.

4. Die Nudelmasse in eine feuerfeste Form geben und mit dem Parmesan bestreuen.

5. Die Form in den Backofen (Mitte) geben. Den Ofen auf 220° schalten und das Gratin etwa 35 Minuten garen, bis es schön gebräunt ist.

Im Bild vorne:
Spaghettigratin mit Erbsen
Im Bild hinten:
Gratinierte Nudeln mit Wirsing

Makkaroni nach baskischer Art

Macarrones a la vasca

Zutaten für 4 Personen:
400 g Makkaroni
200 g alter Manchego (pikanter Hartkäse) oder Emmentaler
200 g Butter
schwarzer Pfeffer, frisch gemahlen

Gelingt leicht

Pro Portion etwa:
3800 kJ/900 kcal
28 g Eiweiß · 59 g Fett
67 g Kohlenhydrate

- Zubereitungszeit: etwa 45 Minuten

1. In einem großen Topf reichlich Salzwasser zum Kochen bringen. Die Makkaroni hineingeben, gut umrühren und in etwa 15 Minuten garkochen.

2. Den Käse reiben. Den Backofen auf 220° vorheizen. Eine Auflaufform mit Butter ausstreichen. Die Makkaroni abgießen.

3. Die restliche Butter würfeln. Die Makkaroni lagenweise mit Butter und Käse einfüllen. Jede Lage mit etwas Pfeffer bestreuen. Den Gratin mit einer Lage Käse abschließen. Die Makkaroni im Backofen (Mitte) etwa 15 Minuten überbacken.

Überbackene Nudelrollen

Canalones

Zutaten für 4 Personen:
125 g Kalbsbries
200 ccm Fleischbrühe
60 g Butter
125 g Schweinegeschnetzeltes
2 Zwiebeln
250 g Kalbsgeschnetzeltes
200 ccm Weißwein
2 Eßl. gemahlene Mandeln · Salz
schwarzer Pfeffer, frisch gemahlen
1 Teel. getrockneter Thymian
1 Lorbeerblatt, fein zerrieben
1 Prise Muskatnuß, frisch gerieben
25 g Mehl
1/2 l Milch
250 g Lasagneblätter
3 Eßl. geriebener Emmentaler
Butter für die Form

Braucht etwas Zeit

Pro Portion etwa:
2200 kJ/520 kcal
36 g Eiweiß · 32 g Fett
13 g Kohlenhydrate

- Zubereitungszeit: etwa 3 Stunden 20 Minuten (davon 2 Stunden zum Wässern)

1. Das Kalbsbries etwa 2 Stunden wässern, dabei das Wasser mehrmals wechseln. Das Bries in der Fleischbrühe bei schwacher Hitze etwa 15 Minuten ziehen lassen. 30 g von der Butter erhitzen. Das Schweinefleisch darin etwa 3 Minuten braten, aus der Pfanne nehmen und beiseite stellen. Die Zwiebeln schälen, hacken und im Fond hellgelb braten.

2. Das erkaltete Fleisch und das in Stücke geschnittene Bries durch die feinste Scheibe des Fleischwolfs drehen. Das Kalbsgeschnetzelte mit den Zwiebeln mischen und ebenfalls durchdrehen. Den Weißwein, die Mandeln und die Gewürze untermischen.

3. Die restliche Butter erwärmen und das Mehl unterrühren. Nach und nach die Milch zugeben und die Sauce kurz eindicken lassen.

4. In einem großen Topf die Nudeln in reichlich Salzwasser halbweich kochen, abgießen, kalt abbrausen und zum Trocknen auf ein Küchentuch legen. Den Backofen auf 180° vorheizen.

5. Die Nudeln in 10 cm lange Vierecke schneiden. Eine Auflaufform mit etwas Butter ausstreichen. Die Nudeln auslegen, mit der Fleischmasse belegen, einrollen, in die Form geben und mit der Sauce bedecken. Mit dem Käse und mit den Butterflöckchen bestreuen und im Backofen (Mitte) etwa 20 Minuten überbacken.

Bild oben: Makkaroni nach baskischer Art
Bild unten: Überbackene Nudelrollen

Nudel-Bohnen-Auflauf

Zutaten für 4 Personen:
Salz
150 g schnittfester Schafkäse
2–3 Zweige frischer Rosmarin
1 Knoblauchzehe
1 EBl. Zitronensaft
150 g beliebige Vollkornnudeln
500 g grüne Bohnen
weißer Pfeffer, frisch gemahlen
4 Eier
200 g Sahne
75 g Bergkäse, frisch gerieben
10 g Butter
1 Tomate

Gelingt leicht

Pro Portion etwa:
2600 kJ/620 kcal
28 g Eiweiß · 40 g Fett
35 g Kohlenhydrate
7 g Ballaststoffe

- Zubereitungszeit: etwa 1 1/4 Stunden

1. In 2 Töpfen reichlich Salzwasser zum Kochen bringen. Den Schafkäse würfeln. Den Rosmarin waschen, die Nadeln hacken. Den Knoblauch durch die Presse drücken. Den Schafkäse mit dem Rosmarin, dem Knoblauch und dem Zitronensaft mischen.

2. Die Nudeln im Salzwasser etwa 4 Minuten garen, abschrecken und abtropfen lassen.

3. Die Bohnen waschen und putzen, dann halbieren. Die Bohnen in sprudelnd kochendem Salzwasser etwa 3 Minuten garen, kalt abschrecken und abtropfen lassen.

4. Die Nudeln mit dem Schafkäse und den Bohnen mischen, salzen und pfeffern.

5. Die Eier trennen. Die Eigelbe mit der Sahne und dem Bergkäse verquirlen und unter die Nudelmasse mischen. Die Eiweiße steif schlagen und unterheben.

6. Die Masse in eine feuerfeste Form füllen und mit der Butter in Flöckchen belegen.

7. Die Form auf den Rost in den Backofen (Mitte) stellen. Den Ofen auf 200° schalten und den Auflauf etwa 40 Minuten garen.

8. Die Tomate würfeln und über den Auflauf streuen.

Nudelgratin mit Tomaten

Zutaten für 4 Personen:
Salz
200 g Vollkornspaghetti
600 g Tomaten
1 kleine Aubergine
1 Bund Basilikum
1/2 Bund frischer Thymian
schwarzer Pfeffer, frisch gemahlen
1 Prise Zuckerrohrgranulat
200 g Mozzarella
100 g Sahne
50 g Parmesan, frisch gerieben

Preiswert

Pro Portion etwa:
2000 kJ/480 kcal
26 g Eiweiß · 21 g Fett
42 g Kohlenhydrate
9 g Ballaststoffe

- Zubereitungszeit: etwa 1 Stunde

1. Reichlich Salzwasser zum Kochen bringen. Die Nudeln in Stücke brechen, dann im Salzwasser etwa 3 Minuten garen. Kalt abschrecken und abtropfen lassen.

2. Die Tomaten häuten und würfeln. Die Aubergine waschen und würfeln. Die Hälfte des Basilikums beiseite legen. Das restliche Basilikum fein hacken, die Thymianblättchen von den Stielen streifen.

3. Die Nudeln mit den Tomaten, der Aubergine und den Kräutern mischen und mit Salz, Pfeffer und dem Granulat abschmecken. Den Mozzarella klein würfeln. Mit der Sahne unter die Nudelmasse mischen.

4. Die Nudelmasse in eine feuerfeste Form geben und mit dem Parmesan bestreuen.

5. Die Form auf den Rost in den Backofen (Mitte) stellen. Den Ofen auf 220° schalten, das Gratin etwa 35 Minuten garen, bis es gebräunt ist.

6. Das restliche Basilikum hacken und darüber streuen.

Im Bild oben:
Nudel-Bohnen-Auflauf
Im Bild unten:
Nudelgratin mit Tomaten

Gratinierte Spätzle

Selbstgemachte Spätzle schmecken ausgezeichnet und sind auch ganz leicht zuzubereiten. Sie brauchen nur einen Spätzlehobel, es sei denn, Sie sind so geübt im Kochen, daß Sie die feinen Teigwaren sogar vom Brett schaben können.

Zutaten für 4–5 Personen:
200 g Weizenvollkornmehl
Salz
4 Eier
500 g grüner Spargel
200 g Champignons
1 Eßl. Zitronensaft
1 Bund Frühlingszwiebeln
1 Bund Petersilie
weißer Pfeffer, frisch gemahlen
Cayennepfeffer
100 g Sahne
150 g Mozzarella

Raffiniert

Bei 5 Personen pro Portion etwa:
1500 kJ/360 kcal
20 g Eiweiß · 18 g Fett
29 g Kohlenhydrate
7 g Ballaststoffe

- Zubereitungszeit: etwa 1 3/4 Stunden

1. Für die Spätzle das Mehl mit 1 kräftigen Prise Salz in einer Schüssel mischen. Die Eier unterrühren. Der Teig soll glatt, aber zähflüssig sein. Ist der Teig zu weich, noch etwas Mehl unterarbeiten, ist er zu fest, etwas Wasser unterrühren.

2. Den Teig zugedeckt etwa 30 Minuten quellen lassen.

3. Inzwischen reichlich Salzwasser zum Kochen bringen. Den Spargel nur am unteren Ende dünn schälen, waschen und in Stücke schneiden. Den Spargel im kochenden Salzwasser etwa 3 Minuten blanchieren. Die Spargelstücke mit einem Schaumlöffel aus der Garflüssigkeit heben, abtropfen lassen und in eine feuerfeste Form geben. Das Kochwasser für die Spätzle aufbewahren.

4. Die Pilze putzen und eventuell kurz kalt abspülen, dann vierteln. Die Pilze mit dem Zitronensaft mischen, damit sie sich nicht zu stark verfärben. Die Frühlingszwiebeln putzen, waschen und in feine Ringe schneiden. Die Petersilie waschen und trockenschwenken. Einen Teil der Petersilie zugedeckt beiseite legen, den Rest fein hacken.

5. Das Spargelkochwasser erneut zum Kochen bringen. Den Spätzleteig noch einmal durchrühren, dann portionsweise vom Brett schaben oder durch den Spätzlehobel in die kochende Flüssigkeit geben. Die Spätzle sind fertig, wenn sie an die Oberfläche steigen. Dann die Spätzle jeweils mit einem Schaumlöffel herausheben und kalt abschrecken.

6. Wenn alle Spätzle gegart sind, diese mit den Pilzen, den Frühlingszwiebeln und der gehackten Petersilie zum Spargel in die feuerfeste Form geben. Alles mischen und mit Salz, Pfeffer und Cayennepfeffer würzen. Die Sahne angießen.

7. Den Mozzarella abtropfen lassen, in dünne Scheiben schneiden und auf den Spätzle und den anderen Zutaten in der Form verteilen.

8. Die Form auf den Rost in den Backofen (Mitte) stellen. Den Ofen auf 220° schalten und die Spätzle etwa 30 Minuten garen, bis sie an der Oberfläche schön gebräunt sind.

9. Kurz vor Ende der Garzeit die restliche Petersilie fein hacken. Die Spätzle damit bestreut servieren. Dazu schmeckt Tomatensalat mit Schnittlauch.

Varianten:

Statt grünem Spargel schmeckt natürlich auch weißer, den Sie allerdings von oben nach unten schälen und etwa 3 Minuten länger vorgaren müssen. Oder Sie versuchen das Gericht einmal mit Erbsen, Tomaten oder Zuckerschoten. Zuckerschoten sollten Sie etwa 2 Minuten in kochendem Salzwasser blanchieren.

Ein delikates und gesundes Vergnügen sind selbstgeschabte Spätzle aus Vollkornmehl und viel frisches Gemüse im Ofen überbacken.

Kässpätzle

Zutaten für 4 Personen:
500 g Mehl · 5 Eier
etwa 1/4 l Mineralwasser
Salz · 2 große Zwiebeln
300 g Käse (beispielsweise Emmentaler oder Bergkäse), frisch gerieben
weißer Pfeffer, frisch gemahlen
50 g Butter

Preiswert

Pro Portion etwa:
3900 kJ/930 kcal
44 g Eiweiß · 42 g Fett
95 g Kohlenhydrate

- Zubereitungszeit: etwa 40 Minuten

1. Das Mehl in eine Schüssel sieben. Nach und nach die Eier und das Mineralwasser unterrühren. Nur so viel Wasser zugeben, daß der Teig zähflüssig ist. Den Teig mit 1 kräftigen Prise Salz würzen und so lange schlagen, bis er Blasen wirft. Die Zwiebeln schälen und in Ringe schneiden. Den Backofen auf 200° vorheizen.

2. Salzwasser in einem breiten Topf erhitzen. Eine feuerfeste Form bereitstellen. Den Teig portionsweise durch einen Spätzlehobel in das siedende Wasser schaben. Wenn die Spätzle oben schwimmen, diese mit einem Schaumlöffel herausheben, abtropfen lassen und in die Form geben.

3. Die Spätzle sofort mit etwas Käse bestreuen und mit Pfeffer würzen. So fortfahren, bis der gesamte Teig aufgebraucht ist. Die letzte Schicht Spätzle mit dem restlichen Käse bestreuen und mit 2–3 Eßlöffeln von dem Kochwasser begießen. Die Spätzle im Backofen (Mitte) warm stellen.

4. Die Butter in einer Pfanne erhitzen. Die Zwiebelringe darin bei mittlerer Hitze goldbraun braten. Die Kässpätzle aus dem Ofen nehmen und mit den Zwiebelringen und eventuell Schnittlauch garnieren.

Krautkrapfa

Zutaten für 4 Personen:
300 g Mehl · Salz
3 Eier · 1 Eßl. Öl
100 g magerer Speck
100 g Schinkenwurst
1 Peitschastecka (Landjäger)
2 Eßl. Butterschmalz
300 g Sauerkraut
1 Teel. Kümmel
weißer Pfeffer, frisch gemahlen
1 1/2 l Fleischbrühe

Preiswert
Braucht etwas Zeit

Pro Portion etwa:
3100 kJ/740 kcal
24 g Eiweiß · 45 g Fett
58 g Kohlenhydrate

- Zubereitungszeit: etwa 2 Stunden (davon 30 Minuten Ruhezeit und 40 Minuten Garzeit)

1. Das Mehl mit etwas Salz, den Eiern, dem Öl und 1 Eßlöffel Wasser schnell zu einem geschmeidigen Teig kneten. Mit einem sauberen Küchentuch abdecken und etwa 30 Minuten ruhen lassen.

2. Den Speck und die Wurst klein würfeln. In einem großen Topf mit hitzebeständigen Griffen das Butterschmalz erhitzen und darin den Speck und die Wurst bei mittlerer Hitze anbraten. Das Sauerkraut ausdrükken, kleinschneiden und dazugeben. Mit Salz, Pfeffer und dem Kümmel würzen und etwa 10 Minuten unter Rühren mitbraten lassen. Vom Herd nehmen und etwas abkühlen lassen.

3. Den Backofen auf 200° vorheizen. Den Nudelteig auf einer bemehlten Arbeitsfläche möglichst dünn zu einem langgezogenen Rechteck ausrollen. Das Kraut darauf verteilen, einen schmalen Rand frei lassen. Den Teig von der langen Seite her fest aufrollen und die Rolle quer in Scheiben von 4–5 cm Dicke schneiden.

4. Die Scheiben mit der Schnittfläche nach unten nebeneinander in den Topf setzen. Die Fleischbrühe erhitzen und die Krautkrapfen damit begießen. Sie sollen von der Fleischbrühe eben bedeckt sein. Alles bei starker Hitze aufkochen. Die Krapfen zugedeckt im Backofen (Mitte) etwa 40 Minuten garen.

Im Bild vorne: Kässpätzle
Im Bild hinten: Krautkrapfa

Cannelloni

Gefüllte Nudelteigrollen

Zutaten für 4 Personen:
2 kleine Zwiebeln
2 Knoblauchzehen
400 g Dosentomaten
1 Bund Petersilie
6 EßI. Olivenöl, kaltgepreßt
Salz
weißer Pfeffer, frisch gemahlen
250 g Spinat
100 g gekochter Schinken ohne Schwarte
350 g Hackfleisch (gemischt von Kalb und Schwein)
2 Eier
100 g Parmesan, frisch gerieben
20 Cannelloni (mit Vorkochen; oder 18 Cannelloni ohne Vorkochen verwendbar)
50 g Butter · 25 g Mehl
150–175 ccm Milch
Für die Form: Butter

Für Gäste

Pro Portion etwa:
4300 kJ/1000 kcal
54 g Eiweiß · 63 g Fett
65 g Kohlenhydrate

- Zubereitungszeit: etwa 2 1/4 Stunden

1. Die Zwiebeln und den Knoblauch schälen. Die Zwiebel fein hacken. Den Knoblauch durch die Knoblauchpresse drücken. Die Tomaten mit einer Gabel zerdrücken. Die Petersilie waschen, trockenschwenken und kleinhacken.

2. In einer Kasserolle 3 Eßlöffel Öl erhitzen, die Hälfte der Zwiebeln und des Knoblauchs sowie die Petersilie darin bei mittlerer Hitze etwa 5 Minuten anbraten. Dann die Tomaten dazugeben. Alles salzen, pfeffern und bei schwacher Hitze zugedeckt etwa 30 Minuten köcheln.

3. Inzwischen den Spinat gründlich waschen, tropfnaß in einen Topf geben und bei schwacher Hitze zugedeckt so lange dämpfen, bis die Blätter zusammenfallen. Dann in einem Sieb abtropfen lassen, gut ausdrücken und kleinhacken. Den Schinken ebenfalls kleinhacken.

4. Das restliche Öl erhitzen. Die restlichen Zwiebeln und den restlichen Knoblauch darin bei mittlerer Hitze etwa 5 Minuten anbraten. Dann das Fleisch bei starker Hitze etwa 5 Minuten mitbraten. Das Fleisch dabei mit einer Gabel zerdrücken, damit es nicht klumpt. Dann mit dem Spinat und dem Schinken in eine Schüssel geben und etwas abkühlen lassen. Für die Füllung diese Zutaten mit den Eiern und der Hälfte des Käses, Salz und Pfeffer gründlich vermischen.

5. Die vorzukochenden Cannelloni in reichlich Salzwasser knapp »al dente«, bißfest, garen. Abtropfen lassen und auf ein Tuch legen.

6. Die Hälfte der Butter schmelzen. Das Mehl darin kurz anschwitzen lassen. Die Milch unter Rühren mit dem Schneebesen langsam dazugießen, aufkochen lassen; dann die Sauce salzen und pfeffern.

7. Den Backofen auf 200° vorheizen. Eine rechteckige feuerfeste Form mit Butter ausstreichen.

8. Die Cannelloni mit der Fleisch-Spinat-Masse füllen.

9. Die Hälfte der Tomatensauce auf dem Boden der Form verteilen. 10 Cannelloni nebeneinander darauflegen. Die halbe Béchamelsauce darüberlöffeln. Darauf die restlichen Cannelloni legen und mit der restlichen Tomaten- und Béchamelsauce übergießen. Den Rest des Parmesans darüber streuen. Die restliche Butter in Flöckchen darauf setzen. Die Cannelloni im Backofen (Mitte) so lange backen, bis der Käse zerläuft und leicht braun wird. Das dauert etwa 20–30 Minuten (bei Cannelloni ohne Vorkochen 30–35 Minuten).

Diese Cannelloni führen ein reiches Innenleben: Mit Spinat, Schinken, Hackfleisch und Eiern gehören sie schon zur Luxusklasse.

Cannelloni mit Mozzarella und Tomaten

Dieses knusprige Nudelgericht schmeckt am besten mit sonnengereiften Tomaten aus Freilandanbau.

Zutaten für 4–6 Personen:
250 g Weizen oder Dinkel, fein gemahlen
1 Ei
1 Eigelb
1 EßI. Olivenöl, kaltgepreßt
Salz
etwa 5 EßI. lauwarmes Wasser
800 g Tomaten
2 Bund Basilikum
1 Bund frischer Thymian
3–4 Knoblauchzehen
450 g Mozzarella
weißer Pfeffer, frisch gemahlen
Für die Arbeitsfläche: etwas Mehl
50 g Parmesan, frisch gerieben

**Gelingt leicht
Preiswert**

Bei 6 Personen pro Portion etwa:
1700 kJ/400 kcal
26 g Eiweiß · 18 g Fett
35 g Kohlenhydrate
4 g Ballaststoffe

- Zubereitungszeit: etwa 2 Stunden

1. Für den Teig das Mehl mit dem Ei, dem Eigelb, dem Öl und 1 kräftigen Prise Salz sowie dem Wasser in einer Schüssel mischen und alles zu einem glatten, geschmeidigen Teig verkneten. Der Teig soll weich sein, darf aber nicht an den Fingern kleben. Ist er zu trocken, noch etwas lauwarmes Wasser untermischen; ist er zu weich, noch etwas Mehl unterarbeiten.

2. Den Teig zu einer Kugel formen, in Pergamentpapier wickeln und bei Zimmertemperatur etwa 30 Minuten ruhen lassen.

3. Die Tomaten mit kochendem Wasser überbrühen, kurz darin ziehen lassen, kalt abschrecken und häuten. Die Tomaten klein würfeln, dabei die Stielansätze entfernen. Die Kräuter waschen und trockenschwenken. Einen Teil des Basilikums zum Bestreuen des fertigen Gerichtes beiseite legen, das restliche Basilikum ohne die groben Stiele fein hacken. Die Thymianblättchen von den Stielen streifen. Die Knoblauchzehen schälen und sehr fein hacken. Den Mozzarella abtropfen lassen und in kleine Würfel schneiden.

4. Die Tomaten mit dem gehackten Basilikum, dem Thymian, dem Knoblauch und dem Mozzarella mischen. Die Masse mit Salz und Pfeffer pikant abschmecken.

5. Den Nudelteig noch einmal durchkneten, dann in Portionen teilen. Den Teig auf der leicht bemehlten Arbeitsfläche oder in der Nudelmaschine zu dünnen Platten ausrollen. Die Platten in etwa 15 x 10 cm große Stücke schneiden.

6. Die Teigplatten jeweils mit Füllung belegen und zusammenrollen. Die Rollen mit der Nahtstelle nach unten nebeneinander in eine längliche feuerfeste Form geben.

7. Die restliche Füllung mit dem Parmesan mischen und über den Nudelrollen verteilen.

8. Die Form in den Backofen (Mitte) geben. Den Backofen auf 200° schalten und die Cannelloni etwa 45 Minuten backen, bis sie schön gebräunt sind.

9. Kurz vor Ende der Garzeit das restliche Basilikum fein hacken. Die Cannelloni damit bestreut servieren.

In Mozzarella und Tomaten steckt mehr als nur eine Vorspeise. Hier ist der Beweis: Eingerollt in Nudelplatten werden sie zu einer neuen, pikanten Cannelloni-Variation. Auch Anfänger können diese Cannelloni problemlos zubereiten.

Cannelloni mit Gemüse und Ricotta

Ricotta ist ein italienischer Frischkäse, der aus Kuh- oder Schafmilch hergestellt wird. Es gibt ihn in relativ weicher, aber auch in schnittfester Form zu kaufen. Ich habe für dieses Gericht schnittfesten Ricotta aus Kuhmilch verwendet. Sie erhalten Ricotta in Käseläden, im italienischen Lebensmittelgeschäft oder in gut sortierten Supermärkten an der Käsetheke.

Zutaten für 4–6 Personen:
200 g Roggenvollkornmehl
2 Eier
1 EBl. Olivenöl, kaltgepreßt
Salz
1 Stange Lauch
250 g junge Möhren
1 Knoblauchzehe
400 g Tomaten
200 g Champignons oder Egerlinge
1 EBl. Zitronensaft
1 Bund Petersilie
300 g Ricotta
weißer Pfeffer, frisch gemahlen
250 g Sahne
60 g Parmesan, frisch gerieben
1 Kästchen Gartenkresse
Pergamentpapier

Raffiniert

Bei 6 Personen pro Portion etwa:
200 kJ/480 kcal
19 g Eiweiß · 30 g Fett
29 g Kohlenhydrate
9 g Ballaststoffe

- Zubereitungszeit: etwa 2 Stunden

1. Für den Teig das Roggenmehl mit den Eiern, dem Öl und 1 kräftigen Prise Salz in einer Schüssel mischen und alles zu einem glatten, geschmeidigen Teig verkneten. Der Teig soll weich sein, darf aber nicht an den Fingern kleben. Ist er zu trocken, noch etwas lauwarmes Wasser untermischen, ist er zu weich, noch etwas Mehl unterarbeiten.

2. Den Teig zu einer Kugel formen, in Pergamentpapier wickeln und bei Zimmertemperatur ruhen lassen.

3. Den Lauch putzen, längs halbieren und gründlich unter fließendem kaltem Wasser waschen. In dünne Halbringe schneiden. Die Möhren schälen, waschen und klein würfeln. Die Knoblauchzehe fein hacken.

4. Die Tomaten mit kochendem Wasser überbrühen, kurz darin ziehen lassen, kalt abschrecken und häuten. Die Tomaten klein würfeln, dabei die Stielansätze entfernen. Die Champignons oder die Egerlinge putzen und eventuell kurz kalt abspülen, dann ebenfalls würfeln. Die Pilze mit dem Zitronensaft mischen, damit sie sich nicht zu stark verfärben.

5. Die Pilze mit dem Lauch, den Möhren, dem Knoblauch und etwa einem Drittel der Tomaten mischen. Die Petersilie waschen, trockenschwenken und ohne die groben Stiele sehr fein hacken, dann unter die Gemüsemasse rühren.

6. Den Ricotta in kleine Würfel schneiden und ebenfalls unter die Gemüsemasse mengen. Die Masse mit Salz und Pfeffer pikant abschmecken. Die Sahne mit den restlichen Tomaten mischen und ebenfalls mit Salz und Pfeffer abschmecken.

7. Den Nudelteig noch einmal durchkneten, dann in Portionen teilen. Den Teig auf der leicht bemehlten Arbeitsfläche oder in der Nudelmaschine zu dünnen Platten ausrollen. Die Platten in etwa 15 cm lange und etwa 10 cm breite Stücke schneiden.

8. Die Teigplatten jeweils mit etwas Füllung belegen und zusammenrollen. Die Rollen mit der Nahtstelle nach unten nebeneinander in eine längliche feuerfeste Form geben. Die Tomatensahne darüber gießen. Den Parmesan darüber streuen.

9. Die Form auf den Rost in den Backofen (Mitte) stellen. Den Backofen auf 200° schalten und die Cannelloni etwa 45 Minuten backen, bis sie schön gebräunt sind.

10. Kurz vor Ende der Garzeit die Kresse vom Beet schneiden, kurz kalt abspülen und trockentupfen. Die Cannelloni mit der Kresse bestreut servieren.

Die beliebten Teigrollen schmecken köstlich – auch ohne Fleisch – mit Gemüse und Ricotta gefüllt.

Roggenlasagne mit Kürbis und Spinat

Zutaten für 4–6 Personen:
150 g Roggen, fein gemahlen
100 g Weizen, fein gemahlen
Salz
1 EßI. Sonnenblumenöl
2 Eier
2–3 EßI. lauwarmes Wasser
500 g Kürbis (geputzt gewogen)
Saft von 1 Zitrone
300 g Blattspinat
2 Knoblauchzehen
1 Bund Basilikum
einige frische Salbeiblätter
weißer Pfeffer, frisch gemahlen
Muskatnuß, frisch gerieben
1/2 Teel. Ingwerpulver
200 g Pecorino, frisch gerieben
250 g Sahne
1/8 l Milch
Für die Arbeitsfläche: etwas Mehl
150 g Mozzarella

Raffiniert

Bei 6 Personen pro Portion etwa:
2200 kJ/520 kcal
26 g Eiweiß · 31 g Fett
35 g Kohlenhydrate
5 g Ballaststoffe

- Zubereitungszeit: etwa 2 1/4 Stunden

1. Für den Nudelteig die beiden Mehlsorten mit 1 kräftigen Prise Salz in einer Schüssel mischen. Das Öl, die Eier und das Wasser dazugeben und alles mit den Händen oder den Knethaken des Handrührgerätes zu einem glatten, geschmeidigen Teig verkneten. Der Teig soll weich sein, aber nicht an den Händen kleben. Bei Bedarf noch etwas lauwarmes Wasser oder Mehl unterarbeiten.

2. Den Teig zu einer Kugel formen, in Pergamentpapier wickeln und bei Zimmertemperatur etwa 30 Minuten ruhen lassen.

3. Inzwischen den Kürbis schälen, von allen Kernen befreien und fein raspeln. Die Raspel mit dem Zitronensaft mischen. Den Spinat von allen welken Blättern und den groben Stielen befreien, in stehendem kaltem Wasser mehrmals gründlich waschen. Den Spinat dann in sprudelnd kochendem Salzwasser etwa 2 Minuten blanchieren. Den Spinat in einem Sieb gründlich abtropfen lassen und grob zerkleinern.

4. Die Knoblauchzehen schälen und fein hacken. Die Kräuter waschen, trockenschwenken und ohne die groben Stiele fein hacken.

5. Das Gemüse, den Knoblauch und die Kräuter mischen und mit Salz, Pfeffer, Muskat und dem Ingwer abschmecken.

6. Für die Sauce den Pecorino mit der Sahne und der Milch in einem Topf mischen und bei schwacher Hitze unter Rühren erwärmen, bis der Pecorino geschmolzen ist.

7. Den Nudelteig noch einmal durchkneten und in Portionen teilen. Den Teig auf der leicht bemehlten Arbeitsfläche oder in der Nudelmaschine zu dünnen Platten ausrollen. Wenn Sie die Nudelmaschine verwenden, geben Sie den Teig durch die weiteste Walzenöffnung, bis er glatt ist. Formen Sie ihn anschließend, etwa 4 Stufen enger, zu Platten.

8. Eine größere feuerfeste Form mit etwas Sauce ausgießen. Die Teigplatten und die Kürbismischung nun lagenweise in die Form schichten. Dabei jeweils über die Kürbismasse etwas Sauce gießen. Die letzte Schicht soll aus Teigplatten bestehen. Die restliche Sauce über die Lasagne gießen.

9. Den Mozzarella abtropfen lassen und in dünne Scheiben schneiden. Die Lasagne mit dem Mozzarella belegen.

10. Die Lasagne in den Backofen (Mitte) geben. Den Ofen auf 220° stellen und die Lasagne etwa 45 Minuten garen, bis die Oberfläche gebräunt ist.

Die Füllung ist der Clou bei dieser Lasagne: Kürbis und Spinat mit frischen Kräutern.

Lasagne mit Auberginen und Tomaten

Zutaten für 4–6 Personen:
250 g Weizen oder Dinkel, fein gemahlen
Salz
1 Ei
1 Eigelb
1 Eßl. Olivenöl, kaltgepreßt
2 junge Auberginen (etwa 400 g)
600 g vollreife Tomaten
300 g junge Zucchini
1/2 Bund frischer Rosmarin
Für die Sauce:
50 g Weizen oder Dinkel, fein gemahlen
etwa 1/2 l Milch
200 g Sahne
100 g Parmesan, frisch gerieben
weißer Pfeffer, frisch gemahlen
Cayennepfeffer
Für die Arbeitsfläche: etwas Mehl
150 g Mozzarella

Braucht etwas Zeit

Bei 6 Personen pro Portion etwa:
2200 kJ/520 kcal
24 g Eiweiß · 26 g Fett
47 g Kohlenhydrate
4 g Ballaststoffe

- Zubereitungszeit: etwa 2 1/4 Stunden

1. Für den Nudelteig das Mehl mit 1 kräftigen Prise Salz in einer Schüssel mischen. Das Ei, das Eigelb und das Öl dazugeben und alles mit den Händen oder den Knethaken des Handrührgerätes zu einem glatten, geschmeidigen Teig verkneten. Der Teig soll weich sein, aber nicht an den Händen kleben. Bei Bedarf etwas lauwarmes Wasser oder Mehl unterarbeiten.

2. Den Teig zu einer Kugel formen, in Pergamentpapier wickeln und bei Zimmertemperatur ruhen lassen, bis die restlichen Zutaten vorbereitet sind.

3. Die Auberginen waschen, putzen und längs in dünne Scheiben schneiden. Die Tomaten mit kochendem Wasser überbrühen, kurz darin ziehen lassen, kalt abschrecken und häuten. Die Tomaten in kleine Würfel schneiden, dabei die Stielansätze entfernen. Die Zucchini waschen, putzen und längs in Scheiben schneiden. Den Rosmarin waschen, die Nadeln abzupfen und fein hacken.

4. Für die Sauce das Mehl in einem Topf bei mittlerer Hitze ohne Fett anrösten, bis es würzig duftet. Die Milch unter kräftigem Rühren langsam dazugießen. Die Sauce bei schwacher Hitze etwa 10 Minuten köcheln lassen. Dann die Sahne und die Hälfte des Parmesans untermischen. Die Sauce so lange unter Rühren weitergaren, bis der Käse geschmolzen ist. Die Sauce mit Salz, Pfeffer und Cayennepfeffer pikant abschmecken.

5. Den Nudelteig noch einmal durchkneten und in Portionen teilen. Den Teig auf der leicht bemehlten Arbeitsfläche oder in der Nudelmaschine zu dünnen Platten ausrollen. Wenn Sie die Nudelmaschine verwenden, geben Sie den Teig durch die weiteste Walzenöffnung, bis er glatt ist. Formen Sie ihn dann, etwa 4 Stufen enger, zu Platten.

6. Eine größere feuerfeste Form mit etwas Sauce ausgießen. Die Form mit Teigplatten auslegen und diese mit einigen Zucchini- und Auberginenscheiben belegen. Auf das Gemüse einige Tomatenwürfel geben, mit Salz und Pfeffer würzen und mit etwas Rosmarin bestreuen. Das Gemüse mit etwas Sauce beträufeln.

7. Auf diese Weise alle Zutaten in die Form schichten. Dabei mit Nudelblättern abschließen. Die restliche Sauce über die eingeschichteten Zutaten füllen. Den Mozzarella abtropfen lassen und in dünne Scheiben schneiden. Den Mozzarella und den restlichen Parmesan auf der Lasagne verteilen.

8. Die Form in den Backofen (Mitte) geben. Den Ofen auf 220° schalten und die Lasagne etwa 45 Minuten backen, bis sie schön gebräunt ist.

Wenn Sie es eilig haben, können Sie auch fertig gekaufte Lasagneplatten nehmen, die dann entsprechend der Angabe auf der Packung vorbereitet werden müssen.

Lasagne mit Auberginen und Zucchini

Ein ausgefallenes Rezept, das etwas Arbeit macht. Doch die Mühe wird belohnt, die Lasagne schmeckt köstlich. Es gibt verschiedene Sorten von Lasagneblättern: solche, die vorgekocht werden müssen und solche ohne Vorkochen. Hier werden die Blätter zum Vorkochen verwendet.

Zutaten für 4 Personen:
1 große Aubergine (etwa 350 g)
450 g Zucchini
6 Eßl. Olivenöl
1 große Zwiebel
3 Knoblauchzehen
1 große Dose geschälte Tomaten (850 g)
2 Teel. frischer Oregano (oder 1 Teel. getrockneter)
1 Teel. frischer Thymian (oder 1/2 Teel. getrockneter)
Salz
schwarzer Pfeffer, frisch gemahlen
250 g Lasagneblätter
100 g schwarze Oliven
2 Eßl. Butter
2 Eßl. Mehl
1 l Milch
100 g Parmesan, frisch gerieben
Muskatnuß, frisch gerieben
Fett für die Form

Braucht etwas Zeit

Pro Portion etwa:
3600 kJ/860 kcal
32 g Eiweiß · 49 g Fett
75 g Kohlenhydrate

- Zubereitungszeit: etwa 1 1/2 Stunden

1. Die Aubergine und die Zucchini waschen und die Stielansätze abschneiden. Das Gemüse in etwa 1 cm große Würfel schneiden. Das Olivenöl in einem Topf erhitzen und die Würfel darin portionsweise rundherum anbraten. Mit einem Schaumlöffel herausnehmen und auf Küchenkrepp abtropfen lassen.

2. Die Zwiebel und den Knoblauch schälen und fein hacken. Im verbliebenen Bratfett weich dünsten. Die Tomaten in den Topf geben und mit einer Gabel grob zerdrücken. Den Oregano, den Thymian, Salz und Pfeffer hinzufügen und alles etwa 25 Minuten zugedeckt köcheln.

3. Inzwischen die Lasagneblätter in Salzwasser in 8–10 Minuten »al dente« kochen und dann abtropfen lassen. Die Oliven halbieren, entsteinen und mit den Gemüsewürfeln zu den Tomaten geben. Alles kurz aufkochen, abschmecken und, falls nötig, nachwürzen. Den Backofen auf 220° vorheizen. Eine feuerfeste Form fetten.

4. Die Butter in einem Topf aufschäumen, das Mehl einrühren und kurz anschwitzen. Die Milch dazurühren. Aufkochen und den Parmesan untermischen. Mit Salz, Pfeffer, Muskat abschmecken. Lagenweise die Nudeln, das Gemüse und die Sauce einschichten und im Backofen (Mitte) in etwa 30 Minuten goldbraun überbacken.

Lasagne mit Hühnerleber

Bei Lasagne liegt der Pfiff in der Füllung, die man vielfältig variieren kann. Keine Angst, die hier gezeigte Lasagne ist weder zu wuchtig noch macht sie übermäßig viel Arbeit.

Zutaten für 1 Portion:
300 g Blattspinat, frisch oder tiefgekühlt
1 kleine Zwiebel
1 Knoblauchzehe
1 EBl. Olivenöl
100 g Hühnerleber
2 EBl. Rotwein (eventuell weglassen)
200 g passierte Tomaten
1/2 Teel. Oregano
1/2 Teel. Thymian
1/2 Teel. Paprikapulver, edelsüß
1 Messerspitze Cayennepfeffer
Salz
1 Teel. Butter für die Form
4 Lasageblätter »ohne Vorkochen«
50 g mittelalter Gouda

Raffiniert
Braucht etwas Zeit

Diese Menge enthält etwa:
3100 kJ/740 kcal
53 g Eiweiß · 35 g Fett
52 g Kohlenhydrate

- Zubereitungszeit: etwa 50 Minuten
- Backzeit: etwa 20 Minuten

1. Frische Spinatblätter waschen bzw. den tiefgekühlten Spinat in einem Topf bei schwacher Hitze nur auftauen. Die Zwiebel und den Knoblauch in kleine Würfel schneiden und in dem Olivenöl anbraten. Die Hühnerleber fein hacken und in den Zwiebeln anbräunen. Mit dem Rotwein ablöschen.

2. Die Tomaten und die Gewürze zufügen, salzen und etwa 5 Minuten köcheln lassen. Den Backofen auf 220° vorheizen. Eine kleine Form (ideal wäre eine rechteckige, eine ovale ist auch nicht schlecht) mit der Butter ausstreichen.

3. Die Spinatblätter vorsichtig etwas auseinanderzupfen, mit Salz und Zitronensaft würzen. Die Hälfte des Spinats in der Form auslegen. 2 Lasageblätter darauf legen. Nun die Leber-Tomaten-Masse darüberstreichen und wieder mit 2 Teigblättern belegen.

4. Den restlichen Spinat darüber ausbreiten. Bitte darauf achten, daß die Teigplatten bedeckt sind, nackte Stellen bleiben hart. Den Käse darüber reiben und im Backofen 15–20 Minuten bei 220° überbacken. Der Käse bildet dabei eine goldene Kruste.

Mangold-Lasagne

Den Lasagneteig können Sie auch für Nudeln, Ravioli und Strudel verwenden.

Zutaten für 4 Personen:
2 mittelgroße Eier
2 Eßl. Sonnenblumenöl, kaltgepreßt
Meersalz
50 g Grünkern, feingemahlen
170 g Weizenvollkornmehl
450 g Mangold
170 g grüne Paprikaschoten
100 g Zwiebeln
1 Handvoll Petersilie
20 g Butter
1 1/2 Teel. gekörnte Gemüsebrühe
500 g reife, aromatische Tomaten
200 g Doppelrahm-Frischkäse
2–3 Knoblauchzehen
10 Salbeiblätter
125 g saure Sahne
80 g Parmesan oder Sbrinz, frisch gerieben
schwarzer Pfeffer, frisch gemahlen
1 Eßl. Thymianblättchen
Für die Form:
ungehärtetes Kokosfett

Braucht etwas Zeit

Pro Portion etwa:
2600 kJ/620 kcal
27 g Eiweiß · 38 g Fett
44 g Kohlenhydrate
11 g Ballaststoffe

- Zubereitungszeit: etwa 2 Stunden (davon 35 Minuten Backzeit)

1. Die Eier, 1 Eßlöffel Öl, 3 Eßlöffel lauwarmes Wasser und 1/2 Teelöffel Salz mit dem Knethaken der Küchenmaschine oder des Handrührgerätes leicht verrühren. Das Grünkernmehl und das Weizenmehl (bis auf 1 Eßlöffel) dazugeben und alles zu einem elastischen, nicht zu festen Teig verkneten. Falls er noch klebt, das zurückbehaltene Mehl von Hand unterkneten. Den Teig zu einer Kugel rollen und unter einem angewärmten Topf ruhen lassen.

2. Die Mangoldblätter von den Stielen trennen und beides gründlich waschen. Die Stiele in 1/2 cm breite Stücke, die Blätter in feine Streifen schneiden.

3. Die Paprikaschoten vierteln, entkernen und in schmale Streifen schneiden. Die Zwiebeln mittelfein würfeln. Die Petersilie waschen, die Stiele fein schneiden; die Blättchen beiseite legen.

4. Die Butter, den restlichen Eßlöffel Öl und 1 Eßlöffel Wasser in einem breiten Topf bei schwacher Hitze erwärmen. Die Zwiebeln, die Paprikastreifen und die Mangoldstiele darin zugedeckt etwa 5 Minuten dünsten.

5. Die Mangoldblätter, die Petersilienstiele und die gekörnte Brühe zu den Zwiebeln geben. Das Gemüse zugedeckt bei schwacher Hitze in 3–4 Minuten knapp weich garen.

6. Inzwischen die Tomaten waschen und klein würfeln, dabei die Stielansätze ausschneiden. Die Tomaten zum Gemüse geben und etwa 3 Minuten ziehen lassen.

7. 100 g Frischkäse in Stückchen auf dem warmen Gemüse verteilen. Den Knoblauch dazupressen. Den Salbei und die Petersilienblättchen hacken, mit 2 Eßlöffeln saurer Sahne und 60 g Parmesan oder Sbrinz unter das Gemüse mischen. Mit Salz abschmecken.

8. Den Backofen auf 200° vorheizen. Eine Auflaufform mit Kokosfett einfetten.

9. Den Teig durchkneten und auf der leicht bemehlten Arbeitsfläche messerrückendick ausrollen. Aus dem Teig Platten in Größe der Form ausschneiden. Abwechselnd Teig und Gemüse in die Form schichten, dabei mit einer Teigplatte abschließen.

10. Den restlichen Frischkäse in einem kleinen Topf leicht erwärmen, damit er sich besser verrühren läßt. Die restliche saure Sahne unterrühren, mit Salz und Pfeffer würzen. Die Käsecreme so auf die Teigplatten verteilen, daß sie bedeckt sind. Den restlichen Parmesan und den Thymian darüber streuen.

11. Die Lasagne im Backofen (Mitte) etwa 35 Minuten backen, bis die Oberfläche leicht gebräunt ist.

Eine außergewöhnliche Variante des beliebten italienischen Nudelgerichtes ist diese Lasagne mit Mangold, Tomaten und Frischkäse.

Lasagne mit Tomaten und Mangold

Nudelteig selbst zu machen, kostet zwar etwas Zeit, die Lasagne schmeckt aber gerade durch den frischen Teig besonders gut. Wenn es jedoch einmal schnell gehen soll, können Sie auch fertig gekaufte Nudelplatten (aus Vollkornmehl) verwenden. Manche sind ohne Vorkochen zu verwenden, andere müssen Sie laut Packungsanweisung vorkochen.

Zutaten für 4–6 Personen:
250 g Weizenvollkornmehl
Salz
1 EßI. Sonnenblumenöl
1 Ei
1 Eigelb
etwa 5 EßI. lauwarmes Wasser
800 g vollreife Tomaten
400 g Mangold
1 Bund Frühlingszwiebeln
1 Knoblauchzehe
1 Bund frischer Thymian
weißer Pfeffer, frisch gemahlen
1 Prise Zuckerrohrgranulat
200 g Gorgonzola
250 g Sahne
100 ccm Milch
40 g Parmesan, frisch gerieben
150 g Mozzarella
1/2 Bund Petersilie
Pergamentpapier

Braucht etwas Zeit

Bei 6 Personen pro Portion etwa:
2400 kJ/570 kcal
25 g Eiweiß · 35 g Fett
35 g Kohlenhydrate
9 g Ballaststoffe

- Zubereitungszeit: etwa 2 1/4 Stunden

1. Für den Teig das Mehl mit 1 kräftigen Prise Salz in einer Schüssel mischen. Das Öl, das Ei, das Eigelb und das Wasser dazugeben und alles zu einem glatten, geschmeidigen Teig verkneten. Der Teig soll weich sein, darf aber nicht an den Fingern kleben. Bei Bedarf noch etwas Mehl untermischen.

2. Den Teig zu einer Kugel formen, in Pergamentpapier wickeln und bei Zimmertemperatur ruhen lassen, bis die restlichen Zutaten vorbereitet sind.

3. Die Tomaten häuten und in kleine Würfel schneiden, dabei die Stielansätze herausschneiden. Den Mangold waschen und trockenschwenken. Die Blätter abschneiden und fein hacken. Die Stiele in feine Streifen schneiden. Die Frühlingszwiebeln putzen, waschen und mit dem zarten Grün in feine Ringe schneiden. Den Knoblauch hacken. Den Thymian waschen und die Blättchen von den Stielen streifen.

4. Die Tomaten mit dem Mangold, den Frühlingszwiebeln, dem Knoblauch und dem Thymian mischen, dann mit Salz, Pfeffer und dem Zuckerrohrgranulat würzen.

5. Für die Sauce den Gorgonzola in kleine Würfel schneiden. Den Käse mit der Sahne und der Milch in einem Topf bei mittlerer bis schwacher Hitze unter Rühren erwärmen, bis er geschmolzen ist. Den Parmesan untermischen. Die Sauce mit Pfeffer abschmecken.

6. Den Teig noch einmal durchkneten, dann in Portionen teilen und auf der leicht bemehlten Arbeitsfläche oder in der Nudelmaschine zu dünnen Platten ausrollen.

7. Eine feuerfeste Form mit etwas Käsesauce ausgießen. Die Teigplatten und die Tomaten-Mangold-Mischung lagenweise in die Form schichten. Dabei jede Schicht mit etwas Sauce begießen. Die letzte Schicht sollte aus Teigplatten bestehen. Die restliche Käsesauce über die letzte Schicht gießen.

8. Den Mozzarella in kleine Würfel schneiden und auf der Lasagne verteilen.

9. Die Lasagne in den Backofen (Mitte) auf den Rost stellen. Den Ofen auf 220° schalten und die Lasagne etwa 45 Minuten backen, bis sie schön gebräunt ist.

10. Kurz vor Ende der Garzeit die Petersilie waschen, trockenschwenken und ohne die groben Stiele sehr fein hacken. Die Lasagne mit der Petersilie bestreut servieren.

Viel frisches Gemüse verbirgt sich hier unter knuspriger Decke.

Lasagne alla molisana

Überbackene Nudelblätter mit Wurstragout

Zutaten für 4 Personen:
1 Zwiebel
3 Knoblauchzehen
400 g Dosentomaten
1 Eßl. Tomatenmark
etwa 100 g weiche Butter
Salz
2 Prisen gemahlener Peperoncino (kleine, scharfe Pfefferschote), ersatzweise Cayennepfeffer
4–5 Eier
300 g Mozzarella
100 g durchwachsener Räucherspeck oder geräucherte Schweinebacke
300 g gut gewürzte Schweinebratwurst
1/8 l trockener Weißwein oder Fleischbrühe
1 Eßl. Olivenöl
350 g Lasagneblätter (mit oder ohne Vorkochen zu verwenden)
je 50 g Pecorino (Schafkäse) und Parmesan, frisch gerieben

Für Gäste

Pro Portion etwa:
6100 kJ/1500 kcal
66 g Eiweiß · 99 g Fett
68 g Kohlenhydrate

• Zubereitungszeit: etwa 2 Stunden

1. Die Zwiebel und den Knoblauch fein hacken. Die Tomaten mit dem Saft durch ein Sieb streichen, dann mit dem Tomatenmark verrühren.

2. 2 Eßlöffel Butter erhitzen. Die Zwiebel und den Knoblauch darin bei schwacher Hitze etwa 8 Minuten unter Rühren anbraten. Dann die Tomaten dazugeben. Mit Salz und dem Peperoncino würzen. Alles bei schwacher Hitze einkochen lassen. Wenn Sie Lasagneblätter ohne Vorkochen verwenden, nur leicht einkochen lassen.

3. Inzwischen die Eier am runden Ende einstechen und in etwa 10 Minuten hart kochen. Dann mit kaltem Wasser abschrecken, schälen und in kleine Würfel schneiden. Den Mozzarella und den Speck ebenfalls klein würfeln. Die Schweinebratwurst häuten. Das Brät mit einer Gabel fein zerdrücken.

4. In einer Pfanne 1/2 Eßlöffel Butter schmelzen lassen. Die Speckwürfelchen bei schwacher Hitze darin auslassen. Die Bratwurstmasse dazugeben und unter Rühren und Zerdrücken (damit es keine Klumpen gibt) bei mittlerer Hitze etwa 5 Minuten mitbraten. Dann den Weißwein oder die Brühe angießen und verdampfen lassen. Dabei öfters umrühren. Diese Masse unter die Tomatensauce mischen und alles bei schwacher Hitze etwa 15 Minuten zugedeckt mitschmoren lassen.

5. Für Lasagneblätter, die man vorkochen muß, inzwischen reichlich Salzwasser aufkochen. Das Öl dazugeben und die Teigblätter nach Packungsanweisung in 3–4 Portionen nacheinander garen. Die Blätter mit einem Schaumlöffel aus dem Wasser heben, abtropfen lassen und nebeneinander auf ein Küchentuch legen.

6. Den Backofen auf 200° vorheizen. Eine rechteckige feuerfeste Form gut mit Butter ausstreichen.

7. Den Boden der Form mit einer Schicht Lasagneblätter auslegen, dann löffelweise mit der Tomaten-Brät-Sauce begießen. Mozzarella- und Eiwürfelchen darüber verteilen, abwechselnd mit Parmesan und Pecorino bestreuen. Diesen Vorgang so oft wiederholen, bis alle Zutaten bis auf einige Löffel Tomatensauce, etwas Brätsauce und geriebenen Käse verbraucht sind.

8. Die letzte Nudelblätterschicht gleichmäßig mit dem Rest der beiden Saucen bestreichen, mit dem restlichen Käse bestreuen und mit der restlichen Butter in Flöckchen besetzen.

9. Das Gericht im Backofen (Mitte) je nach Höhe der Lasagne 30–35 Minuten backen.

Die Hausfrauen der Region Molise (bei den Abruzzen) sind Spezialistinnen, wenn es um herzhaft-würzige Gerichte geht. Das zeigt auch die Lasagne alla Molisana.

Lasagne alla contessa

Lasagne mit Ragout und Mozzarella

Das Rezept stammt von einer befreundeten Gräfin aus Bologna.

Zutaten für 4 Personen:
1 Zwiebel
1 große Möhre
1 Stange Bleichsellerie
50 g durchwachsener Speck ohne Schwarte
400 g Dosentomaten
350 g mageres gemischtes Hackfleisch (oder je 175 g Kalbs- und Schweineschnitzel)
etwa 125 g Butter
100 ccm trockener kräftiger Rotwein oder Fleischbrühe
etwa 110 cm Fleischbrühe
Salz
weißer Pfeffer, frisch gemahlen
etwa 650 ccm Milch
50 g Mehl · 300 g Mozzarella
1 Eßl. Olivenöl
etwa 300 g Lasagneblätter (mit oder ohne Vorkochen verwendbar)
70 g Parmesan, frisch gerieben

Für Gäste

Pro Portion etwa:
5700 kJ/1400 kcal
62 g Eiweiß · 80 g Fett
80 g Kohlenhydrate

- Zubereitungszeit: etwa 3 3/4 Stunden (davon etwa 2 3/4 Stunden Garzeit)

1. Die Zwiebel, die Möhre, den Sellerie und den Speck fein hacken. Die Tomaten mit dem Saft pürieren.

2. Falls Sie Schnitzelfleisch gekauft haben, dieses zuerst in ganz kleine Würfel schneiden. Den Speck kurz in 50 g Butter anbraten, danach das Gemüse darin glasig werden lassen. Das Fleisch dazugeben und kräftig anbraten. Anschließend den Rotwein dazugießen und unter Rühren bei mittlerer Hitze verdampfen lassen. Die Hälfte der Brühe hinzugießen. Alles bei schwacher Hitze köcheln lassen. Nach und nach die restliche Brühe angießen und verdampfen lassen.

3. Die Tomaten unter das Fleisch mischen. Das Ragout salzen, pfeffern und so viel Milch dazugießen, daß alles bedeckt ist (etwa 1/4 l). Zugedeckt bei ganz schwacher Hitze mindestens 2 Stunden köcheln lassen. Bei Bedarf etwas Brühe angießen.

4. Für die Béchamelsauce in einem Topf 50 g Butter schmelzen lassen. Das Mehl darin unter ständigem Rühren leicht anschwitzen lassen und dann nach und nach den Rest Milch dazugießen. Dabei kräftig mit dem Schneebesen schlagen. Die Sauce mit Salz und Pfeffer würzen. Sie darf nicht zu dick werden; bei Bedarf mit etwas Milch verdünnen.

5. Den Mozzarella in kleine Würfel schneiden.

6. Wenn Sie Lasagneblätter gekauft haben, die ohne Vorkochen verwendbar sind, entfällt dieser Punkt. Für Lasagneblätter, die man vorkochen muß, reichlich Salzwasser aufkochen. Das Öl dazugeben. Die Lasagneblätter nach Packungsanweisung in mehreren Portionen kochen. Mit einem Schaumlöffel herausnehmen und nebeneinander auf ein Küchentuch legen.

7. Den Backofen auf 180° vorheizen. Eine rechteckige feuerfeste Form gründlich mit Butter ausstreichen.

8. Eine Lage Nudeln nebeneinander hineinlegen. Löffelweise Ragout und dann Béchamelsauce darüber verteilen. Mozzarellawürfelchen dazwischen streuen. Mit Parmesan bestreuen und mit Pfeffer würzen. So oft wiederholen, bis alle Zutaten aufgebraucht sind. Die letzte Nudelschicht muß vollkommen mit Béchamelsauce bedeckt sein. Den restlichen Parmesan darüber streuen. Das Gericht reichlich mit Butterflöckchen belegen und je nach Höhe der Lasagne im Backofen (Mitte) 30–40 Minuten (Lasagne ohne Vorkochen 40–50 Minuten) garen.

Eine Lasagne mit aristokratischem Hintergrund. Deshalb schmeckt die Lasagne alla contessa auch besonders edel.

45x
Pizza & Co.
in allen Variationen

Pizza, dieser ursprünglich italienische Teigfladen mit dem saftigen Belag wurde längst in unsere einheimische Küche aufgenommen und vielfältig variiert, zum Beispiel als Broccolikuchen oder Roggenkuchen mit Tomaten. Selbstverständlich finden Sie hier jedoch auch die zahlreichen Pizza-Klassiker, die Sie vom sonnigen Süden träumen lassen.

Pizzateig – Grundrezept

Zutaten für 1 große Pizza
für etwa 4 Personen:
300 g Mehl · 1/2 Teel. Salz
1/2 Würfel Hefe (20g)
3/16 l lauwarmes Wasser (190 ccm)
2 Eßl. Olivenöl
Für das Backblech: Olivenöl
Für die Arbeitsfläche: Mehl

Pro Portion etwa:
1200 kJ/290 kcal
9 g Eiweiß · 6 g Fett
51 g Kohlenhydrate

- Zubereitungszeit: etwa
  1 1/2 Stunden (davon
  45–50 Minuten Ruhezeit)

1. Das Mehl mit dem Salz in eine Schüssel sieben. Eine Mulde eindrücken. Die Hefe zerbröckeln, mit 2 Eßlöffeln lauwarmem Wasser glattrühren und hineingießen.

2. Etwas Mehl mit der Hefe breiig vermischen und leicht bemehlen. Mit einem Tuch bedeckt gehen lassen, bis die Oberfläche Risse zeigt (das dauert etwa 15–20 Minuten).

3. Dann nach und nach 1/8 l lauwarmes Wasser und das Öl dazugießen, dabei das Mehl unterarbeiten.

4. Den Teig so lange kneten, bis sich Blasen bilden und er sich glatt vom Schüsselrand löst. Weiterkneten, bis der Teig glatt und geschmeidig ist.

5. Den Teig mit Mehl bestäuben. Mit einem Tuch bedeckt bei guter Raumtemperatur gehen lassen, bis er sein Volumen verdoppelt hat. Das dauert etwa 30 Minuten.

6. Das Backblech mit Öl einfetten. Den Backofen auf 220° vorheizen. Den Teig nochmals kräftig durchkneten.

7. Auf der bemehlten Arbeitsfläche einen möglichst dünnen Pizzaboden in Größe des Backblechs ausrollen oder mit dem Handballen flach drücken. Der Boden sollte einen etwas dickeren Rand bekommen. Auf das Blech legen und mit den Belegzutaten belegen. Die Pizza im Backofen (unten) in 20–25 Minuten knusprig backen.

Pizza napoletana

Neapolitanische Pizza

Zutaten für 4 Personen:
Für den Teig:
300 g Mehl
1/2 Teel. Salz
1/2 Würfel Hefe (20 g)
3/16 l lauwarmes Wasser (190 ccm)
2 Eßl. Olivenöl
Für den Belag:
500 g Tomaten
2 Knoblauchzehen
3 Zweige Basilikum
Salz
schwarzer Pfeffer, frisch gemahlen
Oregano
6 Eßl. Olivenöl
Für das Backblech: Olivenöl
Für die Arbeitsfläche: Mehl

Gelingt leicht

Pro Portion etwa:
1900 kJ/450 kcal
11 g Eiweiß · 22 g Fett
55 g Kohlenhydrate

- Zubereitungszeit: etwa
  2 Stunden (davon
  45–50 Minuten Ruhezeit)

1. Aus den Teigzutaten nach dem Grundrezept (Seite 220) einen Pizzateig zubereiten. Den Backofen auf 220° vorheizen.

2. Die Tomaten häuten und längs in Viertel oder Spalten schneiden (kleine kann man auch halbieren). Den Knoblauch fein hacken. Die Basilikumblättchen etwas zerkleinern.

3. Den Pizzaboden auf dem gefetteten Blech mit den Tomaten belegen. Den Knoblauch und das Basilikum darüber streuen. Mit Salz, Pfeffer und Oregano würzen, mit dem Öl beträufeln. Die Pizza im Backofen (unten) in 20–25 Minuten knusprig backen.

Im Bild oben: Pizzateig (Grundrezept)
Im Bild unten: Pizza napoletana

Pizza Margherita

Pizza mit Tomaten und Mozzarella

Zutaten für 2 Personen:
Für den Teig:
10 g Hefe · 1 Prise Zucker
150 g Mehl · 1/4 Teel. Salz
1/2 Teel. neutrales Öl
Mehl zum Ausrollen
Für den Belag:
2 reife Tomaten (ersatzweise 1 Dose Pizzatomaten)
100 g Mozzarella · Salz
schwarzer Pfeffer, frisch gemahlen
2 Eßl. Olivenöl, kaltgepreßt
2 Eßl. Parmesan, frisch gerieben
2 Zweige Basilikum

Gelingt leicht

Pro Portion etwa:
2300 kJ/540 kcal
20 g Eiweiß · 27 g Fett
55 g Kohlenhydrate

- Zubereitungszeit: etwa 30 Minuten (+ Zeit zum Gehen des Teiges)

1. Die Hefe in einer kleinen Schüssel mit 3 Eßlöffel warmem Wasser und dem Zucker verrühren, 2 Eßlöffel Mehl hinzufügen, alles zu einem glatten Teig verrühren und zugedeckt an einem warmen Ort etwa 30 Minuten gehen lassen.

2. Das restliche Mehl auf die Arbeitsplatte oder in eine große Schüssel geben, den Vorteig mit dem Salz und etwa 75–100 ml lauwarmes Wasser dazugeben. Alles zu einem glatten Teig kneten. Kräftig durchkneten, den Teig als Kugel in einer Schüssel zugedeckt an einem warmen Platz etwa 1 Stunde gehen lassen, bis er sich verdoppelt hat. Den Backofen auf 225° vorheizen.

3. Den Teig auf der bemehlten Arbeitsplatte nochmals gut durchkneten. Ein rundes Backblech (Durchmesser 22–25 cm) mit dem Öl bepinseln. Den Teig mit dem Nudelholz ausrollen, auf das Blech legen, mit den Händen gleichmäßig flach drücken, dabei den Rand etwas stärker lassen.

4. Die Tomaten waschen, in Scheiben schneiden, auf dem Teig verteilen, dabei etwa 1,5 cm Rand frei lassen. Den Mozzarella in dünne Scheiben schneiden und auf den Tomaten verteilen. Mit Salz und Pfeffer würzen. 1 Eßlöffel Olivenöl darüber träufeln.

5. Die Pizza im Backofen (unten, Umluft 200°) etwa 15 Minuten backen, inzwischen die Basilikumblättchen abzupfen und im restlichen Olivenöl ziehen lassen. Dann die Pizza aus dem Ofen nehmen, mit dem Käse würzen und das Basilikum darauf verteilen. Die Pizza im Backofen (Mitte) weitere 10–15 Minuten backen.

Variante:

Mit Pecorino statt Parmesan erhält Ihre Pizza echten italienischen Pfiff.

Pizza-Time!

Kaum eine Spezialität genießt so viel Sympathie wie echte italienische Pizza, und es gibt kaum eine Spezialität, die sich so schmackhaft, leicht und mit Phantasie in immer neue Köstlichkeiten umwandeln läßt. Phantasie ist gefragt. Belag, Kräuter und Gewürze sollten Sie immer mit viel Fingerspitzengefühl kombinieren: Weniger ist bei mancher Pizza oft mehr. Zur Grundlage gehören immer Tomaten und Mozzarella, auf dem Hefeteigboden verteilt, und, zu Beginn der zweiten Hälfte der Backzeit, frischgeriebener Parmesan oder Pecorino. Was noch hinzu kommt, entscheiden Köchin und Koch nach Lust, Laune und Vorrat.

Für viele der Inbegriff der italienischen Küche: eine frisch gebackene, duftende, üppig belegte Pizza.

Pizza con spinaci

Pizza mit Spinat

Ein Glück, daß die Italiener so gerne Spinat essen. So haben sie auch dieses schlichte, aber köstliche Rezept erfunden.

Zutaten für 4 Personen:
Für den Teig: 300 g Mehl
1/2 Teel. Salz
1/2 Würfel Hefe (20 g)
3/16 l lauwarmes Wasser (190 ccm)
2 Eßl. Olivenöl
Für den Belag: 50 g Spinat
300 g Mozzarella
2 Knoblauchzehen · Salz
schwarzer Pfeffer · 6 Eßl. Olivenöl
Für das Backblech: Olivenöl
Für die Arbeitsfläche: Mehl

Gelingt leicht

Pro Portion etwa:
2700 kJ/640 kcal
28 g Eiweiß · 34 g Fett
53 g Kohlenhydrate

- Zubereitungszeit: etwa 2 1/2 Stunden (davon 45–50 Minuten Ruhezeit)

1. Aus den Teigzutaten nach dem Grundrezept (Seite 220) einen Pizzateig zubereiten.

2. Den Spinat verlesen. Mehrmals in reichlich kaltem Wasser waschen. Tropfnaß in eine Kasserolle geben und zugedeckt bei schwachere Hitze dämpfen, bis die Blätter zusammenfallen. Abtropfen lassen, dann grob hacken.

3. Den Backofen auf 220° vorheizen. Den Mozzarella in einem Sieb abtropfen lassen und in Scheiben schneiden. Den Knoblauch schälen.

4. Den Pizzaboden auf das gefettete Blech legen. Den Spinat mit Salz, Pfeffer und den durchgepreßten Knoblauchzehen würzen und auf dem Teig verteilen. Den Mozzarella darauf legen und die Pizza mit dem Olivenöl beträufeln.

5. Die Pizza im Backofen (unten) in 20–25 Minuten knusprig backen.

Pizza »peperonata«

Pizza mit Tomaten, Paprikaschoten und Zwiebeln

Zutaten für 3–4 Personen:
Für den Teig: 300 g Mehl
1/2 Teel. Salz
1/2 Würfel Hefe (20 g)
3/16 l lauwarmes Wasser (190 ccm)
2 Eßl. Olivenöl
Für den Belag: 400 g Tomaten
300 g Zwiebeln
je 1 große grüne und gelbe Paprikaschote
6 Eßl. Olivenöl · Salz
schwarzer Pfeffer, aus der Mühle
Nach Belieben: 1 Prise gemahlener Peperoncino (scharfe Pfefferschote), ersatzweise etwas Cayennepfeffer
Für das Backblech: Olivenöl
Für die Arbeitsfläche: Mehl

Für Gäste

Pro Portion etwa:
2100 kJ/500 kcal
12 g Eiweiß · 22 g Fett
61 g Kohlenhydrate

- Zubereitungszeit: etwa 2 Stunden (davon 45–50 Minuten Ruhezeit)

1. Aus den Teigzutaten nach dem Grundrezept (Seite 220) einen Pizzateig zubereiten.

2. Die Tomaten überbrühen, häuten und ohne die Stielansätze, die Kerne und den Saft längs in schmale Spalten schneiden. Die Zwiebeln in dünne Ringe schneiden. Die Paprikaschoten in Streifen schneiden.

3. Die Zwiebeln bei mittlerer Hitze in 3 Eßlöffeln Olivenöl weich dünsten. Zum Schluß die Paprikaschoten noch 1–2 Minuten mitdünsten.

4. Den Backofen auf 220° vorheizen.

5. Den Pizzaboden auf das gefettete Blech legen. Die Tomaten und die Gemüsemischung darauf verteilen. Salzen und mit dem restlichen Öl beträufeln.

6. Die Pizza im Backofen (unten) in 30–35 Minuten knusprig backen. Die fertige Pizza mit Pfeffer übermahlen. Wer's ganz scharf liebt, gibt noch 1 Prise Peperoncino über die Pizza.

Im Bild oben: Pizza con spinaci
Im Bild unten: Pizza »peperonata«

Pizza con carciofi

Pizza mit Artischocken

Mit dieser Pizza können Sie bei Ihren Gästen viel Ehre einlegen. Frische junge Artischocken weiß nicht jeder so delikat zuzubereiten, und selbst ausgefuchste Gourmets essen sie immer wieder mit Vergnügen.

Zutaten für 4 Personen:
Für den Teig: 300 g Mehl
1/2 Teel. Salz
1/2 Würfel Hefe (20 g)
3/16 l lauwarmes Wasser (190 ccm)
2 Eßl. Olivenöl
Für den Belag:
8 junge fleischige Artischocken
Saft von 1 Zitrone
4 Knoblauchzehen
1 kleines Bund Petersilie
4 Sardellenfilets
8 grüne Oliven ohne Stein
1 Teel. Kapern
6 Eßlöffel Olivenöl
Salz
weißer Pfeffer, frisch gemahlen
Für das Backblech: Olivenöl
Für die Arbeitsfläche: Mehl

Raffiniert • Für Gäste

Pro Portion etwa:
2100 kJ/500 kcal
14 g Eiweiß · 25 g Fett
58 g Kohlenhydrate

- Zubereitungszeit: etwa
  2 1/2 Stunden (davon
  45–50 Minuten Ruhezeit)

1. Aus den Teigzutaten nach dem Grundrezept (Seite 220) einen Pizzateig zubereiten.

2. Von den Artischocken die Stiele und die Außenblätter großzügig entfernen. Das obere Drittel der Blätter abschneiden. Kleine Artischocken vierteln, größere längs in Scheiben schneiden. Dabei das »Heu« entfernen und die Artischocken sofort in kaltes, mit dem Zitronensaft gesäuertes Wasser legen.

3. Die Knoblauchzehen schälen. Die Petersilie waschen, trockenschwenken und fein hacken. Die Sardellenfilets fein wiegen oder mit der Gabel zermusen. Die Oliven und die Kapern zusammen fein hacken.

4. Die Knoblauchzehen mit einer Gabel zerdrücken und in dem Olivenöl braun braten. Den Knoblauch dann herausnehmen. Die Sardellenfilets dazugeben und mit dem Öl cremig verrühren. Die Oliven und Kapern hinzufügen und umrühren.

5. Die Artischockenviertel oder -scheiben mit dem Schaumlöffel aus dem Zitronenwasser heben und mit Küchenkrepp trockentupfen. Die Artischocken zu der Oliven-Kapern-Mischung in die Kasserolle geben.

> **Tip!**
>
> Natürlich schmeckt diese Pizza mit jungen, frischen Artischocken einfach am besten. Wenn's mal schnell gehen muß, können Sie sie auch mit in Öl eingelegten Artischockenherzen zubereiten. Das Gemüse dann nur kurz in der gewürzten Ölmischung ziehen lassen.

6. Das Gemüse salzen, sparsam pfeffern und die gehackte Petersilie dazugeben. Die Artischocken bei ganz schwacher Hitze zugedeckt so lange dünsten, bis sie knapp gar sind (das dauert etwa 35 Minuten).

Variante:
Pizza con carciofi alla mozzarella

4 junge fleischige Artischocken wie im Rezept beschrieben vorbereiten. Längs jeweils in 8–10 Spalten teilen und in Zitronenwasser legen. 3 Eßlöffel Olivenöl erhitzen. Die abgetropften Artischocken hinzufügen. Salzen, pfeffern und 1 Eßlöffel gehackte Petersilie darüber streuen. Zugedeckt bei schwacher Hitze in etwa 20 Minuten knapp garen. Zwischendurch ab und zu umrühren. Danach abkühlen lassen.

7. Die Artischocken anschließend in der Kasserolle auskühlen lassen. Wenn sie etwa lauwarm sind, den Backofen auf 220° vorheizen.

Eine große gefettete Pie- oder Pizzaform mit dem Teig auskleiden. Etwa 300 g Mozzarella in nicht zu dünnen Scheiben auf dem Boden verteilen, die Artischocken darübergeben. Bei 200° etwa 25 Minuten backen.

8. Den Pizzaboden auf das gefettete Backblech legen und mit der Artischockenmasse belegen. Im Backofen (unten) in 20–25 Minuten knusprig backen.

Pizza con zucchini

Pizza mit Zucchini

Zutaten für 4 Personen:
Für den Teig: 300 g Mehl
1/2 Teel. Salz
1/2 Würfel Hefe (20 g)
3/16 l lauwarmes Wasser (190 ccm)
2 Eßl. Olivenöl
Für den Belag:
750 g kleine feste Zucchini
3 Knoblauchzehen
1 Bund Petersilie
etwa 12 schwarze Oliven
6 Eßl. Olivenöl · Salz
weißer Pfeffer, frisch gemahlen
150 g Pecorino (Schafkäse)
Für das Backblech: Olivenöl
Für die Arbeitsfläche: Mehl

Gelingt leicht

Pro Portion etwa:
2800 kJ/670 kcal
23 g Eiweiß · 38 g Fett
58 g Kohlenhydrate

- Zubereitungszeit:
  2 1/4–2 1/2 Stunden (davon
  55–65 Minuten Ruhezeit)

1. Aus den Teigzutaten nach dem Grundrezept (Seite 220) einen Pizzateig zubereiten.

2. Die Zucchini in dünne Scheiben schneiden. Die Knoblauchzehen mit der Petersilie fein hacken. Die Oliven entkernen und grob zerkleinern.

3. In einer breiten Pfanne 4 Eßlöffel Öl erhitzen. Die Zucchini bei mittlerer Hitze unter ständigem Rühren knapp weich braten. Salzen und pfeffern. Den Knoblauch, die Petersilie und die Oliven untermischen und das Gemüse abkühlen lassen. Den Käse grob raspeln. Den Backofen auf 220° vorheizen.

4. Den Pizzaboden auf das gefettete Blech legen und das Gemüse darauf verteilen (Rand freilassen). Den Käse darüber streuen. Die Pizza noch etwa 10 Minuten gehen lassen. Dann im Backofen (unten) 20–25 Minuten backen.

Pizza alla melanzane

Pizza mit Auberginen

Zutaten für 4 Personen:
Für den Teig: 300 g Mehl
1/2 Teel. Salz
1/2 Würfel Hefe (20 g)
3/16 l lauwarmes Wasser (190 ccm)
2 Eßl. Olivenöl
Für den Belag: 3 kleine Auberginen
Salz · Mehl · 600 g Dosentomaten
(1 1/2 Dosen) · 300 g Mozzarella
6 Eßl. Olivenöl
12 grüne Oliven ohne Stein
schwarzer Pfeffer · Oregano
Für das Backblech: Olivenöl
Für die Arbeitsfläche: Mehl

Gelingt leicht

Pro Portion etwa:
2800 kJ/670 kcal
27 g Eiweiß · 36 g Fett
59 g Kohlenhydrate

- Zubereitungszeit:
  2 1/4–2 1/2 Stunden (davon
  50–60 Minuten Ruhezeit)

1. Aus den Teigzutaten nach dem Grundrezept (Seite 220) einen Pizzateig zubereiten.

2. Die Auberginen in 1/2–1 cm dicke Scheiben schneiden. In einem Sieb lagenweise einsalzen, beschweren und etwa 30 Minuten ziehen lassen. Mit Wasser abbrausen, mit dem Handballen im Sieb gut ausdrücken und mit Küchenkrepp trockentupfen. Die Scheiben leicht in Mehl wälzen.

3. Die Tomaten abtropfen lassen, mit einer Gabel zermusen. Den Mozzarella in Scheiben schneiden.

4. In einer breiten Pfanne 4–5 Eßlöffel Öl erhitzen. Die Auberginen darin beidseitig goldbraun braten, auf Küchenkrepp abtropfen lassen. Den Backofen auf 220° vorheizen.

5. Den Pizzaboden auf dem gefetteten Blech mit dem Tomatenmus bestreichen (Rand freilassen). Die Auberginen kreisförmig darauf anordnen. Die Oliven halbieren und darüber verteilen. Mit dem Mozzarella bedecken, mit Pfeffer und Oregano würzen und mit dem restlichen Öl beträufeln. Die Pizza noch 5–10 Minuten gehen lassen, dann im Backofen (unten) in 20–25 Minuten knusprig backen.

Bild oben: Pizza con zucchini
Bild unten: Pizza alla melanzane

Pizza con carciofi e funghi

Pizza mit Artischocken und Pilzen

Zutaten für 4 Personen:
Für den Teig: 300 g Mehl
1/2 Teel. Salz
1/2 Würfel Hefe (20 g)
3/16 l lauwarmes Wasser (190 ccm)
2 Eßl. Olivenöl
Für den Belag:
600 g Dosentomaten (1 1/2 Dosen)
200 g Mozzarella
6–8 Sardellenfilets
12 Artischockenherzen in Öl
12 Pilze in Öl · 1 Bund Basilikum
100 g schwarze Oliven
1 Eßl. Kapern · 1 Teel. Oregano
weißer Pfeffer, frisch gemahlen
Nach Belieben: Salz
4 Eßl. Olivenöl
Für das Backblech: Olivenöl
Für die Arbeitsfläche: Mehl

Für Gäste

Pro Portion etwa:
3300 kJ/790 kcal
26 g Eiweiß · 46 g Fett
64 g Kohlenhydrate

- Zubereitungszeit: 1 3/4–2 Stunden (davon 45–50 Minuten Ruhezeit)

1. Aus den Teigzutaten nach dem Grundrezept (Seite 220) einen Pizzateig zubereiten.

2. Die Tomaten abtropfen lassen und mit einer Gabel zerdrücken. Den Mozzarella in dünne Scheiben schneiden. Die Sardellenfilets in Stücke schneiden. Die Artischockenherzen abtropfen lassen und vierteln, die Pilze ebenfalls abtropfen lassen und halbieren. Die Blättchen vom Basilikum etwas kleinschneiden. Die Oliven entkernen.

3. Anschließend den Backofen auf 220° vorheizen.

4. Den Pizzaboden auf dem gefetteten Blech mit den Tomaten bestreichen, mit dem Mozzarella belegen. Alle vorbereiteten Zutaten, die Oliven und die Kapern darauf verteilen. Mit dem Oregano, Pfeffer und nach Belieben mit Salz bestreuen. Mit Öl beträufeln und im Backofen (unten) 20–25 Minuten backen.

Pizza al pesto genovese

Pizza mit Pesto

Zutaten für 4 Personen:
Für den Teig: 300 g Mehl
1/2 Teel. Salz
1/2 Würfel Hefe (20 g)
3/16 l lauwarmes Wasser (190 ccm)
2 Eßl. Olivenöl
Für den Belag:
4 große Bund Basilikum
4 Knoblauchzehen
2 Eßl. Pinienkerne · Salz
weißer Pfeffer, frisch gemahlen
1/8 l Olivenöl, kaltgepreßt
80 g Pecorino (Schafkäse), frisch gerieben · 500 g Tomaten
3 Eßl. Olivenöl
Für das Backblech: Olivenöl
Für die Arbeitsfläche: Mehl

Raffiniert

Pro Portion etwa:
2800 kJ/670 kcal
13 g Eiweiß · 44 g Fett
59 g Kohlenhydrate

- Zubereitungszeit: etwa 2 Stunden (davon 45–50 Minuten Ruhezeit)

1. Aus den Teigzutaten nach dem Grundrezept (Seite 220) einen Pizzateig zubereiten. Nach der Ruhezeit 2 Pizzen von je etwa 24 cm Ø ausrollen.

2. Inzwischen das Basilikum grob zerschneiden. Den Knoblauch schälen und durchpressen. Die Pinienkerne fein hakken. Das Basilikum mit etwas Salz im Mörser verreiben, Pfeffer, den Knoblauch und die Pinienkerne dazugeben. Alles fein zerdrücken, dabei löffelweise das Öl und den Käse hinzufügen, bis der Pesto cremig wird. Sollte er zu fest sein, noch etwas Wasser einrühren. (Wenn Sie keinen Mörser haben, können Sie den Pesto auch mit dem Pürierstab oder im Mixer zubereiten.)

3. Den Backofen auf 220° vorheizen. Die Tomaten in dünne Scheiben schneiden.

4. Die Pizzaböden auf dem gefetteten Blech mit den Tomaten belegen, mit den 3 Eßlöffeln Öl bestreichen und im Backofen (unten) etwa 20 Minuten backen. Dann schnell mit dem Pesto bestreichen und in etwa 5 Minuten fertigbacken.

Im Bild oben:
Pizza con carciofi e funghi
Im Bild unten:
Pizza al pesto genovese

Pizza mit Egerlingen und Tomaten

Da in Italien mit Leidenschaft Pilze gesammelt werden, ist diese Zutat natürlich auch am Nationalgericht Pizza nicht spurlos vorübergegangen. Statt Egerlingen können Sie selbstverständlich auch weiße Champignons nehmen.

Zutaten für 6 Personen:
400 g Mehl
1 Würfel (42 g) frische Hefe
7 Eßl. Olivenöl · Salz
1 Teel. getrockneter Thymian
500 g Egerlinge
1 große weiße Zwiebel
1 Knoblauchzehe
100 g durchwachsener Räucherspeck
schwarzer Pfeffer, frisch gemahlen
1 kg Fleischtomaten
2 Teel. getrockneter Oregano
250 g Emmentaler, frisch gerieben
100 g Parmesan, frisch gerieben

Braucht etwas Zeit

Pro Portion etwa:
3000 kJ/710 kcal
29 g Eiweiß · 40 g Fett
61 g Kohlenhydrate

- Zubereitungszeit: etwa 1 1/2 Stunden

1. In einer großen Schüssel aus 100 g Mehl, der zerbröckelten Hefe und etwas lauwarmem Wasser einen Vorteig rühren und diesen etwa 20 Minuten an einem warmen Platz zugedeckt gehen lassen.

2. Das restliche Mehl, 4 Eßlöffel Olivenöl, Salz und den Thymian mit so viel lauwarmem Wasser unter den Vorteig mischen, daß sich ein elastischer Hefeteig schlagen läßt. Den Teig kneten, bis er glänzt und Blasen wirft. Noch einmal etwa 20 Minuten zugedeckt gehen lassen.

3. Die Egerlinge putzen, waschen und der Länge nach in Scheiben schneiden. Die Zwiebel schälen und in dünne Ringe schneiden. Die Knoblauchzehe schälen und fein hacken. Den Räucherspeck in dünne Streifen schneiden.

4. 2 Eßlöffel Öl in einer Pfanne erhitzen, die Zwiebel darin glasig braten. Die Speckstreifen dazugeben und etwas ausbraten. Die Pilzscheiben und den Knoblauch hinzufügen. Die Pilze bei starker Hitze so lange braten, bis die austretende Flüssigkeit vollständig eingekocht ist. Mit Pfeffer und Salz würzen.

5. Den Backofen auf 200° vorheizen. Ein Backblech mit dem restlichen Öl bestreichen. Den Teig noch einmal durchkneten, dann auf dem Backblech mit etwas Mehl ausrollen oder mit feuchten Händen in die passende Form drücken (er soll das Backblech ganz ausfüllen).

6. Die Fleischtomaten waschen, abtrocknen, halbieren und die Stielansätze entfernen. Die Tomatenhälften in Scheiben schneiden und auf dem Teig verteilen. Die Pilze darübergeben und mit dem Oregano würzen.

7. Den Emmentaler mit dem Parmesan vermischen und über dem Belag verteilen.

8. Das Blech in den vorgeheizten Backofen (Mitte; Gas Stufe 3) schieben und die Pizza etwa 30 Minuten backen. Der Käse soll appetitlich goldbraun sein. Dazu paßt am besten eine große Schüssel Blattsalat mit schwarzen und grünen – eventuell entsteinten – Oliven.

Tip!

Natürlich schmecken auch andere Pilze wie Steinpilze oder Shii-Take als Belag für eine Pizza sehr gut.

Pizza ist immer wieder ein beliebtes Gericht, vor allem Kinder greifen dabei gerne zu.

Roggenkuchen mit Tomaten

Durch die Zugabe von Roggenmehl bekommt der Teig für diesen Kuchen ein angenehm kräftiges Aroma. Für den Belag können Sie statt Mozzarella auch schnittfesten Ricotta (eventuell aus Schafmilch) verwenden. Oder Sie mischen beide Käsesorten.

Zutaten für 6 Personen:
Für den Teig:
250 g Roggenvollkornmehl
250 g Weizenvollkornmehl
Salz
1 Würfel frische Hefe (42 g)
1 Prise Zuckerrohrgranulat
1/8 l lauwarmes Wasser
250 g Joghurt
1 Eßl. Apfelessig
Für den Belag:
1 kg Fleischtomaten
2 Bund Frühlingszwiebeln
300 g Mozzarella
1/2 Bund frischer Thymian
Salz
schwarzer Pfeffer, frisch gemahlen
1 Eßl. Pinienkerne
1 Eßl. Kapern (aus dem Glas)
2 Eßl. Olivenöl, kaltgepreßt
Für das Backblech: etwas Butter

Gelingt leicht

Pro Portion etwa:
2300 kJ/550 kcal
25 g Eiweiß · 21 g Fett
61 g Kohlenhydrate
14 g Ballaststoffe

- Zubereitungszeit: etwa 2 Stunden

1. Für den Teig die beiden Mehlsorten mit 1 kräftigen Prise Salz in einer Schüssel mischen. In der Mitte des Mehls eine Mulde formen.

2. Die Hefe in einer Tasse zerbröckeln und mit dem Zuckerrohrgranulat und wenig lauwarmem Wasser verrühren. Die Hefe in die Mehlmulde geben, mit etwas Mehl bestäuben und zugedeckt an einem warmen Ort etwa 15 Minuten gehen lassen.

3. Inzwischen den Joghurt lauwarm erwärmen. Den Joghurt, das restliche Wasser und den Essig zum Mehl in die Schüssel geben und alles mit den Händen oder den Knethaken des Handrührgerätes etwa 5 Minuten lang kräftig durchkneten, bis ein glatter und geschmeidiger Teig entstanden ist.

4. Den Teig zugedeckt an einem warmen Ort etwa 1 Stunde gehen lassen, bis sich sein Volumen fast verdoppelt hat.

5. Inzwischen für den Belag die Tomaten mit kochendem Wasser überbrühen, kurz darin ziehen lassen, kalt abschrecken und häuten. Die Tomaten quer zu den Samenkammern in dünne Scheiben schneiden, dabei die Stielansätze herausschneiden. Die Frühlingszwiebeln putzen, waschen und mit dem zarten Grün in feine Ringe schneiden. Den Mozzarella abtropfen lassen und kleinschneiden. Den Thymian waschen, trockenschwenken und die Blättchen von den Stielen streifen.

6. Das Backblech mit Butter ausstreichen.

7. Den Teig noch einmal gut durchkneten, dann auf dem Backblech ausrollen.

8. Den Teig mit den Tomatenscheiben und den Frühlingszwiebeln belegen, mit dem Thymian bestreuen und mit Salz und Pfeffer würzen. Die Pinienkerne und die Kapern darauf verteilen. Den Mozzarella darüber streuen und ebenfalls mit etwas Salz und Pfeffer würzen. Das Öl darüber träufeln.

9. Das Backblech in den Backofen (Mitte) schieben. Den Ofen auf 220° schalten und den Roggenkuchen etwa 35 Minuten garen, bis er schön gebräunt ist. Der Kuchen schmeckt heiß oder lauwarm abgekühlt.

Roggenkuchen mit Tomaten vom Blech, knusprig überbacken, bekommt durch aufgestreute Pinienkerne und Kapern den richtigen Pfiff.

Crostata di ricotta

Ricottatorte

Zutaten für eine Springform von 26 cm Ø:
Für den Teig:
250 g Mehl
knapp 1 gestrichener Teel. Salz
50 g weiche Butter
1 Ei
3 Eßl. Olivenöl
Für die Füllung:
150 g roher Schinken
150 g Paprikasalami
150 g Räucherkäse (Provola affumicata)
1 Bund Basilikum
300 g Ricotta (italienischer Frischkäse), ersatzweise Schichtkäse
2 Eier
1 Eßl. Olivenöl
100 g Parmesan, frisch gerieben
Salz
weißer Pfeffer, frisch gemahlen
Für die Form: Butter
Für die Arbeitsfläche: Mehl

Gelingt leicht

Bei 16 Stück pro Stück etwa:
1400 kJ/330 kcal
15 g Eiweiß · 25 g Fett
11 g Kohlenhydrate

- Zubereitungszeit: etwa 2 Stunden (davon etwa 1 Stunde Kühlzeit)

1. Das Mehl auf ein Backbrett sieben. Eine Mulde eindrücken. Das Salz, die Butter in Flöckchen, das Ei und das Öl hineingeben. Alle Zutaten rasch zu einem glatten Teig verarbeiten. Eine Springform mit etwas Butter ausstreichen. Den Teig auf einer bemehlten Arbeitsfläche etwa 4 mm dick ausrollen. Mit Hilfe des Springformbodens eine runde Teigplatte ausschneiden und in die Form legen. Den restlichen Teig ausrollen und in 4–5 cm breite Streifen schneiden. Diese als Rand an den Boden ansetzen. Die Springform für etwa 1 Stunde kühl stellen.

2. Inzwischen den Schinken und die Salami in schmale Streifen und den Räucherkäse in kleine Würfel schneiden. Das Basilikum kleinhacken.

3. Den Frischkäse durch ein Sieb streichen und in einer Schüssel mit den Eiern, dem Öl, dem Parmesan, dem Basilikum, dem Schinken, der Salami und dem Räucherkäse gleichmäßig verrühren, so daß eine weiche Masse entsteht. Mit Salz und Pfeffer abschmecken. Den Backofen auf 200° vorheizen.

4. Den Teigboden in der Form mit einer Gabel mehrmals einstechen. Die Ricottamasse einfüllen und glattstreichen.

5. Im Backofen (Mitte) etwa 35 Minuten backen, bis die Oberfläche der »crosta« goldgelb geworden ist.

Variante:
Crostata di cipolle
Den Teig wie im Rezept beschrieben herstellen und mit etwa zwei Dritteln davon die Form auskleiden. Dann kühl stellen. 600 g in feine Ringe geschnittene Zwiebeln in je 2 Eßlöffeln Butter und Olivenöl bei schwacher Hitze weich braten (sie dürfen nicht braun werden). 3 Eier mit 200 g Sahne, Salz und Pfeffer verschlagen, 50 g Parmesan und die Zwiebeln untermischen. Damit die »crosta« füllen. Aus dem restlichen Teig kleine Rollen formen und als Gitter über die Zwiebeln legen. Mit einem verquirlten Eigelb bestreichen. Die »crosta« bei 200° im Backofen (Mitte) etwa 40 Minuten backen. Heiß oder kalt servieren.

Für alle, die es deftig und üppig lieben: Die Crostata di ricotta ist eine rustikale Angelegenheit für eine größere Gästeschar.

Pizza con ricotta e gorgonzola

Pizza mit Ricotta und Gorgonzola

Zutaten für 4 Personen:
Für den Teig: 300 g Mehl
1/2 Teel. Salz
1/2 Würfel Hefe (20 g)
3/16 l lauwarmes Wasser (190 ccm)
2 Eßl. Olivenöl
Für den Belag: 100 g Ricotta
200 g Gorgonzola
1 mittelgroße Zwiebel
3–4 Eßl. Sahne · Salz
weißer Pfeffer, frisch gemahlen
4 Eßl. Olivenöl
Für das Backblech: Olivenöl
Für die Arbeitsfläche: Mehl

Raffiniert

Pro Portion etwa:
2700 kJ/640 kcal
23 g Eiweiß · 35 g Fett
54 g Kohlenhydrate

- Zubereitungszeit: etwa
  1 3/4–2 Stunden (davon
  50–60 Minuten Ruhezeit)

1. Aus den Teigzutaten nach dem Grundrezept (Seite 220) einen Pizzateig zubereiten.

2. Den Ricotta durch ein Sieb streichen. Den Gorgonzola entrinden und klein würfeln. Die Zwiebel fein hacken. Alle vorbereiteten Zutaten mit der Sahne mischen. Die Masse mit Salz und Pfeffer würzen.

3. Den Backofen auf 220° vorheizen.

4. Den Pizzaboden auf das gefettete Blech legen und mit der Käsemasse bestreichen. Mit dem Öl beträufeln. Noch 5–10 Minuten gehen lassen, dann im Backofen (unten) 20–25 Minuten backen.

Pizza con funghi e melanzane

Pizza mit Pilzen und Auberginen

Zutaten für 4 Personen:
Für den Teig: 300 g Mehl
1/2 Teel. Salz
1/2 Würfel Hefe (20 g)
3/16 l lauwarmes Wasser (190 ccm)
2 Eßl. Olivenöl
Für den Belag: 300 g Auberginen
Salz · Mehl · 300 g Champignons
1 Knoblauchzehe
1 kleines Bund Petersilie
8 Eßl. Olivenöl
schwarzer Pfeffer, frisch gemahlen
Für das Backblech: Olivenöl
Für die Arbeitsfläche: Mehl

Für Gäste

Pro Portion etwa:
2200 kJ/520 kcal
13 g Eiweiß · 27 g Fett
56 g Kohlenhydrate

- Zubereitungszeit: etwa
  2 1/2–2 3/4 Stunden (davon
  50–60 Minuten Ruhezeit)

1. Aus den Teigzutaten nach dem Grundrezept (Seite 220) einen Pizzateig zubereiten.

2. Die Auberginen ungeschält in etwa 1 cm große Würfel schneiden. Salzen und beschwert in einem Sieb etwa 30 Minuten ziehen lassen. Kurz mit Wasser abbrausen, mit dem Handballen im Sieb gut ausdrücken und trockentupfen. Die Würfel leicht in Mehl wälzen.

3. Die Champignons putzen, abreiben und blättrig schneiden. Die Knoblauchzehe und die Petersilie fein hacken.

4. 2 Eßlöffel Öl in eine breite Pfanne geben, den Knoblauch und die Petersilie darin kurz bei mittlerer Hitze anbraten. Dann die Pilze darin bei starker Hitze so lange braten, bis die Flüssigkeit verdampft ist. Anschließend salzen.

5. Inzwischen die Auberginen in 4 Eßlöffeln Öl nicht zu weich braten. Auf Küchenkrepp abtropfen lassen. Dann mit den Pilzen mischen. Den Backofen auf 220° vorheizen.

6. Den Pizzaboden auf das gefettete Blech legen, mit der Gemüsemischung belegen, pfeffern und mit dem restlichen Öl beträufeln. Die Pizza noch 5–10 Minuten gehen lassen. Dann im Backofen (unten) in 20–25 Minuten backen.

Im Bild oben:
Pizza con funghi e melanzone
Im Bild unten:
Pizza con ricotta e gorgonzola

Pizza mit Knoblauch und Kapern

Selbstgemachte Pizza schmeckt einfach am besten. Um das mühsame Hefeteigkneten mogeln wir uns hier herum, indem wir statt dessen einen Quark-Öl-Teig machen. Er ist wie Hefeteig zu verwenden, macht aber bedeutend weniger Arbeit und braucht auch keine Zeit zum »Gehen«.

Zutaten für 1 Portion:
Für den Quark-Öl-Teig
75 g Magerquark
2 Eßl. Olivenöl
1 Eßl. Milch
Salz
100 g Vollkornmehl
1 Messerspitze Backpulver
1 Teel. Öl für die Form
Für den Belag:
2–3 Eßl. Tomatenpüree oder (besser) 1 frische Tomate
1 Teel. Oregano, getrocknet
150 g Mozzarella
3 Knoblauchzehen
1 Eßl. Kapern
schwarzer Pfeffer, frisch gemahlen

Gelingt leicht

Diese Menge enthält etwa:
3900 kJ/930 kcal
44 g Eiweiß · 45 g Fett
79 g Kohlenhydrate

- Zubereitungszeit: etwa 40 Minuten

1. Für den Teig den Quark mit dem Öl und der Milch ganz glatt rühren, mit einer kräftigen Prise Salz würzen.

2. Das Mehl mit dem Backpulver vermischen. Die Hälfte davon mit dem Quark verrühren. Diesen Teig gut mit dem restlichen Mehl verkneten.

3. Den Backofen auf 250° vorheizen. Eine flache runde Form von etwa 22 cm Ø (notfalls tut's die Pfanne, wenn sie keine Kunststoffgriffe hat) mit Öl auspinseln.

4. Den Teig zu einer Kugel formen und zwischen den Händen flach drücken.

5. Den Teig in der Form mit den Händen vorsichtig auswalzen. (Der eierlose Teig kann schlecht ausgerollt werden, er bricht zu leicht.)

6. Das Tomatenpüree auf dem Teig verteilen, den Oregano darüber streuen. Den Mozzarella in Scheiben schneiden und auflegen.

7. Die Knoblauchzehen in feine Scheiben schneiden und damit die Pizza belegen. Die Kapern darüber verteilen. Pfeffer darüber mahlen.

8. Bei 250° etwa 15 Minuten backen. Einschubleiste: knapp unter der Mitte. Die Pizza ist fertig, wenn der Käse zerlaufen und knusprig ist.

Varianten:
Beim Belegen der Pizza sind Ihrer Phantasie keine Grenzen gesetzt. Zum klassischen Repertoire der Pizzabeläge gehören gekochter Schinken, Oliven, Champignons, Artischocken, Peperoni, Salami und Muscheln.
Probieren Sie aber auch andere Zutaten aus: Kräuter und Schafkäse machen Ihre Pizza würzig, mit Hackfleisch und Zwiebeln wird sie deftig und mit Lachsstreifen und Sahneguß sehr fein.

Tip!
Fügen Sie, wenn Sie eine größere Menge Pizzateig machen wollen, bitte ein Ei hinzu. Der Teig läßt sich dann leichter verarbeiten.

Pizza agli asparagi

Pizza mit Spargel

Für diese Pizza sollten Sie wirklich nur grünen Spargel verwenden. Fast das ganze Jahr über können Sie ihn auf Gemüsemärkten oder in Spezialabteilungen großer Warenhäuser kaufen. Er ist viel kräftiger im Geschmack als der weiße Spargel.

Zutaten für 4 Personen:
Für den Teig:
300 g Mehl
1/2 Teel. Salz
1/2 Würfel Hefe (20 g)
3/16 l lauwarmes Wasser (190 ccm)
2 Eßl. Olivenöl
Für den Belag:
600 g Dosentomaten (1 1/2 Dosen)
750 g grüner Spargel
2 Sardellenfilets
6 Eßl. Olivenöl
Salz
weißer Pfeffer, frisch gemahlen
100 g Pecorino (Schafkäse)
Für das Backblech: Olivenöl
Für die Arbeitsfläche: Mehl

Gelingt leicht

Pro Portion etwa:
2500 kJ/600 kcal
25 g Eiweiß · 31 g Fett
58 g Kohlenhydrate

- Zubereitungszeit: etwa 2 1/4–2 1/2 Stunden (davon 50–60 Minuten Ruhezeit)

1. Aus den Teigzutaten nach dem Grundrezept (Seite 220) einen Pizzateig zubereiten.

2. Die Tomaten in ein Sieb geben und gut abtropfen lassen. Den Tomatensaft aufbewahren.

3. Von den Spargelstangen eventuell vorhandene weiße Enden abschneiden. Bei nur grünem Spargel das untere Drittel schälen. Den grünen Spargel unter fließendem kaltem Wasser waschen, mit Küchenkrepp trockentupfen und die Stangen in etwa 2 cm lange Stücke schneiden.

4. Die Sardellenfilets sehr fein hacken. Die Tomaten mit einer Gabel zerdrücken.

5. In einer Kasserolle 4 Eßlöffel Olivenöl nicht zu stark erhitzen. Die zerdrückten Sardellenfilets dazugeben und cremig verrühren. Dann die Spargelstücke hinzufügen und kurz mitbraten. Die Tomaten hinzufügen und untermischen. Das Gemüse mit Salz und Pfeffer würzen und zugedeckt bei schwacher Hitze etwa 15 Minuten schmoren lassen, bis der Spargel knapp gar ist (Bißprobe). Wenn das Gemüse anzubrennen droht, etwas Tomatensaft hinzugießen. Zum Schluß den Deckel abnehmen und das Gemüse bei starker Hitze so lange rühren, bis die Flüssigkeit verdampft ist. Die Spargel-Tomaten-Mischung dann auskühlen lassen.

6. Den Käse grob raspeln.

7. Den Backofen auf 220° vorheizen.

8. Den Pizzaboden auf das gefettete Backblech legen. Das Gemüse gleichmäßig darauf verteilen, dabei einen Rand freilassen. Den Belag mit dem Käse bestreuen und mit dem restlichen Öl beträufeln. Die Pizza noch 5–10 Minuten gehen lassen.

9. Die Pizza in den Backofen schieben und in 20–25 Minuten knusprig backen.

Die Pizza agli asparagi ist eine kulinarische Hymne auf italienische Küchenkunst. Der Belag in den Farben der italienischen Flagge ist durch viel grünen Spargel besonders saftig.

Gemüsetörtchen

Wenn Sie Gäste erwarten, sind die Gemüsetörtchen ideal. Sie können sie so weit vorbereiten, daß Sie nur noch die Eisahne darüber gießen und die Törtchen backen müssen.

Zutaten für 6 Quicheförmchen von
10 cm Ø:
60 g Erdnüsse, geröstet und geschält
180 g Weizenvollkornmehl
Meersalz
1/4 Teel. Schabzigerklee
100 g kalte Butter · 2 Eier
je 100 g süße und saure Sahne
schwarzer Pfeffer, frisch gemahlen
60 g Greyerzer Käse
1 Bund Frühlingszwiebeln (etwa 150 g)
1 rote Paprikaschote (etwa 170 g)
1 Eßl. Olivenöl, kaltgepreßt
1/2 Teel. getrockneter Oregano
1 Möhre (etwa 70 g)
170 g Blumenkohlröschen
15 g Butter
3/4–11 Teel. Currypulver
Für die Form: ungehärtetes Kokosfett

Für Gäste

Pro Törtchen etwa:
2000 kJ/480 kcal
14 g Eiweiß · 36 g Fett
23 g Kohlenhydrate
6 g Ballaststoffe

- Zubereitungszeit: etwa 2 Stunden

1. 50 g Erdnüsse im Blitzhacker sehr fein zerkleinern oder sehr fein mahlen. Das Mehl, die Erdnüsse, 1/4 Teelöffel Salz und den Schabzigerklee mischen.

2. Die Butter in Stückchen schneiden und auf das Mehl setzen. Alles zu feinen Streuseln verkrümeln. 60 ccm eiskaltes Wasser dazugießen und alles zu einem glatten Teig verkneten. Den Teig zu einer Kugel rollen und in einer Edelstahlschüssel zugedeckt etwa 1 Stunde kühlen.

3. Die Förmchen mit Kokosfett einfetten. Die Eier mit der süßen und der sauren Sahne verquirlen, mit Salz und Pfeffer würzen. Den Käse reiben.

4. Für die Paprikafüllung die Frühlingszwiebeln waschen und putzen. Etwa zwei Drittel vom unteren Ende (etwa 100 g) in Ringe schneiden. Das restliche Zwiebelgrün beiseite legen. Die Paprikaschote waschen, vierteln und entkernen. Dann in feine Streifen schneiden.

5. Das Öl und 1 Eßlöffel Wasser in einem breiten Topf schwach erhitzen. Das Gemüse hineingeben, salzen und in etwa 5 Minuten zugedeckt bei schwacher Hitze knapp bißfest dünsten. Den Oregano unterrühren. Das Gemüse auf einem Teller beiseite stellen.

6. Den Backofen auf 200° vorheizen.

7. Für die Blumenkohlfüllung die Möhre unter fließendem Wasser sauber abbürsten, längs halbieren und in sehr dünne Scheibchen schneiden. Den Blumenkohl waschen, die Stiele und die Röschen in dünne Scheiben schneiden.

8. Die Butter und 1 Eßlöffel Wasser in dem Topf schwach erhitzen. Das Gemüse hineingeben, salzen und in 5–6 Minuten zugedeckt bei schwacher Hitze knapp bißfest garen. Dann mit dem Curry kräftig würzen, da die Eisahne den Geschmack etwas dämpft.

9. Den Teig auf der leicht bemehlten Arbeitsfläche ausrollen und die Förmchen damit auslegen. Die Teigböden mit einer Gabel mehrfach einstechen und im Backofen (unten) etwa 15 Minuten vorbacken.

10. Auf den Boden von drei Förmchen etwas Käse streuen, das Paprikagemüse hineinfüllen, die Hälfte der Eisahne darüber gießen. Das Blumenkohlgemüse in die anderen drei Förmchen füllen und mit dem restlichen Käse bestreuen. Das Gemüse mit Eisahne übergießen und mit den restlichen 10 g Erdnüssen bestreuen.

11. Die Törtchen im Backofen (Mitte) etwa 20 Minuten backen, bis die Oberfläche goldgelb und fest ist. Vom zurückgelegten Zwiebelgrün einige Ringe abschneiden und die Paprikatörtchen damit bestreuen.

Diese knusprigen Törtchen mit saftigem Gemüsebelag lassen sich gut vorbereiten und sind deshalb ideal für die Gästebewirtung.

Pizza giardino

Pizza Gärtnerart

Zutaten für 2 Personen:
Für den Teig:
10 g Hefe
1 Prise Zucker
150 g Mehl
1/4 Teel. Salz
1/2 Teel. neutrales Öl
Mehl zum Ausrollen
100–150 g Gemüse (zum Beispiel Lauch und Möhren in Scheibchen, Stangensellerie in Würfelchen, Paprikaschoten in feinen Streifen, Zwiebeln, Zucchini, blanchierte grüne Bohnen, Mais aus der Dose)
Salz
schwarzer Pfeffer, frisch gemahlen
100 g Mozzarella
2 Eßl. Parmesan, frisch gerieben
1 Eßl. Olivenöl, kaltgepreßt

Gelingt leicht
Vegetarisch

Pro Portion etwa:
2100 kJ/500 kcal
20 g Eiweiß · 21 g Fett
56 g Kohlenhydrate

- Zubereitungszeit: etwa 30 Minuten (+ Zeit zum Gehen des Teigs)

1. Die Hefe in kleine Stückchen bröckeln und in einer kleinen Schüssel mit 3 Eßlöffeln warmem Wasser und dem Zucker verrühren. Dann 2 Eßlöffel Mehl hinzufügen und alles zu einem glatten Teig verrühren und zugedeckt an einem warmen Ort etwa 30 Minuten gehen lassen.

2. Das restliche Mehl auf die Arbeitsplatte oder in eine große Schüssel geben, den Vorteig mit dem Salz und etwa 75–100 ml lauwarmes Wasser dazugeben. Alles zu einem glatten Teig kneten. Kräftig durchkneten, den Teig als Kugel in einer Schüssel zugedeckt an einem warmen Platz etwa 1 Stunde gehen lassen, bis er sich verdoppelt hat. Den Backofen auf 225° vorheizen.

3. Den Teig auf der bemehlten Arbeitsplatte nochmals gut durchkneten. Ein rundes Backblech (Durchmesser 22 bis 25 cm) mit dem Öl auspinseln. Den Teig mit dem Nudelholz ausrollen, auf das Blech legen und mit den Händen gleichmäßig flach drücken, dabei den Rand etwas stärker lassen.

4. Das Gemüse auf der Pizza verteilen, salzen und pfeffern. Den Mozzarella in dünnen Scheiben, danach den Parmesan darüber verteilen. Mit dem Olivenöl beträufeln und in 20–25 Minuten im Backofen (Mitte, Umluft 200°) goldbraun backen.

Varianten:
Pizza ai funghi

Den Teigboden wie im nebenstehenden Rezept beschrieben vorbereiten. Für den Belag 20 g getrocknete Steinpilze für etwa 20 Minuten in lauwarmem Wasser einweichen, dann mit Küchenpapier abtupfen, grob zerkleinern und zusammen mit 3 in Scheiben geschnittenen Tomaten auf dem Teigboden verteilen. Leicht salzen und pfeffern. Den Mozzarella in dünnen Scheiben, dann den Parmesan darüber geben, mit Olivenöl beträufeln und backen.

Pizza coi carciofini

Den Teigboden vorbereiten, 3 Tomaten in Scheiben schneiden, darauf verteilen. 80 g eingelegte Artischockenherzen nach Belieben kleiner schneiden und auf der Pizza verteilen, salzen und pfeffern. Mit Rosmarin bestreuen, mit dem Mozzarella in dünnen Scheiben belegen, den Parmesan darüber geben, mit Olivenöl beträufeln und backen.

Im Bild vorne: Pizza ai funghi
Im Bild Mitte: Pizza coi carciofini
Im Bild hinten: Pizza giardino

Gemüse-kuchen

Zutaten für 6 Personen:
1 Dose Maiskörner (340 g)
1 Fleischtomate
1 grüne Paprikaschote
1 Fenchelknolle
250 g Zwiebeln
1 Knoblauchzehe
1 Bund Petersilie
150 g Schichtkäse
Salz
5 Eßl. Maiskeimöl
1 Ei
4 Eßl. Milch
300 g Weizenvollkornmehl
2 gehäufte Teel. Weinstein-Backpulver
150 g Emmentaler, frisch gerieben
200 g Sahne
1 Teel. Paprikapulver, edelsüß
1 Prise Paprikapulver, rosenscharf
1 Teel. getrockneter Thymian
1 Bund Frühlingszwiebeln
Für das Backblech: etwas Butter

Raffiniert

Pro Portion etwa:
2800 kJ/670 kcal
24 g Eiweiß · 40 g Fett
54 g Kohlenhydrate
13 g Ballaststoffe

- Zubereitungszeit: etwa 1 3/4 Stunden

1. Die Maiskörner in einem Sieb kurz kalt abspülen, um den Zucker zu entfernen. Die Tomate mit kochendem Wasser überbrühen, kurz ziehen lassen, kalt abschrecken und häuten. Die Tomate würfeln, dabei den Stielansatz entfernen. Die Paprikaschote putzen, waschen und in Streifen schneiden. Von der Fenchelknolle das zarte Grün abschneiden und zugedeckt beiseite legen. Den Fenchel putzen, waschen und vierteln. Den Strunk herausschneiden und die Viertel quer zu den Fasern in feine Streifen schneiden. Die Zwiebeln und den Knoblauch fein hacken. Die Petersilie waschen, trockenschwenken und ohne die groben Stiele sehr fein hacken. Alle diese vorbereiteten Zutaten in einer Schüssel mischen.

2. Für den Teig den Schichtkäse mit 1 kräftigen Prise Salz, dem Öl, dem Ei und der Milch mit den Schneebesen des Handrührgerätes gründlich vermischen. Das Mehl mit dem Backpulver mischen und die Hälfte davon unter die Schichtkäsemasse mischen. Die restliche Mehlmischung mit den Händen rasch unterkneten.

3. Ein Backblech mit Butter ausstreichen. Den Teig gleichmäßig auf dem Backblech verteilen, dabei einen kleinen Rand formen.

4. Die Gemüsemischung auf dem Teig verteilen.

5. Den Käse mit der Sahne verrühren und mit den Paprikapulversorten, dem Thymian und eventuell etwas Salz (der Käse ist schon salzig!) abschmecken. Das Gemüse ebenfalls mit etwas Salz würzen, dann mit der Käsesahne bedecken.

6. Das Blech in den Backofen (Mitte) schieben. Den Ofen auf 200° schalten und den Gemüsekuchen etwa 40 Minuten backen, bis er an der Oberfläche schön gebräunt ist.

7. Kurz vor Ende der Garzeit die Frühlingszwiebeln putzen, waschen und mit dem zarten Grün sehr fein hacken. Das Fenchelgrün waschen und ebenfalls sehr fein zerkleinern.

8. Den Gemüsekuchen mit den Frühlingszwiebeln und dem Fenchelgrün bestreut servieren.

Tip!

Schichtkäse bekommen Sie vielleicht nicht in jedem Geschäft. Sie können ihn aber durch Quark ersetzen. In diesem Fall allerdings keine Milch zugeben, denn Quark ist feuchter als Schichtkäse.

Ideal, wenn sich viele Gäste angesagt haben: ein bunter Gemüsekuchen vom Blech

Pizza alle uova

Pizza mit Eiern

Zutaten für 4 Personen:
Für eine Pie- oder Springform von 28 cm Durchmesser:
Für den Teig: 300 g Mehl
1/2 Teel. Salz
1/2 Würfel Hefe (20 g)
3/16 l lauwarmes Wasser (190 ccm)
2 Eßl. Olivenöl
Für den Belag: 500 g Tomaten
450 g Mozzarella · 6 Sardellenfilets
6 Eßl. Olivenöl · Salz
weißer Pfeffer · Oregano
4 Eier
2 Eßl. Parmesan, frisch gerieben
Für die Arbeitsfläche: Mehl

Gelingt leicht

Pro Portion etwa:
3900 kJ/930 kcal
53 g Eiweiß · 55 g Fett
55 g Kohlenhydrate

- Zubereitungszeit: etwa
  2 1/2 Stunden (davon
  45–50 Minuten Ruhezeit)

1. Aus den Teigzutaten nach dem Grundrezept (Seite 220) einen Pizzateig zubereiten.

2. Die Tomaten überbrühen, häuten und ohne Stielansätze, Kerne und Saft in Stücke schneiden. Den Backofen auf 220° vorheizen.

3. Drei Viertel des Mozzarella in dünne Scheiben schneiden, den Rest und die Sardellen getrennt kleinhacken.

4. Die Form mit etwas Öl ausstreichen. Den Pizzateig darin flach drücken und einen 2–3 cm hohen Rand formen. Die Tomaten, die Mozzarellascheiben und die Sardellen darauf verteilen. Sparsam salzen, pfeffern, mit etwas Oregano bestreuen und mit dem restlichen Öl beträufeln. Die Pizza im Backofen (unten) in 20–25 Minuten knusprig backen. Dann herausnehmen.

5. Die Eier aufschlagen und wie für Spiegeleier auf die Pizza setzen. Leicht salzen und mit dem gehackten Mozzarella und dem Parmesan bestreuen. Die Form noch etwa 8 Minuten in den Ofen schieben, bis die Eier fest geworden sind und der Käse geschmolzen ist.

Pizza alla palermitana

Pizza mit Endivie und Pinienkernen

Zutaten für 4 Personen:
Für den Teig: 300 g Mehl
1/2 Teel. Salz
1/2 Würfel Hefe (20 g)
3/16 l lauwarmes Wasser (190 ccm)
2 Eßl. Olivenöl
Für den Belag: 2 Eßl. Sultaninen
3 Köpfe Endiviensalat · Salz
4 Sardellenfilets
100 g schwarze Oliven, entkernt
8 Eßl. Olivenöl · 1 Eßl. Kapern
2 Eßl. Pinienkerne
Für das Backblech: Olivenöl
Für die Arbeitsfläche: Mehl

Raffiniert

Pro Portion etwa:
3000 kJ/710 kcal
19 g Eiweiß · 44 g Fett
62 g Kohlenhydrate

- Zubereitungszeit: etwa
  2 1/4 Stunden (davon etwa
  1 Stunde Ruhezeit)

1. Aus den Teigzutaten nach dem Grundrezept (Seite 220) einen Pizzateig zubereiten.

2. Die Sultaninen etwa 15 Minuten in lauwarmem Wasser einweichen. Die Endivienherzen in fingerbreite Streifen schneiden und etwa 5 Minuten in Salzwasser kochen. Abtropfen lassen. Die Sardellen kleinhacken. Die Oliven grob zerschneiden. Den Backofen auf 220° vorheizen.

3. 3 Eßlöffel Öl erhitzen. Die Sardellen, die Oliven und die Kapern darin kurz anbraten. Die ausgepreßten Endivienstreifen dazugeben. Alles gut vermischen und etwa 10 Minuten bei schwacher Hitze ziehen lassen. Eventuell mit Salz abschmecken.

4. Die Sultaninen ausdrücken und mit den Pinienkernen zum Gemüse mischen. Den Pizzaboden auf dem gefetteten Blech damit belegen. Mit dem restlichen Öl beträufeln. Die Pizza noch 15–20 Minuten gehen lassen, dann im Backofen (unten) 20–25 Minuten backen.

Im Bild oben: Pizza alle uova
Im Bild unten: Pizza alla palermitana

Crostata alla verza

Mürbeteigpizza mit Wirsing

Zutaten für eine Springform von 28 cm Ø:
Für den Teig: 250 g Mehl
knapp 1 Teel. Salz
125 g weiche Butter
2 Eßl. kaltes Wasser
Für den Belag: 800 g Wirsing
Salz · 1 Zwiebel
2 Knoblauchzehen
150 g durchwachsener Räucherspeck
3 Eßl. Olivenöl
2 Eier · 100 g Sahne
3 Eßl. Parmesan, frisch gerieben
weißer Pfeffer, frisch gemahlen
Muskatnuß, frisch gerieben
Für die Form: Butter
Für die Arbeitsfläche: Mehl

Preiswert

Bei 8 Stück pro Stück etwa:
2100 kJ/500 kcal
13 g Eiweiß · 39 g Fett
27 g Kohlenhydrate

- Zubereitungszeit: etwa
  3 1/2 Stunden (davon etwa
  2 Stunden Ruhezeit)

1. Aus den Teigzutaten rasch einen Mürbeteig kneten. Etwa 4 mm dick auf der bemehlten Arbeitsfläche ausrollen, die gefettete Form damit auskleiden und einen etwa 4 cm hohen Rand formen. Die Form für etwa 2 Stunden in den Kühlschrank stellen.

2. Den Wirsing etwa 5 Minuten in Salzwasser blanchieren. Abgetropft in etwa 2 cm breite Streifen schneiden. Die Zwiebel, den Knoblauch und den Speck fein würfeln. Alles in dem Öl anbraten, den Kohl dazugeben. Zugedeckt etwa 10 Minuten ziehen, dann auskühlen lassen.

3. Den Backofen auf 200° vorheizen. Die Eier, die Sahne und den Parmesan gut verrühren und unter den Kohl mischen. Mit Salz, Pfeffer und Muskat abschmecken. Den Teigboden mit einer Gabel mehrmals einstechen und die Masse darauf verteilen. Glattstreichen und im Backofen (Mitte) in 35–40 Minuten knusprig backen.

Crostata con peperoni

Mürbeteigpizza mit Paprika

Zutaten für eine Springform von 28 cm Ø:
Für den Teig: 250 g Mehl
knapp 1 Teel. Salz
125 g weiche Butter
2 Eßl. kaltes Wasser
Für den Belag: 1 große Zwiebel
500 g gelbe Paprikaschoten
250 g kleine reife Tomaten
12 grüne Oliven ohne Stein
5–6 Sardellenfilets · 6 Eßl. Olivenöl
Salz · schwarzer Pfeffer
Für die Form: Butter
Für die Arbeitsfläche: Mehl

Raffiniert

Bei 8 Stück pro Stück etwa:
1500 kJ/360 kcal
8 g Eiweiß · 24 g Fett
25 g Kohlenhydrate

- Zubereitungszeit: etwa
  3 1/4 Stunden (davon etwa
  2 Stunden Ruhezeit)

1. Aus den Teigzutaten rasch einen Mürbeteig kneten. Etwa 4 mm dick auf der bemehlten Arbeitsfläche ausrollen, die gefettete Form damit auskleiden und einen etwa 4 cm hohen Rand formen. Die Form für etwa 2 Stunden kühl stellen.

2. Die Zwiebel in Ringe, die Paprikaschoten streifig schneiden. Die Tomaten überbrühen, häuten, ohne die Stielansätze und die Kerne vierteln. Die Oliven grob hacken. Die Sardellen kleinschneiden.

3. Das Öl erhitzen und darin zuerst die Zwiebel weich, aber nicht braun braten, dann die Paprika und die Tomaten mitbraten. Bei schwacher Hitze zugedeckt schmoren, bis die Paprika bißfest sind. Die Oliven untermischen, alles salzen und pfeffern.

4. Den Backofen auf 200° vorheizen. Den Teigboden mehrmals einstechen, das Gemüse einfüllen, glattstreichen und im Backofen (Mitte) etwa 30 Minuten backen. Vor dem Servieren kurz in der Form stehen lassen.

Im Bild oben: Crostata alla verza
Im Bild unten: Crostata con peperoni

Broccolikuchen

Zutaten für eine Form von 28 cm Ø:
Für den Teig:
1/4 Würfel Hefe (10 g)
4 Eßl. warmes Wasser
1 Teel. Zucker · 1 Ei
Salz · 2 Eßl. weiche Butter
180 g Mehl
Für die Füllung:
600 g Broccoli
100 g gekochter Schinken
2 Eier
100 g Sahne oder Crème fraîche
1 Teel. Zitronensaft
100 g frisch geriebener Emmentaler
Pfeffer, frisch gemahlen
getrockneter Thymian und Estragon
Salz
Für die Form: Butterschmalz

Gut vorzubereiten

Bei 8 Stück pro Stück etwa:
1200 kJ/290 kcal
14 g Eiweiß · 16 g Fett
22 g Kohlenhydrate

- Zubereitungszeit: etwa
2 1/2 Stunden
(davon 1 Stunde Ruhezeit und
30 Minuten Backzeit)

1. Die Hefe mit dem Wasser und dem Zucker verrühren und etwa 15 Minuten warm stellen.

2. Das Ei und Salz mit der Butter und dem Hefewasser verrühren. Das Mehl darüber sieben und etwa 10 Minuten kneten. Zugedeckt etwa 45 Minuten gehen lassen.

3. Den Broccoli waschen, putzen und in kleine Röschen teilen, dann im kochenden Salzwasser etwa 5 Minuten garen, abtropfen lassen. Den Schinken würfeln. Den Backofen auf 200° vorheizen.

4. Die Form ausfetten. Den Teig durchkneten und die Form damit auslegen. Den Broccoli und den Schinken auf dem Teig verteilen. Die Eier, die Sahne und den Zitronensaft gut verquirlen, den Käse dazugeben, alles würzen und darüber gießen. Im Backofen etwa 30 Minuten goldbraun backen.

Paprikakuchen

Zutaten für eine Form von 28 cm Ø:
Für den Teig:
1/4 Würfel Hefe (10 g)
4 Eßl. lauwarmes Wasser
1 Teel. Zucker · 1 Ei
Salz · 2 Eßl. weiche Butter
180 g Mehl
Für die Füllung:
500 g rote, gelbe und grüne Paprikaschoten
1 mittelgroße Zwiebel
2 Eßl. Olivenöl
200 g Putenschnitzel · 1 Ei
100 g Sahne oder Crème fraîche
1 Teel. Zitronensaft
50 g frisch geriebener Gouda
Salz · Pfeffer, frisch gemahlen
etwas getrockneter Majoran
Paprikapulver, edelsüß
Für die Form: Butterschmalz

Für Gäste

Bei 8 Stück pro Stück etwa:
1300 kJ/310 kcal
12 g Eiweiß · 18 g Fett
23 g Kohlenhydrate

- Zubereitungszeit: etwa
2 1/2 Stunden
(davon 1 Stunde Ruhezeit und
30 Minuten Backzeit)

1. Die Hefe in einer Schüssel mit dem Wasser und dem Zucker verrühren und etwa 15 Minuten warm stellen.

2. Das Ei und Salz mit der Butter und dem Hefewasser verrühren. Das Mehl darüber sieben und etwa 10 Minuten kneten. Zugedeckt etwa 45 Minuten gehen lassen.

3. Inzwischen die Paprikaschoten waschen und putzen, vierteln und in schmale Streifen schneiden. Die Zwiebel würfeln. Das Öl erhitzen, die Zwiebeln darin glasig dünsten.

4. Die Putenschnitzel in Streifen schneiden und etwa 2 Minuten anbraten, die Paprikastreifen dazugeben und etwa 1 Minute mitbraten. Den Backofen auf 200° vorheizen.

5. Die Form fetten. Den Teig durchkneten, die Form damit auslegen und das Gemüse darauf verteilen. Das Ei, die Sahne und den Zitronensaft verquirlen. Den Käse dazugeben, würzen und alles über das Gemüse gießen. Im Backofen (Mitte) etwa 30 Minuten goldgelb backen.

Im Bild vorne: Paprikakuchen
Im Bild hinten: Broccolikuchen

Pizza mit Kartoffeln

Diese ungewöhnliche Pizzavariante stammt aus dem Süden Italiens. Die außergewöhnliche Kombination von Teig und Kartoffeln überzeugt spätestens nach dem ersten Biß auch Skeptiker. Probieren Sie's doch einfach einmal aus! Hier finden Sie das Rezept für die Vollwert-Variante der Kartoffelpizza.

Zutaten für 3 Personen:
Für den Teig:
250 g Weizenvollkornmehl
15 g frische Hefe
1 Prise Zuckerrohrgranulat
etwa 1/8 l lauwarmes Wasser
Salz
6 Eßl. Olivenöl, kaltgepreßt
Für den Belag:
700 g mehligkochende Kartoffeln
1 Fleischtomate
150 g Champignons
1 Knoblauchzehe
3–4 zweige frischer Rosmarin
4 Eßl. trockener Rosmarin
4 Eßl. trockener Weißwein, ersatzweise Gemüsebrühe
4 Eßl. Olivenöl, kaltgepreßt
75 g Parmesan, frisch gerieben
schwarzer Pfeffer, frisch gemahlen
Salz

Raffiniert

Pro Portion etwa:
4400 kJ/1000 kcal
27 g Eiweiß · 62 g Fett
92 g Kohlenhydrate
18 g Ballaststoffe

- Zubereitungszeit: etwa 1 1/2 Stunden

1. Für den Teig das Mehl in eine Schüssel sieben und in die Mitte eine Mulde drücken. Die Hefe zerkrümeln und mit dem Zuckerrohrgranulat und wenig lauwarmem Wasser verrühren. Die Hefe in die Mehlmulde geben, mit etwas Mehl bestäuben und zugedeckt an einem warmen Ort etwa 15 Minuten gehen lassen.

2. Dann das restliche Wasser, 1 kräftige Prise Salz und das Olivenöl zum Mehl geben und alles zu einem glatten, geschmeidigen Teig verkneten.

3. Den Teig zugedeckt an einem warmen Ort etwa 45 Minuten gehen lassen, bis sich sein Volumen fast verdoppelt hat.

4. Inzwischen die Kartoffeln schälen, waschen und mit dem Gurkenhobel in feine Scheiben teilen. Die Tomate mit kochendem Wasser überbrühen, kurz darin ziehen lassen, kalt abschrecken und häuten. Die Tomate klein würfeln, dabei den Stielansatz entfernen. Die Pilze putzen und eventuell kurz kalt abspülen, dann sehr klein würfeln. Den Knoblauch fein hacken. Den Rosmarin waschen, trockenschwenken, die Nadeln von den Stielen zupfen und fein hacken.

5. Die Tomate mit den Pilzen, dem Knoblauch, dem Wein oder der Gemüsebrühe, 2 Eßlöffeln Öl und dem Parmesan verrühren und mit Pfeffer abschmecken.

6. Den Hefeteig noch einmal gut durchkneten. Das Backblech mit etwas Öl ausstreichen. Den Teig auf dem Blech ausrollen. Die Ränder etwas dicker formen und mit Öl bestreichen.

7. Die Pilzmasse auf dem Teig verteilen und mit den Kartoffelscheiben belegen. Die Kartoffeln salzen, pfeffern und mit dem Rosmarin bestreuen. Das restliche Olivenöl darüber träufeln.

8. Die Pizza auf dem Blech in den Backofen (Mitte) schieben. Den Ofen auf 200° schalten und die Pizza etwa 40 Minuten backen, bis sie gebräunt ist und die Kartoffeln weich sind.

Wer kann bei dieser verlockenden Pizzavariante schon »Nein« sagen?

Zwiebelkuchen

Zutaten für ein Backblech:
Für den Teig:
1/2 Würfel Hefe (21 g)
200 ml lauwarmes Wasser
1 Teel. Zucker · 1 Teel. Salz
70 g weiche Butter
150 g Mehl
200 g Vollkornmehl
Für den Belag:
500 g Zwiebeln
50 g durchwachsener Speck
1 Eßl. Olivenöl
200 g Crème fraîche
3 Eier
Salz
Kümmel
Für das Backblech: Butterschmalz

Gut vorzubereiten

Bei 18 Stück pro Stück etwa:
800 kJ/190 kcal
4 g Eiweiß · 12 g Fett
16 g Kohlenhydrate

- Zubereitungszeit: etwa
  2 1/4 Stunden
  (davon 1 1/4 Stunden
  Ruhezeit und 25 Minuten
  Backzeit)

1. Die Hefe in einer Schüssel mit dem Wasser und dem Zucker verrühren, dann etwa 15 Minuten an einen warmen Ort stellen.

2. Das Salz mit der Hefemilch verrühren und die Butter dazugeben. Die Mehlsorten mischen und in die Schüssel geben. Alles etwa 10 Minuten kneten. Den Teig zugedeckt etwa 45 Minuten an einer warmen Stelle gehen lassen.

3. Die Zwiebeln schälen und in dünne Scheiben hobeln. Den Speck würfeln und mit dem Öl auslassen. Die Zwiebeln dazugeben und glasig werden lassen.

4. Das Blech fetten. Den Teig noch einmal kräftig durchkneten und auf das Backblech ausrollen. Dabei einen leichten Rand formen. Die Zwiebeln auf den Teig geben. Die Crème fraîche mit den Eiern leicht verrühren, kräftig würzen und über die Zwiebeln verteilen.

5. Den Backofen auf 200° vorheizen. Den Kuchen etwa 15 Minuten gehen lassen. Im Backofen (Mitte) etwa 25 Minuten backen.

Kümmel-Käsekuchen

Zutaten für ein Backblech:
Für den Teig:
1/2 Würfel Hefe (21 g)
200 ml lauwarmes Wasser
1 Teel. Honig · 1 Teel. Salz
60 g weiche Butter
400 g Vollkornmehl
Für den Belag:
200 g saure Sahne
3 Eier
250 g frisch geriebener Gouda oder Emmentaler
Salz · Pfeffer, frisch gemahlen
etwas gemahlener Kümmel
3 Teel. ganzer Kümmel
Für das Backblech: Butterschmalz

Braucht etwas Zeit

Bei 18 Stück pro Stück etwa:
730 kJ/170 kcal
8 g Eiweiß · 10 g Fett
14 g Kohlenhydrate

- Zubereitungszeit: etwa
  2 1/4 Stunden
  (davon 1 1/4 Stunden
  Ruhezeit und 25 Minuten
  Backzeit)

1. Die Hefe in einer Schüssel mit dem Wasser und dem Honig verrühren, dann etwa 15 Minuten warm stellen.

2. Das Salz mit der Hefemilch in einer Schüssel verrühren, die Butter und das Mehl dazugeben. Alles gründlich mischen und einige Minuten kneten. Den Teig zugedeckt etwa 45 Minuten an einer warmen Stelle gehen lassen.

3. Das Blech fetten. Den Teig durchkneten und auf dem Backblech ausrollen. Dabei einen schmalen Rand formen.

4. Den Backofen auf 200° vorheizen. Den Kuchen etwa 15 Minuten gehen lassen.

5. Für den Belag die saure Sahne gut mit den Eiern verrühren, den Käse in kleine Würfel schneiden und dazugeben. Kräftig würzen und über den Teig verteilen, den Kümmel darüber streuen.

6. Den Kuchen im Backofen (Mitte) etwa 25 Minuten backen und sofort servieren.

Im Bild vorne: Kümmel-Käsekuchen
Im Bild hinten: Zwiebelkuchen

Pizza con broccoli

Pizza mit Broccoli

Zutaten für 4 Personen:
Für den Teig: 300 g Mehl
1/2 Teel. Salz
1/2 Würfel Hefe (20 g)
3/16 l lauwarmes Wasser (190 ccm)
2 Eßl. Olivenöl
Für den Belag: 4 Knoblauchzehen
6–7 Sardellenfilets · 800 g Broccoli
Salz · 7 Eßl. Olivenöl
150 g Mozzarella · 1 Bund Petersilie
schwarzer Pfeffer, frisch gemahlen
Für das Backblech: Olivenöl
Für die Arbeitsfläche: Mehl

Gelingt leicht

Pro Portion etwa:
2700 kJ/640 kcal
30 g Eiweiß · 33 g Fett
58 g Kohlenhydrate

- Zubereitungszeit: etwa
  2 1/2–2 3/4 Stunden (davon
  50–60 Minuten Ruhezeit)

1. Aus den Teigzutaten nach dem Grundrezept (Seite 220) einen Pizzateig zubereiten.

2. Den Knoblauch fein hakken. Die Sardellen mit einer Gabel zermusen. Den Broccoli in Röschen und Stiele zerteilen. Die Stiele schälen und kreuzweise tief einschneiden.

3. Das Gemüse in Salzwasser etwa 5 Minuten blanchieren, kurz in Eiswasser legen, dann abtropfen lassen. Den Knoblauch in 4 Eßlöffeln Olivenöl leicht anbraten (nicht bräunen). Die Sardellen dazurühren, den Broccoli hineinlegen. Zugedeckt bei schwacher Hitze 5–10 Minuten ziehen lassen.

4. Den Mozzarella in dünne Scheiben schneiden. Die Petersilie fein hacken und zum Broccoli mischen. Das Gemüse auskühlen lassen. Den Backofen auf 220° vorheizen.

5. Den Pizzaboden auf dem gefetteten Blech mit dem Gemüse bedecken, mit Pfeffer würzen. Mit dem Mozzarella belegen und mit dem restlichen Öl beträufeln. Die Pizza noch 5–10 Minuten gehen lassen. Im Backofen (unten) in 20–25 Minuten knusprig backen.

Pizza con finocchi e prosciutto

Pizza mit Fenchel und Schinken

Zutaten für 4 Personen:
Für den Teig: 300 g Mehl
1/2 Teel. Salz
1/2 Würfel Hefe (20 g)
3/16 l lauwarmes Wasser (190 ccm)
2 Eßl. Olivenöl
Für den Belag:
3 Fenchelknollen (etwa 750 g)
1 Zwiebel
200 g gekochter Schinken
6 Eßl. Olivenöl · Salz
weißer Pfeffer, frisch gemahlen
2–3 Eßl. Fleischbrühe (Instant)
150 g Pecorino (Schafkäse)
Für das Backblech: Olivenöl
Für die Arbeitsfläche: Mehl

Für Gäste

Pro Portion etwa:
2900 kJ/690 kcal
29 g Eiweiß · 36 g Fett
64 g Kohlenhydrate

- Zubereitungszeit: etwa
  2 1/2–2 3/4 Stunden (davon
  50–60 Minuten Ruhezeit)

1. Aus den Teigzutaten nach dem Grundrezept (Seite 220) einen Pizzateig zubereiten.

2. Den Fenchel in Scheiben schneiden. Die Zwiebel in dünne Ringe, den Schinken in Streifen schneiden. Die Zwiebel in 4 Eßlöffeln Öl kurz anbraten, den Fenchel und den Schinken dazugeben. Bei mittlerer Hitze unter Rühren etwa 5 Minuten braten. Salzen und pfeffern, die Brühe angießen. Den Fenchel zugedeckt bei schwacher Hitze knapp weich dünsten, dann offen bei starker Hitze ausdampfen lassen.

3. Den Backofen auf 220° vorheizen. Den Käse grob raspeln. Den Pizzaboden auf dem gefetteten Blech mit der Gemüsemischung belegen (Rand freilassen), mit dem Käse bestreuen, mit dem restlichen Öl beträufeln. Die Pizza noch etwa 5–10 Minuten gehen lassen, dann im Backofen (unten) 20–25 Minuten backen.

Im Bild oben:
Pizza con finocchi e prosciutto
Im Bild unten: Pizza con broccoli

Calzoni alla pugliese

Calzoni auf apulische Art

Die wortgetreue Übersetzung von calzone ist »Beinkleid«. Calzoni ist die Mehrzahlform. Wenn man nun einen Italiener fragen würde, warum eine zusammengeklappte halbmondförmige Pizza ausgerechnet »Calzone« heißt, würde er wohl lakonisch antworten: »Schauen Sie einmal genau hin! Sieht sie nicht aus wie eine Hose?«

Zutaten für 4 Personen:
Für den Teig:
400 g Mehl · 3/4 Teel. Salz
3/4 Würfel Hefe (30 g)
etwa 1/4 lauwarmes Wasser
3 Eßl. Olivenöl
Für die Füllung: 500 g Zwiebeln
2 Eßl. Olivenöl
100 g schwarze Oliven
1–2 Eßl. Kapern · 6 Sardellenfilets
1 Bund Petersilie
300 g feste Tomaten
100 g Pecorino (Schafkäse)
Salz
schwarzer Pfeffer, frisch gemahlen
Für das Backblech: Olivenöl
Für die Arbeitsfläche: Mehl
Zum Bestreichen: 1 Ei

Gelingt leicht

Pro Portion etwa:
2900 kJ/690 kcal
24 g Eiweiß · 32 g Fett
80 g Kohlenhydrate

- Zubereitungszeit:
  2 1/2–2 3/4 Stunden (davon 45–50 Minuten Ruhezeit)

1. Aus den Teigzutaten nach dem Grundrezept (Seite 220) einen Pizzateig zubereiten.

2. Die Zwiebeln in Ringe schneiden. In einem Topf das Öl erhitzen und die Zwiebeln darin bei schwacher Hitze zugedeckt weich dünsten.

3. Die Oliven entkernen und mit den Kapern und den Sardellenfilets fein hacken. Die Petersilie waschen, trockenschütteln und kleinschneiden. Die Tomaten mit kochendem Wasser überbrühen, kurz darin ziehen lassen, häuten und halbieren. Die Tomaten ohne die Stielansätze, die Kerne und den Saft in Stücke schneiden. Den Käse grob reiben. Das Ei zum Bestreichen in Eiweiß und Eigelb trennen.

4. Den Backofen auf 220° vorheizen.

5. Sobald die Zwiebeln weich sind, die Oliven, die Kapern, die Sardellen, die Petersilie und die Tomaten untermischen. Mit Salz und Pfeffer würzen. Den Topf vom Herd nehmen und den Käse unterrühren.

6. Den Teig in 4 gleich große Stücke schneiden. Auf der bemehlten Arbeitsfläche daraus 4 dünne Fladen formen.

7. Jeden Fladen zur Hälfte mit der Gemüsemischung belegen, dabei einen schmalen Rand freilassen. Die Ränder mit dem Eiweiß bestreichen. Die andere Teighälfte über die Füllung klappen und gut andrücken. Die Calzoni auf das gefettete Blech legen und mit dem verquirlten Eigelb bestreichen.

8. Die Calzoni im Backofen (unten) in etwa 20 Minuten knusprig backen.

Variante:
Calzoni alla napoletana
300 g Mozzarella und 150 g Salami in dicken Scheiben klein würfeln und vermischen. 4 Calzonifladen ausrollen und mit Olivenöl beträufeln. Die Käse-Salami-Mischung darauf verteilen. Nach Belieben noch salzen und pfeffern. Weiterverfahren wie im Rezept beschrieben, aber die Oberfläche statt mit Ei mit Olivenöl bestreichen. Temperatureinstellung und Backzeit bleiben dieselben wie im Rezept.

Fast zu schön zum Reinbeißen sind die Calzoni alla pugliese. Und genau so hinreißend, wie sie aussehen, schmecken sie auch.

Calzone con prosciutto e carciofi

Calzone mit Schinken und Artischocken

Zutaten für 4 Personen:
Für den Teig: 400 g Mehl
3/4 Teel. Salz
3/4 Würfel Hefe (30 g)
etwa 1/4 l lauwarmes Wasser
3 EBl. Olivenöl
Für die Füllung:
200 g Fontina (Hartkäse)
200 g gekochter Schinken
200 g Artischocken in Öl
100 g grüne Oliven ohne Stein
1 Ei · Salz · Pfeffer
Für das Backblech: Olivenöl
Für die Arbeitsfläche: Mehl

Für Gäste

Pro Portion etwa:
3100 kJ/740 kcal
36 g Eiweiß · 33 g Fett
73 g Kohlenhydrate

- Zubereitungszeit: etwa 2 1/4 Stunden (davon 50–60 Minuten Ruhezeit)

1. Aus den Teigzutaten nach dem Grundrezept (Seite 220) einen Pizzateig zubereiten.

2. Den Backofen auf 200° vorheizen. Den Käse und den Schinken in Würfelchen schneiden. Die Artischocken in Achtel schneiden. Die Oliven grob hacken. Das Ei trennen.

3. Den Pizzaboden auf dem gefetteten Blech zur Hälfte mit den vorbereiteten Zutaten belegen (einen schmalen Rand freilassen), mit Salz und Pfeffer würzen. Den Rand mit dem Eiweiß bestreichen und die unbelegte Hälfte über die Füllung klappen. Am Rand gut festdrücken. Die Oberseite mit dem verquirlten Eigelb bestreichen. Den Calzone noch 5–10 Minuten gehen lassen.

4. Den Calzone im Backofen (unten) in 35–40 Minuten knusprig backen.

Calzone ai broccoli

Calzone mit Broccoli

Zutaten für 4 Personen:
Für den Teig: 400 g Mehl
3/4 Teel. Salz
3/4 Würfel Hefe (30 g)
etwa 1/4 l lauwarmes Wasser
3 EBl. Olivenöl
Für die Füllung:
2 kg Broccoli
Salz
12 schwarze Oliven
200 g Salami
2 Knoblauchzehen
1 EBl. Butter · 1 Ei
1 EBl. Olivenöl
schwarzer Pfeffer, frisch gemahlen
2 EBl. Parmesan, frisch gerieben
Für das Backblech: Olivenöl
Für die Arbeitsfläche: Mehl

Für Gäste

Pro Portion etwa:
4000 kJ/950 kcal
44 g Eiweiß · 50 g Fett
79 g Kohlenhydrate

- Zubereitungszeit: etwa 2 1/2 Stunden (davon 55–65 Minuten Ruhezeit)

1. Aus den Teigzutaten nach dem Grundrezept (Seite 220) einen Pizzateig zubereiten.

2. Die Broccoliröschen in Salzwasser knapp bißfest garen (die Stiele anderweitig verwenden). Dann abkühlen lassen.

3. Die Oliven entkernen und grob zerkleinern. Die Salami klein würfeln. Die Knoblauchzehen fein hacken und in der Butter bei schwacher Hitze anbraten (nicht bräunen lassen). Das Ei trennen.

4. Den Backofen auf 220° vorheizen.

5. Den Broccoli mit den vorbereiteten Zutaten, dem Knoblauch, dem Öl, etwas Pfeffer und dem Parmesan mischen. Den Pizzaboden auf dem gefetteten Blech zur Hälfte mit der Füllung belegen (einen schmalen Rand freilassen). Den Rand mit dem Eiweiß bestreichen und die freie Hälfte über die Füllung klappen. Den Rand gut festdrücken. Die Oberseite mit dem verquirlten Eigelb bestreichen. Den Calzone noch etwa 10 Minuten gehen lassen, dann im Backofen (unten) 25–30 Minuten backen.

Bild oben:
Calzone con prosciutto e carciofi
Bild unten: Calzone ai broccoli

Crostata ai funghi

Mürbeteigpizza mit Pilzen

Zutaten für eine Springform von 28 cm Ø:
Für den Teig: 250 g Mehl
knapp 1 Teel. Salz
125 g weiche Butter
2 Eßl. kaltes Wasser
Für den Belag:
250 g Egerlinge
1 Bund Petersilie
100 g roher Schinken
300 g Ricotta · 3 Eier
50 g Parmesan, frisch gerieben
Salz · 30 g Butter
weißer Pfeffer, frisch gemahlen
Für die Form: Butter
Für die Arbeitsfläche: Mehl

Für Gäste

Bei 8 Stück pro Stück etwa:
1800 kJ/430 kcal
19 g Eiweiß · 30 g Fett
23 g Kohlenhydrate

- Zubereitungszeit: etwa 2 3/4 Stunden (davon etwa 2 Stunden Ruhezeit)

1. Aus den Teigzutaten rasch einen Mürbeteig kneten. Auf der bemehlten Arbeitsfläche etwa 4 mm dick ausrollen, die gefettete Form damit auskleiden und einen etwa 4 cm hohen Rand formen. Die Form etwa 2 Stunden kühl stellen.

2. Die Pilze putzen, abreiben und blättrig schneiden. Die Petersilie waschen, trockenschwenken und fein schneiden. Den Schinken grob hacken.

Den Ricotta durch ein Sieb streichen und in einer Schüssel gut mit den Eiern und dem Parmesan vermischen. Die Masse salzen.

3. Die Pilze bei starker Hitze in der Butter etwa 5 Minuten anbraten, den Schinken und die Petersilie dazugeben, salzen, pfeffern. Weiter braten, bis die Flüssigkeit verdampft ist, dann auskühlen lassen.

4. Den Backofen auf 180° vorheizen. Den Teigboden mehrmals einstechen. Die Pilze mit der Ricottamasse mischen und in die Form füllen. Glattstreichen und im Backofen (Mitte) etwa 40 Minuten backen. Vor dem Servieren kurz in der Form stehen lassen.

Torta alla napoletana

Neapolitanischer Zucchinikuchen

Zutaten für eine Springform von 28 cm Ø:
Für den Teig: 250 g Mehl
knapp 1 Teel. Salz
125 g weiche Butter
2 Eßl. kaltes Wasser
Für den Belag: 500 g kleine Zucchini
1/2 Bund Petersilie
1/2 Bund Basilikum
3 Eier · 200 ccm Milch
100 g Parmesan, frisch gerieben
Salz · weißer Pfeffer, frisch gemahlen
Für die Form: Butter
Für die Arbeitsfläche: Mehl

Gelingt leicht

Bei 8 Stück pro Stück etwa:
1500 kJ/360 kcal
15 g Eiweiß · 23 g Fett
24 g Kohlenhydrate

- Zubereitungszeit: etwa 3 1/2 Stunden (davon etwa 2 Stunden Ruhezeit)

1. Aus den Teigzutaten rasch einen Mürbeteig kneten. Auf der bemehlten Arbeitsfläche etwa 4 mm dick ausrollen, die gefettete Form damit auskleiden und einen etwa 4 cm hohen Rand formen. Die Form etwa 2 Stunden kühl stellen.

2. Die Zucchini von Stiel- und Blütenansätzen befreien, waschen und in dünne Scheibchen hobeln. Die Kräuter waschen, trockenschwenken und fein hacken. Die Eier mit der Milch, dem Parmesan und den Kräutern in einer Schüssel gut verrühren. Die Masse salzen und pfeffern.

3. Den Backofen auf 200° vorheizen. Den Teigboden mehrmals einstechen, mit den Zucchinischeibchen belegen, diese etwas salzen und die Eiermasse darüber gießen. Im Backofen (Mitte) 45–50 Minuten backen. Vor dem Servieren noch etwa 5 Minuten in der Form ruhen lassen.

Im Bild oben: Crostata ai funghi
Im Bild unten: Torta alla napoletana

Pizza »capricciosa«

Zutaten für 4 Personen:
Für den Teig: 300 g Mehl
1/2 Teel. Salz
1/2 Würfel Hefe (20 g)
3/16 l lauwarmes Wasser (190 ccm)
2 EßI. Olivenöl
Für den Belag: 500 g Tomaten
200 g gekochter Schinken, dünn geschnitten
4 EßI. kleine Pilze (in Öl eingelegt)
5 Sardellenfilets
10 kleine Artischockenherzen (in Öl eingelegt)
100 g schwarze Oliven, entkernt
weißer Pfeffer, frisch gemahlen
4 EßI. Olivenöl
Für das Backblech: Olivenöl
Für die Arbeitsfläche: Mehl

Raffiniert • Für Gäste

Pro Portion etwa:
2900 kJ/690 kcal
27 g Eiweiß · 39 g Fett
60 g Kohlenhydrate

- Zubereitungszeit: etwa 2 Stunden (davon 55–65 Minuten Ruhezeit)

1. Aus den Teigzutaten nach dem Grundrezept (Seite 220) einen Pizzateig zubereiten.

2. Die Tomaten häuten und ohne Saft und Kerne grob zerkleinern. Abtropfen lassen. Den Schinken streifig schneiden, die Pilze abtropfen lassen und halbieren. Die Sardellenfilets in Stücke schneiden, die Artischockenherzen abtropfen lassen und vierteln. Den Backofen auf 220° vorheizen.

3. Den Pizzaboden auf dem gefetteten Blech mit den Tomaten bedecken und den Schinken darauf legen. Die übrigen Belagzutaten darauf verteilen. Mit Pfeffer würzen, mit dem Öl beträufeln. Die Pizza noch etwa 10 Minuten gehen lassen. Dann im Backofen (unten) in 20–25 Minuten knusprig backen.

Pizza »quattro stagioni«

Pizza »Vier Jahreszeiten«

Zutaten für 4 Personen:
Für den Teig: 300 g Mehl
1/2 Teel. Salz
1/2 Würfel Hefe (20 g)
3/16 l lauwarmes Wasser (190 ccm)
2 EßI. Olivenöl
Für den Belag: 500 g Miesmuscheln
100 g grüne Oliven ohne Stein
2 Sardellenfilets · 300 g Tomaten
150 g Mozzarella
100 g Artischockenherzen (in Öl eingelegt) · weißer Pfeffer
Salz · Oregano · 6 EßI. Olivenöl
Für das Backblech: Olivenöl
Für die Arbeitsfläche: Mehl

Für Gäste

Pro Portion etwa:
2600 kJ/620 kcal
25 g Eiweiß · 34 g Fett
56 g Kohlenhydrate

- Zubereitungszeit: etwa 2 Stunden 10 Minuten (davon 55–65 Minuten Ruhezeit)

1. Aus den Teigzutaten nach dem Grundrezept (Seite 220) einen Pizzateig zubereiten.

2. Die Muscheln unter fließendem Wasser gut bürsten und entbarten (beschädigte oder offene wegwerfen). In einer breiten Kasserolle ohne Wasserzugabe unter Rühren so lange stark erhitzen, bis sie sich öffnen. Das Muschelfleisch aus den Schalen nehmen. (Ungeöffnete Muscheln wegwerfen.)

3. Die Oliven und die Sardellenfilets in Stücke schneiden. Die Tomaten überbrühen, häuten und ohne die Stielansätze, Kerne und Saft längs in Spalten schneiden. Den Mozzarella klein würfeln. Die Artischocken vierteln. Den Backofen auf 220° vorheizen.

4. Den Pizzaboden auf das gefettete Blech legen und 4 Viertel darauf markieren. Das erste Viertel mit den Muscheln belegen, pfeffern und salzen. Auf das zweite die Oliven und Sardellen geben. Das dritte mit den Tomaten und dem Mozzarella belegen, mit Salz, Pfeffer und Oregano würzen. Auf das letzte Viertel die Artischocken legen. Die ganze Pizza mit dem Öl beträufeln und noch etwa 10 Minuten gehen lassen. Dann im Backofen (unten) in 20–25 Minuten knusprig backen.

Im Bild oben: Pizza »quattro stagioni«
Im Bild unten: Pizza »capricciosa«

Torta alla veneziana

Venezianische Geflügeltorte

Wer kennt sie nicht, die farbenfrohen Gemälde aus Venedigs Blütezeit? Die Stadt an der Adria war eine blühende Handelsstadt, und ihre Schiffe beherrschten die Meere. Die Köche in den »palazzi« scheuten keine Mühe, um aus köstlichen Zutaten Gaumenfreuden zu zaubern. An langen Tischen schwelgten die Gäste bei Kerzenlicht. Sicher reihte sich diese Geflügeltorte würdig in die lange Reihe delikater Gerichte ...

Zutaten für eine Springform von 28 cm Ø:
Für den Teig:
350 g Mehl
1 Teel. Salz
175 g weiche Butter
1 Ei · 3 Eßl. kaltes Wasser
Für die Füllung:
1 küchenfertiges Brathähnchen (etwa 1 kg)
Salz
weißer Pfeffer, frisch gemahlen
3 Eßl. Olivenöl
3 Eßl. Butter · 1 Zweig Salbei
1 Zweig Rosmarin
1/2 Brötchen · etwas Milch
2 Eier · 3 Eßl. Weinbrand
50 g Parmesan, frisch gerieben
100 g gekochte Pökelzunge
100 g gekochter Schinken
1 Eiweiß · 1 Eigelb
Für die Form: Butter
Für die Arbeitsfläche: Mehl

Für Gäste

Bei 8 Stück pro Stück etwa:
3100 kJ/740 kcal
44 g Eiweiß · 47 g Fett
33 g Kohlenhydrate

- Zubereitungszeit: etwa 4 Stunden (davon etwa 2 Stunden Ruhezeit)

1. Das Mehl auf die Arbeitsfläche sieben, eine Mulde eindrücken. Das Salz, die Butter in Flöckchen, das Ei und das Wasser hineingeben. Alle Zutaten von innen nach außen rasch zu einem glatten Teig verarbeiten. Den Teig auf der bemehlten Arbeitsfläche zu zwei runden Platten ausrollen, eine so groß wie die Form, die andere etwa 8 cm größer im Radius. Aus Teigresten Formen ausstechen. Die gefettete Form mit der größeren Platte auslegen, dabei einen etwa 4 cm hohen Rand formen. Die Form und die Teigplatte auf einem Brett für etwa 2 Stunden kühlstellen.

2. Inzwischen das Hähnchen in etwa 8 Teile zerlegen. Salzen und pfeffern. Das Öl und die Butter erhitzen und die Hähnchenteile darin von allen Seiten knusprig braun anbraten. Die beiden Kräuterzweige kurz mitbraten. Das Fleisch bei schwacher Hitze zugedeckt in etwa 15 Minuten weich schmoren. Dann auskühlen lassen.

3. Das halbe Brötchen entrinden und in etwas Milch einweichen. Dann ausdrücken und mit den Eiern, dem Weinbrand und dem Parmesan mischen.

4. Die Zunge und den Schinken klein würfeln.

5. Vom Hähnchen die Haut und Knochen entfernen. Die Brust auslösen, das restliche Fleisch durch den Wolf drehen oder im Mixer fein zerkleinern. Die Brust in kleine Würfel schneiden. Das passierte Fleisch mit der Eier-Parmesan-Masse gründlich vermischen.

6. Den Backofen auf 160° vorheizen.

7. Die Form und die Teigplatte aus dem Kühlschrank nehmen und den Boden mit einer Gabel mehrfach einstechen. Lagenweise die Eier-Hähnchen-Masse und die Hähnchen-, Zungen- und Schinkenwürfel einfüllen. Die Teigplatte als Deckel obenauf setzen und den Rand mit angefeuchteten Fingerspitzen gut festdrücken.

8. Die Oberfläche mit einer Gabel mehrmals einstechen oder ein Loch einschneiden und einen Kamin aus Alufolie einsetzen. Die ausgestochenen Formen mit dem Eiweiß aufkleben und alles mit dem verquirlten Eigelb bestreichen. Die Torta im Backofen (Mitte) etwa 45 Minuten backen. Vor dem Servieren etwa 10 Minuten in der Form stehen lassen.

An die Glanzzeit Venedigs erinnert die festliche Torta alla veneziana.

Crostata di maiale

Schweinefleischtorte

In Italien sehr beliebt ist die »torta« oder »crostata«: die Mürbeteigversion der Pizza. Entgegen ihrem festlichen Namen ist die »torta« oft eher ein Alltagsgericht, die »crostata« hingegen ist eine festliche Angelegenheit für die besonderen Tage des Jahres.

Zutaten für eine Springform von 28 cm Ø:
Für den Teig:
300 g Mehl
150 g weiche Butter
1/2 Teel. Salz
etwa 100 ccm Wasser
Für die Füllung:
500 g Schweineschulter
100 g Räucherspeck
1 Zwiebel
1 Zweig Rosmarin
1 Zweig Salbei
1 Knoblauchzehe
3 Eßl. Olivenöl
Salz
weißer Pfeffer, frisch gemahlen
1/8 l Weißwein
2 große Kartoffeln · 1 Ei
Für die Arbeitsfläche: Mehl
Für die Form: 1/2 Eßl. Butter

Für Gäste

Bei 8 Stück pro Stück etwa:
2500 kJ/600 kcal
17 g Eiweiß · 43 g Fett
33 g Kohlenhydrate

- Zubereitungszeit: etwa 2 1/2 Stunden (davon 40 Minuten Ruhezeit)

1. Das Mehl auf eine Arbeitsfläche sieben. Eine Mulde hineindrücken, die Butter in Flöckchen und das Salz hineingeben. Die Zutaten rasch zu einem glatten Teig verarbeiten, dabei nach und nach das Wasser hinzufügen. Den Teig auf der bemehlten Arbeitsfläche zu zwei Kreisen ausrollen, einer so groß wie die Form, der andere im Radius etwa 8 cm größer. Aus Teigresten hübsche Formen ausstechen. Die Form mit der Butter ausstreichen. Mit dem größeren Teigkreis auskleiden, so daß ein 4 cm hoher Rand entsteht. Die Form und den zweiten Teigkreis auf einem Brett für etwa 30 Minuten in den Kühlschrank stellen.

2. Das Fleisch in Würfel von etwa 1 cm Größe schneiden. Den Speck klein würfeln. Die Zwiebel schälen und in Ringe schneiden. Die Kräuter waschen und trockenschütteln. Den Knoblauch schälen und grob zerdrücken.

3. In einer Kasserolle das Öl erhitzen, die Zwiebel und die Speckwürfel bei schwacher Hitze 4–5 Minuten darin anbraten. Dann auf mittlere Hitze schalten, das Fleisch, die Kräuterzweige und den Knoblauch dazugeben und etwa 10 Minuten unter ständigem Rühren braten. Mit Salz und Pfeffer würzen. Den Wein angießen und bei starker Hitze zur Hälfte verdampfen lassen. Die Hitze wieder reduzieren und das Fleisch etwa 20 Minuten zugedeckt köcheln lassen.

4. Inzwischen die Kartoffeln waschen, schälen und in Würfel schneiden. In Salzwasser fast gar kochen. Dann in einem Sieb abtropfen lassen, zum Fleisch geben und noch kurz mitköcheln. Dann etwa 15 Minuten abkühlen lassen.

5. Den Backofen auf 180° vorheizen.

6. Die Form und den Teigdeckel aus dem Kühlschrank nehmen. Den Boden mit einer Gabel mehrmals einstechen. Die Fleischmasse einfüllen. Die zweite Teigplatte auflegen und mit angefeuchteten Fingerspitzen gut festdrücken. In die Mitte des Deckels ein Loch schneiden und einen Kamin aus Pergamentpapier einsetzen, damit der Dampf entweichen kann. Das Ei verquirlen, die ausgestochenen Teigreste damit festkleben und die Oberfläche damit bestreichen.

7. Die Crostata im Backofen (Mitte) etwa 35 Minuten backen, bis die Kruste goldgelb ist. Etwa 10 Minuten ruhen lassen. Möglichst heiß servieren.

Crostata di maiale: Für alle, die trotz Vollwertwelle und Trend zum Vegetarischen öfter mal die »Fleischeslust« anwandelt.

Pizza al tonno

Pizza mit Thunfisch

Zutaten für 4 Personen:
Für den Teig: 300 g Mehl
1/2 Teel. Salz
1/2 Würfel Hefe (20 g)
3/16 l lauwarmes Wasser (190 ccm)
2 EBl. Olivenöl
Für den Belag:
200 g Zwiebeln · 300 g Tomaten
250 g Bleichsellerie (Herzstangen)
6 EBl. Olivenöl
Salz · gemahlener Peperoncino (kleine, scharfe Pfefferschote), ersatzweise Cayennepfeffer
200 g Thunfisch in Öl (Nettogewicht)
Für das Backblech: Olivenöl
Für die Arbeitsfläche: Mehl

Preiswert

Pro Portion etwa:
2600 kJ/620 kcal
23 g Eiweiß · 32 g Fett
57 g Kohlenhydrate

- Zubereitungszeit: etwa 2 Stunden (davon 45–50 Minuten Ruhezeit)

1. Aus den Teigzutaten nach dem Grundrezept (Seite 220) einen Pizzateig zubereiten.

2. Die Zwiebeln hacken. Die Tomaten überbrühen, halbieren und ohne Stielansatz, Kerne und Saft klein würfeln. Den Bleichsellerie in Scheibchen schneiden.

3. Alle vorbereiteten Zutaten bei mittlerer Hitze in 3 EBlöffeln Öl knapp »al dente« (bißfest) garen. Mit Salz und Peperoncino abschmecken.

4. Den Backofen auf 220° vorheizen.

5. Den Thunfisch abtropfen lassen und grob zerkleinern. Bei schwacher Hitze kurz mit den Tomaten ziehen lassen.

6. Den Pizzaboden auf dem gefetteten Blech mit der Masse bestreichen. Mit dem restlichen Öl beträufeln und im Backofen (unten) in 20–25 Minuten knusprig backen.

Pizza alla sarda

Sardische Zwiebelpizza

Zutaten für 4 Personen:
Für den Teig:
300 g Mehl · 1/2 Teel. Salz
1/2 Würfel Hefe (20 g)
3/16 l lauwarmes Wasser (190 ccm)
2 EBl. Olivenöl
Für den Belag: 400 g Zwiebeln
400 g Tomaten · 8 Sardellenfilets
12 schwarze Oliven
6 Knoblauchzehen
8 EBl. Olivenöl · 3 EBl. Milch
Salz
schwarzer Pfeffer, frisch gemahlen
1 Prise Zucker · 1 Prise Zimt
Oregano
25 g Parmesan, frisch gerieben
Für das Backblech: Olivenöl
Für die Arbeitsfläche: Mehl

Gelingt leicht

Pro Portion etwa:
2800 kJ/670 kcal
21 g Eiweiß · 36 g Fett
64 g Kohlenhydrate

- Zubereitungszeit: 2–2 1/4 Stunden (davon 45–50 Minuten Ruhezeit)

1. Aus den Teigzutaten nach dem Grundrezept (Seite 220) einen Pizzateig zubereiten.

2. Die Zwiebeln in Ringe schneiden. Die Tomaten überbrühen und ohne die Stielansätze, die Kerne und den Saft in schmale Längsspalten schneiden. Die Sardellen in Stücke schneiden. Die Oliven entsteinen und halbieren. Den Knoblauch in dünne Scheibchen schneiden.

3. Die Zwiebeln in 5 EBlöffeln Öl und der Milch zugedeckt weich schmoren. Mit Salz, Pfeffer, dem Zucker und dem Zimt würzen.

4. Den Backofen auf 220° vorheizen.

5. Den Pizzaboden auf das gefettete Blech legen. Die abgekühlte Zwiebelmasse darauf verteilen, mit den Tomaten belegen. Die Sardellenfilets, die Oliven und den Knoblauch darüber streuen. Kräftig mit Oregano würzen. Mit dem Parmesan bestreuen und mit dem restlichen Öl beträufeln. Im Backofen (unten) in 20–25 Minuten knusprig backen.

Im Bild oben: Pizza alla sarda
Im Bild unten: Pizza al tonno

Pizza alle acciughe

Pizza mit frischen Sardellen

Wenn in Ihrem Fischgeschäft frische Sardellen angeboten werden, sollten Sie sofort zugreifen. Denn natürlich schmecken sie unvergleichlich viel besser als konservierte Sardellen.
Damit bei der Zubereitung nichts schiefgeht, haben wir den Umgang mit frischen Sardellen in vielen informativen Phasenphotos festgehalten.

Zutaten für 4 Personen:
Für den Teig:
300 g Mehl
1/2 Teel. Salz
1/2 Würfel Hefe (20 g)
3/16 l lauwarmes Wasser (190 ccm)
2 Eßl. Olivenöl
Für den Belag:
500 g kleine ganz frische Sardellen
5 Knoblauchzehen
1/4 l Olivenöl
Salz
weißer Pfeffer, frisch gemahlen
Für das Backblech: Olivenöl
Für die Arbeitsfläche: Mehl

**Braucht etwas Zeit
Raffiniert**

Pro Portion etwa:
3500 kJ/830 kcal
60 g Eiweiß · 51 g Fett
53 g Kohlenhydrate

- Marinierzeit: etwa 2 Stunden
- Zubereitungszeit: etwa 4 Stunden

1. Von den Sardellen die Köpfe unmittelbar hinter den Kiemen abdrehen, mit dem anhängenden Verdauungstrakt wegwerfen. Die Unterseite der Fische mit dem Daumennagel von vorne nach hinten aufschlitzen.

2. Die Mittelgräte rechts und links vorsichtig freilegen, ohne die Filets zu verletzen. Dann die Gräte von vorne nach hinten herausziehen, vor der Schwanzflosse abknipsen, so daß die Filets am Rücken noch zusammenhängen. Die Sardellen gründlich waschen, mit Küchenkrepp gut trockentupfen.

3. 3 Knoblauchzehen grob zerkleinern. Die Filets lagenweise mit der Innenseite nach oben in einen nicht zu großen verschließbaren Behälter schichten. Jede Lage mit dem Öl beträufeln, mit dem Knoblauch, Salz und Pfeffer würzen.

4. Die Filets sollen am Ende mit Öl bedeckt sein. Eventuell noch etwas nachgießen. Den Behälter mit den Sardellenfilets fest verschließen und die Filets für mindestens 2 Stunden im Kühlschrank marinieren lassen.

5. Nach etwa 50 Minuten aus den Teigzutaten nach dem Grundrezept (Seite 220) einen Pizzateig zubereiten.

6. Nach etwa 2 Stunden Marinierzeit der Sardellenfilets den Backofen auf 220° vorheizen. Den restlichen Knoblauch schälen und in hauchfeine Scheibchen schneiden.

7. Den Pizzaboden auf das gefettete Backblech legen. Die Sardellenfilets abtropfen lassen, das Öl dabei auffangen, 5 Eßlöffel davon abmessen. Die Filets ohne den grob zerteilten Knoblauch aus der Marinade auf dem Pizzaboden verteilen, mit den Knoblauchscheibchen bestreuen und mit dem abgemessenen Öl beträufeln.

8. Nach Wunsch die Pizza noch mit Salz und Pfeffer würzen. In den Backofen (unten) schieben und in 20–25 Minuten knusprig backen.

Variante:
Pizza all'amalfitana
350 g frische kleine Sardinen schuppen, den Kopf abtrennen, die Bauchseite aufschneiden und die Fischchen sorgfältig ausnehmen. Die Fische dann filetieren. Die Filets waschen, trockentupfen und in 2–3 cm große Stücke schneiden. 300 g Tomaten häuten, halbieren und ohne Saft und Kerne grob hacken. 300 g Mozzarella nicht zu klein würfeln. 2 Knoblauchzehen in feine Scheibchen schneiden. Den Teig in einer gefetteten Pie- oder Pizzaform (30 cm Ø) mit dem Handballen glattdrücken. Alle vorbereiteten Zutaten darauf verteilen, mit Salz und Pfeffer würzen und reichlich mit Olivenöl beträufeln. Bei 220° 25–30 Minuten backen.

Pizza ai frutti di mare

Pizza mit Meeresfrüchten

Keine Frage – diese Pizza schmeckt natürlich am besten in einem lauschigen kleinen Hafenrestaurant. Ein wunderschöner Tag geht gerade seinem Ende zu und zaubert einen prächtigen Sonnenuntergang auf das Meerespanorama und den stillen Fischerhafen ... Aber probieren Sie mal! Auch ohne passendes Ambiente schmeckt die Pizza wunderbar.

Zutaten für 4 Personen:
Für den Teig: 300 g Mehl
1/2 Teel. Salz
1/2 Würfel Hefe (20 g)
3/16 l lauwarmes Wasser (190 ccm)
2 Eßl. Olivenöl
Für den Belag:
600 g Dosentomaten (1 1/2 Dosen)
500 g Miesmuscheln
250 g kleine Calamari, frisch oder tiefgefroren · Salz
250 g Garnelen im Panzer (oder 150 g geschälte, küchenfertig vorbereitete)
2 Knoblauchzehen · 1 Bund Petersilie schwarzer Pfeffer, frisch gemahlen
8 Eßl. Olivenöl
Für das Backblech: Olivenöl
Für die Arbeitsfläche: Mehl

Für Gäste

Pro Portion etwa:
2600 kJ/620 kcal
33 g Eiweiß · 28 g Fett
57 g Kohlenhydrate

- Zubereitungszeit: etwa 2 1/2 Stunden (davon 45–50 Minuten Ruhezeit)

1. Aus den Teigzutaten nach dem Grundrezept (Seite 220) einen Pizzateig zubereiten.

2. Während der Ruhezeit des Teiges die Tomaten in einem Sieb gut abtropfen lassen.

3. Die Muscheln unter fließendem Wasser kräftig abbürsten und entbarten (beschädigte oder bereits offene Exemplare wegwerfen). Die Muscheln zugedeckt bei starker Hitze in einer breiten Kasserolle unter Rühren erhitzen, bis sie sich öffnen (das dauert 6–10 Minuten). Das Muschelfleisch aus den Schalen nehmen und abtropfen lassen. (Muscheln, die sich nicht geöffnet haben, wegwerfen.)

4. Die kleinen Calamari sorgfältig putzen und abbrausen (tiefgefrorene Calamari auftauen lassen). Die Fangarme und den Körper in Streifen schneiden. In Salzwasser in 10–15 Minuten weich kochen.

5. Die Garnelen aus dem Panzer lösen, den Darm entfernen. Die Garnelen waschen und ebenfalls in Salzwasser etwa 5 Minuten sprudelnd kochen lassen (geschälte, vorbereitete Garnelen nicht kochen). Die Calamari und die Garnelen abtropfen lassen.

6. Den Backofen auf 220° vorheizen.

7. Den Knoblauch schälen. Die Petersilie mit dem Knoblauch fein hacken. Die abgetropften Tomaten mit einem Messer im Sieb grob zerkleinern.

8. Den Pizzaboden auf das gefettete Backblech legen. Die Tomaten gleichmäßig darauf verteilen, mit dem Knoblauch und der Petersilie bestreuen. Mit Salz und Pfeffer würzen und mit 4 Eßlöffeln Olivenöl beträufeln.

9. Die Pizza im Backofen (unten) in etwa 15 Minuten knusprig backen.

10. Den Pizzaboden dann mit den Meeresfrüchten belegen, eventuell mit Salz und Pfeffer nachwürzen und mit dem restlichen Öl beträufeln. Die Pizza in etwa 5 Minuten fertigbacken.

Variante:
Pizza con cozze

Den Pizzateig nach Grundrezept zubereiten. Wie im Hauptrezept etwa 15 Minuten vorbacken. Inzwischen etwa 1 kg vorbereitete Muscheln in einem dicht schließenden Topf bei starker Hitze 6–8 Minuten dämpfen. Die Pizza mit den ausgelösten Muscheln belegen. Mit 3 Eßlöffeln Muschelsaft und 5 Eßlöffeln Olivenöl beträufeln, dann fertigbacken.

Die Pizza ai frutti di mare ist eine Königin der Pizzaklassiker – und ein »Muß« für alle, die gern Meeresfrüchte essen.

Pizza alle vongole

Pizza mit Venusmuscheln

Fans von Meeresfrüchten kommen hier voll auf ihre Kosten. Vielleicht kennen Sie die kleinen hübschen Muscheln schon von Ihren Italienreisen? Die Nachfrage nach ihnen in nördlicheren Ländern hat sich bemerkbar gemacht: Mittlerweile gibt es sie bei uns in vielen Fischgeschäften zu kaufen. Und wenn Sie mal keine bekommen ... probieren Sie einfach die Austernvariante!

Zutaten für 4 Personen:
Für den Teig:
300 g Mehl
1/2 Teel. Salz
1/2 Würfel Hefe (20 g)
3/16 l lauwarmes Wasser (190 ccm)
2 Eßl. Olivenöl
Für den Belag:
750 g Venusmuscheln
600 g Dosentomaten (1 1/2 Dosen)
2 Knoblauchzehen
1 Bund Petersilie
8 Eßl. Olivenöl · Salz
schwarzer Pfeffer, frisch gemahlen
Oregano
Für das Backblech: Olivenöl
Für die Arbeitsfläche: Mehl

Etwas teurer

Pro Portion etwa:
2300 kJ/550 kcal
19 g Eiweiß · 28 g Fett
57 g Kohlenhydrate

- Zubereitungszeit: etwa 2 1/2 Stunden (davon 45–50 Minuten Ruhezeit)

1. Aus den Teigzutaten nach dem Grundrezept (Seite 220) einen Pizzateig zubereiten.

2. Inzwischen die Muscheln unter fließendem kaltem Wasser abbürsten. Bereits geöffnete Muscheln wegwerfen. Die Venusmuscheln in einem Topf zugedeckt bei starker Hitze erhitzen, bis sie sich öffnen. Geschlossene Muscheln wegwerfen. Das Muschelfleisch aus den Schalen lösen, das Muschelwasser auffangen und filtern.

3. Den Backofen auf 220° vorheizen.

4. Die Tomaten in einem Sieb gut abtropfen lassen, dann kleinhacken. Die Knoblauchzehe schälen und fein hacken. Die Petersilie waschen, trockenschütteln und ebenfalls fein hacken.

5. Den Pizzaboden auf das gefettete Backblech legen. Die kleingehackten Tomaten darauf verteilen. Den Knoblauch und die Petersilie darüber streuen. Die Pizza nach Belieben leicht mit Salz und Pfeffer würzen. Den belegten Pizzaboden mit 4 Eßlöffeln Olivenöl beträufeln.

6. Die Pizza in den Backofen schieben und auf der unteren Schiene in 15–20 Minuten backen.

7. Die Pizza aus dem Backofen nehmen. Die ausgelösten Venusmuscheln darauf verteilen, mit dem gefilterten Muschelwasser beträufeln. Mit Oregano,

Salz und Pfeffer würzen und mit dem restlichen Olivenöl beträufeln. Die Pizza wieder in den Ofen schieben und in etwa 5 Minuten fertigbacken.

Variante:
Pizza con ostriche
20–24 rohe Austern mit dem Austernmesser aufbrechen. Auf einen Teller legen und mit Zitronensaft beträufeln. Inzwischen den Pizzaboden nur mit 2 Eßlöffeln Olivenöl bestreichen und etwas salzen. Im Backofen in etwa 20 Minuten knusprig backen. Die frischen Austern auf dem fertigen Pizzaboden verteilen und mit etwas weißem Pfeffer übermahlen.

Tip!

Wenn Sie keine frischen Venusmuscheln bekommen, können Sie im italienischen Spezialitätenladen auch naturell eingelegte Venusmuscheln (Abtropfgewicht etwa 150–200 g) kaufen. Die Pizza sonst wie im Rezept beschrieben zubereiten.

Wenn Ihnen mal verwöhnte Gourmets ins Haus stehen – mit der Pizza alle vongole können Sie auch auf hoher kulinarischer Ebene bestehen.

Register
Inhalt nach Kapiteln

Pasta und Saucen – alles selbstgemacht 4
Abgschmelzte Maultascha 38
Austernpilz-Gorgonzola-Sauce 22
Bandnudeln mit Pilzragout 24
Bratwurst-Sauce 22
Erbsensauce mit Salami 20
Fischmaultäschle in der Brühe 40
Gebackene Teigtaschen 50
Gemischtes Pilzgemüse 26
Gnocchi alla trentina 48
Gnocchi verdi 48
Hirsenudeln mit Kräutern 12
Kaltgerührter Petersilien-Sugo 24
Kerbelsauce mit Krabben 28
Klare Suppe mit Quark-Käse-Ravioli 32
Lachssauce 28
Maultaschen mit Champignonfüllung 42
Maultaschen mit Rote-Bete-Füllung 44
Muschelsauce 28
Nudelteig-Grundrezept 6
Olivensauce 20
Parmesan-Salbei-Sauce 20
Pasta 8
Peperonata 26
Pesto 8
Ravioli mit Alfalfa und Tomatensauce 34
Ravioli mit Tofu und Lauchgemüse 36
Ravioli und Tortellini selbermachen 30
Salsa di pomodoro alla casalinga 8
Sauce bolognese 19
Schinkensauce mit Lauch 22
Spätzle 16
Spinatnudeln 12
Spinatspätzle mit Mandeln 17
Teigtaschen mit Joghurt 46
Tomatennudeln mit Wirsing 14
Tomatensauce 18
Vollkornnudeln – Grundrezept 10

Nudelgerichte – mal klein, mal schnell 52
Bandnudeln mit Fischragout 96
Bandnudeln mit Gorgonzolasauce 82
Bandnudeln mit Pilzen 92
Expreß-Gulasch 80
Gaisburger Marsch 72
Garnelen-Glasnudel-Salat 58
Glasnudelsalat mit Krabben 60
Hack-Lauch-Nudeln-Gabeleintopf 78
Hühner-Gemüse-Topf mit Glasnudeln 64
Kräuternudeln mit Pistaziensauce 90
Kresse-Spaghetti 96
Linsensuppe mit Nudeln 76
Makkaroni mit Zucchini und Käse 88
Minestra con pomodori 66
Minestra con zucchini 66
Minestra di lenticchie 74
Minestra di pasta e piselli 74
Minestrone alla milanese 68
Nudelauflauf mit Corned beef 94
Nudeln mit Alfalfasauce 84
Nudeln mit Paprika-Kapern-Sauce 86
Nudeln mit pikanter Käsesauce 84
Nudeln mit Roquefortsauce 86
Nudeln mit Tomatensauce 78
Nudelsalat mit Bohnen, Birnen und Roquefort 56
Nudelsalat mit Gemüse 56
Nudelsalat mit Spinat und Gurke 54
Nudelsalat mit Tomaten und Mayonnaise 54
Nudelsuppe mit Huhn 62
Ravioli in Salbeibutter 92
Rigatoni mit Kräutersauce 94
Saure Linsen mit Spätzle 72
Spaghetti mit Avocado-Tomaten-Sauce 89
Spaghetti mit Knoblauchsauce 82
Spaghetti mit roher Tomaten-Zucchini-Sauce 90
Spaghettisalat mit Meeresfrüchten 61
Spätzle mit Gemüse 70
Vollkornspaghetti 80

Lieblingsgericht Nudeln – mit Begleitung 98

Bahmi Goreng 146
Bandnudeln mit frischen Feigen 116
Bandnudeln mit Hähnchenragout 158
Bandnudeln mit Mangold 130
Bandnudeln mit Pesto 104
Bandnudeln mit Sauerkraut 132
Bucatini al cavolfiore 136
Bucatini alla calabrese 154
Conchiglie al pesce 176
Ditali con mozzarella 106
Eiernudeln mit Sojabohnensprossen 152
Fettuccine alla mozzarella 140
Fusilli agli spinaci 114
Gefüllte Nudeln 138
Glasnudelpfanne mit Rindfleisch 158
Hirschgulasch mit Reherl 165
Hörnchennudeln mit grünem Spargel 110
Hörnchennudeln mit Radicchio 118
Huhn »lemonato« und Reis mit Reisnudeln 144
Kalbfleischragout mit Reis und Reisnudeln 162
Kalbshaxe mit Spätzle 161
Kalbsragout mit Egerlingen und Spätzle 160
Lammfleisch mit Nudeln 162
Lasagne di verdura 140
Maccheroni al pomodoro 108
Maccheroni col broccolo 120

Maccheroni con ragù d'agnello 168
Nudeln mit Auberginen und Schafskäse 118
Nudeln mit Gemüse 138
Nudeln mit Gemüse und Brotbröseln 126
Nudeln mit Kaninchenragout 167
Nudeln mit Koriander 150
Nudeln mit Krabben-Kräutersahne 172
Nudeln mit Kräuterbutter und Pilzen 110
Nudeln mit Linsen und Lauch 134
Nudeln mit Maroni und Wirsing 137
Nudeln mit Sojasprossen 126
Nudeln mit Spinat 116
Nudeln mit Tofu und Zuckerschoten 128
Nudeln mit weißen Bohnen und Salbei 134
Paglia e fieno 148
Pappardelle all'aretina 148
Pasta alla bolognese 156
Penne al gorgonzola 102
Penne al sugo di asparagi 114
Penne arrabbiata 150
Putencurry mit Banane und Reisnudeln 160
Ravioli al pomodoro 142
Rehragout mit Steinpilzen 166
Reisnudeln mit Hackfleisch 152
Rigatoni con ragù di maiale 156

Rindersteaks in Preiselbeersahne 164
Spaghetti agli odori 106
Spaghetti al sugo di pesce 174
Spaghetti al tonno e pomodori 170
Spaghetti all ciociara 113
Spaghetti alla carbonara 154
Spaghetti alla puttanesca 171
Spaghetti alle vongole 180
Spaghetti con aglio, olio e peperoncino 100
Spaghetti con i gamberetti 174
Spaghetti con le seppie 178
Spaghetti con zucchini 120
Spaghetti mit Algen und Spitzkohl 122
Spaghetti mit Erbsen-Safran-Gemüse 130
Spaghetti mit Kartoffeln und Pilzen 112
Spaghetti mit Kräutern 124
Spaghetti mit Meeresfrüchten 172
Spaghetti mit Mungobohnenpaste 128
Spaghetti mit scharfer Tomatensauce 104
Spätzle mit Rahmschnitzel 161
Spirelli mit buntem Gemüse 132
Tagliatelle ai funghi 108
Tagliatelle al cervo 168
Tagliatelle mit Broccoli 124
Tortellini alla panna 142
Trenette al pesto genovese 100
Vermicelli al sugo di basilico 102

Knusprige Pasta – aus dem Ofen 182
Cannelloni 198
Cannelloni mit Gemüse und Ricotta 202
Cannelloni mit Mozzarella und Tomaten 200
Crostata ai funghi 186
Gratinierte Nudeln mit Wirsing 188
Gratinierte Spätzle 194
Kässpätzle 196
Krautkrapfa 196
Lasagne alla contessa 216
Lasagne alla molisana 214
Lasagne mit Auberginen und Tomaten 206
Lasagne mit Auberginen und Zucchini 208
Lasagne mit Hühnerleber 209
Lasagne mit Tomaten und Mangold 212
Makkaroni nach baskischer Art 190
Mangold-Lasagne 210
Nudel-Bohnen-Auflauf 192
Nudelauflauf 187
Nudelauflauf mit Broccoli 184
Nudelauflauf mit Gemüse und Schafskäse 184
Nudelgratin mit Tomaten 192
Roggenlasagne mit Kürbis und Spinat 204
Spaghettigratin mit Erbsen 188
Überbackene Nudelrollen 190

Pizza und Co – in allen Variationen 218
Broccolikuchen 254
Calzone ai broccoli 264
Calzone con prosciutto e carciofi 264
Calzoni alla pugliese 262
Crostata ai funghi 266
Crostata alla verza 252
Crostata con peperoni 252
Crostata di maiale 272
Crostata di ricotta 236
Gemüsekuchen 248
Gemüsetörtchen 244
Kümmel-Käse-Kuchen 258
Paprikakuchen 254
Pizza »capricciosa« 268
Pizza »peperonata« 224
Pizza »quattro stagioni« 268
Pizza agli asparagi 242
Pizza ai frutti di mare 278
Pizza al pesto genovese 230
Pizza al tonno 274
Pizza alla palermitana 250
Pizza alla sarda 274
Pizza alle acciughe 276
Pizza alle melanzane 228
Pizza alle uova 250

Pizza alle vongole 280
Pizza con broccoli 260
Pizza con carciofi 226
Pizza con carciofi e funghi 230
Pizza con finocchi e prosciutto 260
Pizza con funghi e melanzane 238
Pizza con ricotta e gorgonzola 238
Pizza con spinaci 224
Pizza con zucchini 228
Pizza giardino 246
Pizza Margherita 222
Pizza mit Egerlingen und Tomaten 232
Pizza mit Kartoffeln 256
Pizza mit Knoblauch und Kapern 240
Pizza napoletana 220
Pizzateig – Grundrezept 220
Roggenkuchen mit Tomaten 234
Torta alla napoletana 266
Torta alla veneziana 270
Zwiebelkuchen 258

Inhalt nach Stichworten

Grundrezepte
Nudelteig-Grundrezept 6
Pasta 8
Pizzateig – Grundrezept 220
Spätzle 16
Spinatnudeln 12
Vollkornnudeln – Grundrezept 10

Saucen und Geschmortes zu Nudeln
Austernpilz-Gorgonzola-Sauce 22
Bratwurst-Sauce 22
Erbsensauce mit Salami 20
Expreß-Gulasch 80
Kerbelsauce mit Krabben 28
Lachssauce 28
Muschelsauce 28
Olivensauce 20
Parmesan-Salbei-Sauce 20
Peperonata 26
Pesto 8
Petersilien-Sugo, Kaltgerührter 24
Pilzgemüse, Gemischtes 26
Salsa di pomodoro alla casalinga 8
Sauce bolognese 19
Schinkensauce mit Lauch 22
Tomatensauce 18

Nudelsuppen
Minestra con pomodori 66
Minestra con zucchini 66
Minestra di lenticchie 74
Minestra di pasta e piselli 74
Minestrone alla milanese 68
Nudelsuppe mit Huhn 62

Spätzle und Co.
Gaisburger Marsch 72
Hirschgulasch mit Reherl 165
Kalbshaxe mit Spätzle 161
Kalbsragout mit Egerlingen und Spätzle 160
Kässpätzle 196
Krautkrapfa 196
Linsen, Saure, mit Spätzle 72
Spätzle mit Gemüse 70
Spätzle mit Rahmschnitzel 161
Spätzle, Gratinierte 194
Spinatspätzle mit Mandeln 17

Bandnudeln
Bandnudeln mit Fischragout 96
Bandnudeln mit frischen Feigen 116
Bandnudeln mit Gorgonzolasauce 82
Bandnudeln mit Hähnchenragout 158
Bandnudeln mit Mangold 130
Bandnudeln mit Pesto 104
Bandnudeln mit Pilzen 92
Bandnudeln mit Pilzragout 24
Bandnudeln mit Sauerkraut 132
Crostata ai funghi 186
Fettuccine alla mozzarella 140
Hirsenudeln mit Kräutern 12
Kräuternudeln mit Pistaziensauce 90
Nudelauflauf mit Corned beef 94
Nudelauflauf mit Gemüse und Schafskäse 184
Nudeln mit Auberginen und Schafskäse 118
Nudeln mit Kaninchenragout 167
Nudeln mit Krabben-Kräutersahne 172
Nudeln mit Kräuterbutter und Pilzen 110
Nudeln mit Linsen und Lauch 134
Nudeln mit Maroni und Wirsing 137
Nudeln mit Paprika-Kapern-Sauce 86
Nudeln mit pikanter Käsesauce 84
Nudeln mit Roquefortsauce 86
Nudeln mit Sojasprossen 126
Nudeln mit Spinat 116
Nudeln mit weißen Bohnen und Salbei 134
Nudeln, Gratinierte, mit Wirsing 188
Nudelsalat mit Bohnen, Birnen und Roquefort 56
Paglia e fieno 148
Pappardelle all'aretina 148
Rehragout mit Steinpilzen 166
Rindersteaks in Preiselbeersahne 164
Tagliatelle ai funghi 108
Tagliatelle al cervo 168
Tagliatelle mit Broccoli 124
Tomatennudeln mit Wirsing 14

Hohlnudeln
Ditali con mozzarella 106
Hörnchennudeln mit grünem Spargel 110
Hörnchennudeln mit Radicchio 118
Linsensuppe mit Nudeln 76
Nudel-Bohnen-Auflauf 192
Nudelauflauf 187
Nudelauflauf mit Broccoli 184
Nudeln mit Tofu und Zuckerschoten 128
Nudelsalat mit Gemüse 56
Nudelsalat mit Spinat und Gurke 54
Pasta alla bolognese 156
Penne al gorgonzola 102
Penne al sugo di asparagi 114
Penne arrabbiata 150
Rigatoni con ragù di maiale 156
Rigatoni mit Kräutersauce 94

Spiral- und Muschelnudeln
Conchiglie al pesce 176
Fusilli agli spinaci 114
Hack-Lauch-Nudeln-Gabeleintopf 78

Nudeln mit Gemüse und Brot-
  bröseln 126
Nudelsalat mit Tomaten und
  Mayonnaise 54
Spirelli mit buntem Gemüse
  132

Makkaroni und Spaghetti, Trenette und Vermicelli
Bucatini al cavolfiore 136
Bucatini alla calabrese 154
Kresse-Spaghetti 96
Maccheroni al pomodoro 108
Maccheroni col broccolo 120
Maccheroni con ragù
  d'agnello 168
Makkaroni mit Zucchini und
  Käse 88
Makkaroni nach baskischer Art
  190
Nudelgratin mit Tomaten 192
Nudeln mit Alfalfasauce 84
Nudeln mit Koriander 150
Nudeln mit Tomatensauce 78
Spaghetti agli odori 106
Spaghetti al sugo di pesce
  174
Spaghetti al tonno e
  pomodori 170
Spaghetti all ciociara 113
Spaghetti alla carbonara 154
Spaghetti alla puttanesca 171
Spaghetti alle vongole 180
Spaghetti con aglio, olio e
  peperoncino 100
Spaghetti con i gamberetti
  174
Spaghetti con le seppie 178
Spaghetti con zucchini 120
Spaghetti mit Algen und
  Spitzkohl 122
Spaghetti mit Avocado-
  Tomaten-Sauce 89
Spaghetti mit Erbsen-Safran-
  Gemüse 130
Spaghetti mit Kartoffeln und
  Pilzen, 112
Spaghetti mit Knoblauchsauce
  82
Spaghetti mit Kräutern 124
Spaghetti mit Meeresfrüchten
  172
Spaghetti mit Mungobohnen-
  paste 128
Spaghetti mit roher Tomaten-
  Zucchini-Sauce 90
Spaghetti mit scharfer
  Tomatensauce 104
Spaghettigratin mit Erbsen
  188
Spaghettisalat mit Meeres-
  früchten 61
Trenette al pesto genovese
  100
Vermicelli al sugo di basilico
  102
Vollkornspaghetti 80

Asiatische Nudeln und Reisnudeln
Bahmi Goreng 146
Eiernudeln mit Sojabohnen-
  sprossen 152
Garnelen-Glasnudel-Salat 58
Glasnudelpfanne mit Rind-
  fleisch 158
Glasnudelsalat mit Krabben
  60
Huhn »lemonato« und Reis mit
  Reisnudeln 144
Hühner-Gemüse-Topf mit
  Glasnudeln 64
Kalbfleischragout mit Reis und
  Reisnudeln 162
Lammfleisch mit Nudeln 162
Nudeln mit Gemüse 138
Putencurry mit Banane und
  Reisnudeln 160
Reisnudeln mit Hackfleisch
  152

Tortellini, Ravioli, Teigtaschen, Gnocchi
Fischmaultäschle in der Brühe
  40
Gnocchi alla trentina 48
Gnocchi verdi 48
Maultascha, Abgschmelzte 38
Maultaschen mit
  Champignonfüllung 42
Maultaschen mit Rote-Bete-
  Füllung 44
Nudeln, Gefüllte 138
Ravioli al pomodoro 142
Ravioli in Salbeibutter 92
Ravioli mit Alfalfa und
  Tomatensauce 34
Ravioli mit Tofu und Lauch-
  gemüse 36
Ravioli und Tortellini selber-
  machen 30
Suppe, Klare, mit Quark-Käse-
  Ravioli 32
Teigtaschen mit Joghurt 46
Teigtaschen, Gebackene 50
Tortellini alla panna 142

Cannelloni und Lasagne
Cannelloni 198
Cannelloni mit Gemüse und
  Ricotta 202
Cannelloni mit Mozzarella und
  Tomaten 200
Lasagne alla contessa 216
Lasagne alla molisana 214
Lasagne di verdura 140
Lasagne mit Auberginen und
  Tomaten 206
Lasagne mit Auberginen und
  Zucchini 208
Lasagne mit Hühnerleber 209
Lasagne mit Tomaten und
  Mangold 212
Mangold-Lasagne 210
Nudelrollen, Überbackene
  190
Roggenlasagne mit Kürbis und
  Spinat 204

Pizze und Calzoni

Calzone ai broccoli 264
Calzone con prosciutto e
 carciofi 264
Calzoni alla pugliese 262
Pizza »capricciosa« 268
Pizza »peperonata« 224
Pizza »quattro stagioni« 268
Pizza agli asparagi 242
Pizza ai frutti di mare 278
Pizza al pesto genovese 230
Pizza al tonno 274
Pizza alla palermitana 250
Pizza alla sarda 274
Pizza alle acciughe 276
Pizza alle melanzane 228
Pizza alle uova 250
Pizza alle vongole 280
Pizza con broccoli 260

Pizza con carciofi 226
Pizza con carciofi e funghi
 230
Pizza con finocchi e prosciutto
 260
Pizza con funghi e melanzane
 238
Pizza con ricotta e gorgonzola
 238
Pizza con spinaci 224
Pizza con zucchini 228
Pizza giardino 246
Pizza Margherita 222
Pizza mit Egerlingen und
 Tomaten 232
Pizza mit Kartoffeln 256
Pizza mit Knoblauch und
 Kapern 240
Pizza napoletana 220

Gemüsekuchen und pikante Torten

Broccolikuchen 254
Crostata ai funghi 266
Crostata alla verza 252
Crostata con peperoni 252
Crostata di maiale 272
Crostata di ricotta 236
Gemüsekuchen 248
Gemüsetörtchen 244
Kümmel-Käse-Kuchen 258
Paprikakuchen 254
Roggenkuchen mit Tomaten
 234
Torta alla napoletana 266
Torta alla veneziana 270
Zwiebelkuchen 258

© 1998 Gräfe und Unzer Verlag GmbH München.
Alle Rechte vorbehalten. Nachdruck, auch auszugsweise, sowie Verbreitung durch Film, Funk und Fernsehen, durch fotomechanische Wiedergabe, Tonträger und Datenverarbeitungssysteme jeglicher Art, nur mit schriftlicher Genehmigung des Verlages.

Redaktion:
Claudia Bruckmann,
Claudia Schmidt
Layout: Ludwig Kaiser
Herstellung: Renate Hutt
Typografie: Robert Gigler
Fotos: Odette Teubner,
Dorothee Gödert
Titelfoto: Bildarchiv Kraxenberger
Gestaltung der Kapitelaufmacher: Johanna Borde
Umschlaggestaltung:
Johanna Borde (Konzeption),
Kraxenberger KommunikationsHaus GmbH
Printed in Germany
ISBN 3-7742-4160-0

Auflage 4.   3.   2.   1.
Jahr   2001 2000 99   98